U0007043

經濟武器

金融制裁與貿易戰的誕生

The Economic Weapon

The Rise of Sanctions as a Tool of Modern War

Nicholas Mulder

尼可拉斯・穆德 ———著

譚天 ———譯

【國際專家與媒體推薦】

正如這本深富啟發性的《經濟武器》所說，經濟制裁是一種武器，武器就會帶來傷亡，唯傷亡不僅以美金更是以人命計算。我們往往把經濟制裁當作戰爭的替代手段，但本書告訴我們，制裁依舊是國際權力鬥爭的強大武器，或許少了些血腥，卻同樣致命。

——**克里斯．米勒**（Chris Miller），經濟史家，《晶片戰爭》作者

本書向今日決策者提供了許多寶貴的歷史教訓：非懲罰性的柔性經濟制裁根本沒有用，存在有巨大金融或商業漏洞可鑽的經濟制裁也不會有用。萬一有另一個大國介入，例如中國向北韓提供經濟援助，或是俄國向伊朗購買產品，則經濟制裁一樣無法發揮作用。

——**保羅．甘迺迪**（**Paul Kennedy**），國際關係史家，《霸權興衰史》作者

深具原創性的研究與有力的分析。若你以為經濟制裁是國際關係裡一種相對溫和的譴責方式，那麼本書將會讓你大吃一驚。

——**勞倫斯．佛里德曼**（**Lawrence Freedman**），戰略學家，《戰略大歷史》作者

經濟制裁一度被認為是邁向和平的良方，本書卻使我們明白，這種做法不但經常失敗，有時還對戰爭的爆發推了一把，甚至導致人道主義噩夢。

——**約翰・米爾斯海默**（**John Mearsheimer**），政治學家，《大國政治的悲劇》作者

必讀之作！不僅是歷史學家，任何對政治經濟學或國際關係有興趣的讀者都需要一讀。高度原創，論證有力，使我們深切體認到經濟制裁直到今日仍在影響世界。

——**亞當・圖澤**（**Adam Tooze**），經濟史家，《崩盤》作者

歷史研究與論證的傑作。藉由描繪巧妙的細節與豐富的圖景，穆德改變了我們對二十世紀全球史和國際關係史的理解。

——**大衛・艾傑頓**（**David Edgerton**），科學與科技史家，《老科技的全球史》作者

若要進一步思考俄羅斯對烏克蘭的侵略行徑，就必須閱讀這本全面檢視經濟制裁史的新書。

——**理察・奧佛瑞**（**Richard Overy**），軍事史家，《二次世界大戰全史》作者

本書將徹底扭轉相關討論的方向。

——**亨利・菲洛**（**Henry Farrell**），政治學家，《隱私與權力》作者

本書的敘事引人入勝，完美交織政治、經濟與法律，對萌芽於百年前的經濟制裁提出了寶貴的見解。本書出版後正逢俄烏戰爭爆發，顯得格外及時，也顯示出這個議題在百年後的今日依舊重要。

——**《泰晤士報文學副刊》**

穆德詳細告訴我們，究竟是哪些政治、法律與體制上的創新，使得世界各國得以在承平時期運用禁運封鎖與出口管制來改變受制裁國家的行為。

——**戰略研究網站《War on the Rocks》**

在去全球化的一九三〇年代，經濟制裁不但沒有發揮效果，還造成國際社會進一步分裂，助長二次大戰的爆發。穆德是一位謹慎的歷史學家，他沒有立刻把二戰前的國際局勢與今日進行粗糙類比，但考慮到如今的地緣政治衝突也是一觸即發，全球化同樣面臨崩解與退潮，這本書的歷史教訓仍舊值得人們深思。

——**《經濟學人》二〇二二年年度選書**

《經濟武器》告訴我們，儘管經濟制裁不一定能有效改變侵略者的行為，但經濟制裁確實會對制裁目標產生效果。本書的故事令人印象深刻，而且對歷史學家、經濟學家、理論家與實踐者來說都十分重要。

——**美國中央情報局《情報研究期刊》**

【臺灣試讀好評推薦】

經濟制裁，或是透過經濟實力來影響他國政治，傳統來說就是一種硬實力的表現。康乃爾大學的歷史學家穆德在這本《經濟武器》中，帶領大家從第一次世界大戰到第二次世界大戰的歷史進程來瞭解經濟武器在過去如何扮演舉足輕重的角色。正所謂鑑往知來，這些經驗與知識也可以幫助讀者理解在烏俄戰爭的當下，西方國家對俄羅斯的經濟制裁如何可以扭轉戰局，以及美中貿易戰背後的原理。

——葉耀元，美國聖湯瑪斯大學國際研究講座教授兼系主任

俄羅斯全面入侵烏克蘭，主要國家對俄祭出空前的經濟制裁。制裁能否促成戰事終止？專家們同時也關心，面對覬覦臺灣的中國，如何運用制裁加以嚇阻，使其理解侵臺的代價是不可承受之重？本書溯源歷史，清晰呈現運用經濟武器替代戰爭促進和平的大戰略思考。制裁的現代面貌，更牽涉應對經濟依賴與風險、供應鏈安全、科技戰與金融戰，各國莫不致力減少自身的軟肋，突破外在制約甚至施以「反制裁」。對於長年活在中國經濟武器操弄下的臺灣，本書提供深入了解經濟武器的絕佳觀點。

——宋承恩，臺灣守護民主平台理事

幾年前，當經濟史不再成為現代經濟學博士必備的技能後，經濟制裁就成為抽象的數學模型與圖表，簡單的案例只是用來驗證模型的效果，反而讓人們對真正發生的歷史經驗失去興趣。直到川普對中國發動貿易戰，以及俄烏戰爭後西方世界對俄國的經濟制裁，才讓這個議題回到舞臺中心。如今人們對於貿易戰與金融制裁朗朗上口，卻很少人知道這個概念如何誕生，對於戰爭和世界又有什麼影響。直到穆德的《經濟武器》，這個謎才真正被揭露在大眾面前。

——沈榮欽，加拿大約克大學副教授

目次

推薦序 011

臺灣版作者序 015

導論　比戰爭更強大的手段 027

第一部　經濟武器的起源

第一章　封鎖的機制（1914-1917） 057

第二章　從封鎖精神中誕生的制裁（1917-1919） 089

第三章　和平戰爭（1919-1921） 129

第二部　經濟武器的正當性

第四章　經濟武器調整期（1921-1924） 155

第五章　日內瓦世界警察（1924-1927） 181

第六章　制裁與中立的衝突（1927-1931）　209

第三部　誕生於戰間期危機的經濟制裁

第七章　集體安全對抗侵略（1931-1935）　235

第八章　現代史上最偉大的實驗（1935-1936）　263

第九章　封鎖恐懼症（1936-1939）　291

第十章　經濟武器的正面意義（1939-1945）　331

結　論　從戰爭的解方到戰爭的替代手段　369

致謝　378

縮寫表　383

註釋　383

推薦序 止戰還是助戰，這是個問題！

劉瑞華（清華大學經濟學系教授）

當俄羅斯於二〇二二年初揮軍進入烏克蘭東部時，北大西洋公約組織（NATO）迅速表明不會以軍事行動介入，美國立即聯合歐盟國家採取了一連串經濟制裁。然而，不論是停止採購、限制入境，或是撤資及凍結帳戶資產，在烏克蘭政府眼中都無法嚇阻俄羅斯入侵。烏克蘭政府於是提出要求，請SWIFT禁止俄羅斯使用相關服務。這項被稱為「具有毀滅性威力的制裁」在美國主導下，經過數個月的折衝，於是通過。

SWIFT的全名是Society for Worldwide Interbank Financial Telecommunication，意思是「環球銀行間金融通訊協會」。為什麼一項通訊服務會被認為是毀滅性的經濟武器？原因是它有跨越兩百多國的上萬個金融機構使用，可以對各種國際貿易與投資提供可信任的交易通訊與帳務確認。一旦被排除在外，這個國家的政府及企業要與外國做生意就如同電子商務帳號被關閉，將極為困難。

然而，俄烏戰爭超過一年後，用SWIFT作為經濟武器仍未逼退俄羅斯。退一步想，俄羅斯的經濟甚至也沒有受到毀滅性的損害。為什麼經濟制裁無效？或者為什麼經濟制裁會被認為足以不戰而屈人之兵？又或者，是否經濟制裁其實有效，只是時候未到？這些問題可能以後將由學術論文來解答，不過從前後的事件可以看出一點端倪。首先，在俄羅斯之前，北韓與伊朗已經受過這樣的待遇，他們的經濟狀況也許很慘，卻並未毀滅。此外，在二〇一四年俄羅斯占領克里米亞之後，美國就曾經威脅過要用ＳＷＩＦＴ制裁俄羅斯——這讓普丁有所警惕，預備了退路。制裁作為經濟武器，具有經濟行為的特性：那就是選擇，選擇就是尋找替代方案。

廣義的經濟制裁古已有之，個人或行號拒絕往來，商團與行會也早就發展出聯合抵制的方法。不過，將經濟制裁用作武器的做法，是在第一次世界大戰之後方成為政府政策，並且透過國際組織形成制度。原因是此時的戰爭已經太過可怕。炸藥、機槍、飛機與毒氣在戰場上的殺傷力遠勝於前，而且經常無差別地波及平民。即使《日內瓦公約》從十九世紀晚期開始一次次揭露戰爭的暴行，試圖為人類保住文明與野蠻的界線，可是若要減少或消除戰爭，還是必須有替代的方法。

《經濟武器：金融制裁與貿易戰的誕生》帶領讀者們瞭解，從戰爭開始時，邊界或海域緊張的國家，因為本身安全考慮或者應盟友要求，開始對敵對國家進行封鎖，逐漸將消極的防衛手段發展成積極的制裁想法與作為。到了一次大戰後，封鎖與制裁成為歷史教訓中學到的「比戰爭更強大的手段」。於是，制裁成為戰爭之外的替代方案。

制裁要有威力，與戰爭一樣，必須結合盟友的集體力量。制裁可以比戰爭更強大，原因在於加入制裁方的代價看起來不大，對於原本不願加入戰爭的國家，可以在保持中立之外有了新選項，甚至因為制裁可以很方便地選擇項目與程度，所以這項發明自從誕生以來幾乎無時不在。

制裁真的那麼強大有效，足以取代戰爭，還是因為代價較低而被用來規避戰爭？一戰結束之後沒多久就發生二戰，似乎見證了戰爭，而且是世界大戰，並沒有被取代。然而這項質疑卻也有自己的矛盾：那麼二戰之後的數十年呢？現在正值俄烏戰爭的考驗，維持了八十年的局面會不會被打破？各式制裁與貿易戰是世界大戰的操練還是壓力宣洩？也許二戰之後的全球經濟結構可以給我們一些線索。

二次大戰後，由英美規劃的布列頓森林體制（Bretton Woods System）是為了推動全球化自由貿易所打下的制度基礎，其中「關稅與貿易總協定」（GATT）就是後來「世界貿易組織」（WTO）的前身。這個組織能夠用來維護自由貿易的執行手段，只有經濟制裁。制裁的成敗雖然不確定，但是其效果會隨著貿易與金融成長而增加。意思是說，經濟制裁對一個封閉的小國可能無關痛癢，對一個貿易與金融大國就茲事體大。因此，在參與規劃布列頓森林體制的經濟學家凱因斯的想法中，擴大與深化全球經濟便是在提升世界和平的保障。

只不過，二戰後資本主義與社會主義的陣營劃分與對立，讓布列頓自由貿易體系無法推展至全世界。憤世嫉俗的學者經常引用卡爾．博蘭尼（Karl Polanyi）在《鉅變》（*The Great Transformation, 1944*）裡的預言，譏諷自由世界的國際主義只是紙上談兵。但世界畢竟還是在二十世紀的最後二十年裡發生了社會主義國家的改革開放，WTO也在世紀末之前成立了。那麼，世界更安全了嗎？世界和平到來了嗎？答案雖然仍是否定，但在當時世界大戰的風險的確降低，人類開始關心威脅生存的環境惡化與氣候變遷問題。

然而，WTO成立不及二十年，世界又變了。全球化尚未「利多出盡」，可是為何這些年創造出的經濟利益沒能使制裁的效果足以阻止戰爭呢？俄羅斯的經濟幾乎完全依賴石油出口，中國作為世界工廠必須吸引海外訂單與資金，它們當真不怕經濟制裁？如今地緣政治的衝突與風險是不是已經證明，經濟制裁無法取代戰爭，我們只有接受戰火來熔燒掉歷史恩怨？我當然希望上述問題的答案都是否定的。

透過本書瞭解經濟制裁是一種武器之後，或許可以為其困境提出解釋。前文曾經提過，在西方各國以SWIFT制裁俄羅斯之前，這項利器就曾已多次揮舞，效果也因為過於濫用而大打折扣。這或許正是制裁無效的一大原因。作為戰爭替代品的經濟武器，會不會因為使用者以為代價很低就過度揮霍？武器送到權力者手上，會不會如同玩具對孩童的誘惑一樣？工業革命導致戰爭武器日新月異，終於因殺戮頻繁與過重導致經濟武器的誕生。然而經濟武器如今看起來也因為使用過度，而步入同樣的道路。美國總統威爾遜（Woodrow Wilson）曾經形容經濟制裁比戰爭更強大，應該是提醒慎用的警告，而不是鼓吹多用的宣傳吧！

臺灣版作者序

學者的寫作往往會深受自己所處的時代和身處的地方影響，歷史學家絕非特例，但歷史學家理當比其他人更清楚地意識到，環境的影響有多麼深遠。本書主要是一本歷史著作，但它也不可避免是這個時代，是二十一世紀二〇年代的產物。而在這個時代，影響全球局勢最甚的因素，莫過於經濟制裁。因此趁著本書的臺灣版發行，我們正好可以談談這些書中細數的歷史，究竟與當今這個由經濟制裁主導的時代有何關係。

本書的原稿在經過幾年的研究與寫作後，於二〇二一年夏天付印。在寫作的同時，我始終思考著當代的經濟制裁。但從本書所探討的戰間期至今，情況似乎已經改變了很多。當我在二〇一〇年代初期展開這項研究時，經濟制裁是西方外交政策中的常規手段，然而效果往往差強人意。當時的歐巴馬政府正利用這類手段對付伊朗，但最終《伊朗核協定》卻是在美國使盡外交手段及做出許多必要讓步後才能夠達成。正是因為這類讓步所建立的親善關係，這份限制伊朗開發核武器的協議才得以成形。我們可以說經濟制裁在這過程中發揮了效果，但就算如此，制裁的成效也源自於結合了誠懇的外交與務實的談判。

像這樣將經濟制裁當作某種一般性的施壓手段，用於改變一個國家的國內政策，其實與本書所探討的政策典範有很大的差別。因為在戰間期，經濟制裁的誕生其實是為了回應戰爭。當時的人將經濟制裁稱為「經濟武器」，從字面意義來看這說法確實有理，因為經濟制裁正是從第一次世界大戰中協約國的封鎖行動發展而來。但在實際運作上，「武器」的說法同樣有道理，因為在經濟制裁誕生之初，這項政策能夠影響的往往只有跟戰爭與和平迫切相關的事務。比如入侵、邊境衝突、有爭議的自衛與攻擊行為，都會觸發經濟武器這項干預機制。相較於戰爭與和平，在戰間期的大部分日子裡，意識形態較少成為經濟制裁的理由——儘管在一九一七年布爾什維克革命爆發後，資本主義菁英確實因為害怕共產主義而紛紛採用非公開的封鎖來遏制革命運動。唯有到冷戰期間，意識形態圍堵與政權更替才光明正大地成為施行經濟制裁的理由。

如今這個時代，資本主義菁英已經不需要擺出警戒的姿態，到處驅逐共產主義的革命幽靈。然而經濟制裁的用途非常多變，它已經融入了新的意識形態基調，比如捍衛人權，或是反威權主義的民主抗爭。讓我感到訝異的是，今日的經濟制裁一方面恢復了最早期的樣貌，成為遏阻戰爭的手段，一**方面又**保留著上個時代政治圍堵的用途。二〇二二年二月，俄羅斯無緣無故突然大規模入侵烏克蘭，讓經濟制裁作為反侵略手段的初衷再次躍上檯面。多達三十八個國家結盟合作，試圖重拾當年國際聯盟的目標：保護領土完整。這些國家除了美國、英國與歐盟，還包括了日本、韓國、臺灣與新加坡等亞洲國家，甚至是挪威與瑞士等長期保持中立的國家。但與此同時，委內瑞拉、敘利亞、北韓等國家長期以來遭受的非難性制裁，也讓我們看到冷戰式的貿易禁運依然活躍於冷戰後的世界。

本書所想討論的，並不是只有經濟制裁這項政策的發明理念與目標。正如我在書裡試圖呈現的一樣，我們必須從實際的物質層面來瞭解經濟制裁的發展。在這一點上，現代的經濟制裁其實與戰間期的貿易禁運擁有同樣的機制與目標，舉凡貨物貿易、資金流動、外匯存底、能源供應、戰略基礎設施與航運都有可能被經濟武器切斷。要瞭解經濟制裁從過去到現在的真正運作方式，就需要研究全球資本主義的複雜性、流動性與不連貫性。以今日為例，發起經濟制裁的或許是各國政府，但實施的管道卻主要是透過私人企業。

戰間期的私人企業尚未適應經濟制裁，如今經濟制裁對它們來說已是司空見慣。最大的封鎖機關早已不歸國家機器管轄，而是屬於跨國公司與銀行合規管理部門的一部分。因此，經濟制裁大部分的結果都不是因為政府執行政策，而是私人企業的決策所致。有了全球商業活動的傳播管道，如今經濟制裁的影響之深遠，很可能大大超出原本預期的目標。這讓經濟制裁的威力變得更大，也讓其衍生效應更加難以預測。

事實上，我們這個時代與戰間期不穩定的國際局勢之間，最明顯的相似處之一，就是二〇二二年二月以來美國大規模制裁俄羅斯對全球市場帶來的衝擊。自從戰間期身為世界第七大經濟體的法西斯義大利入侵衣索比亞並遭到國際聯盟懲罰以後，就不曾有規模這麼大的經濟體成為國際聯合制裁的目標。當今的世界經濟比一九二〇、三〇年代更加互相依賴，因此制裁的衝擊也擴散得更快：雖然有一些國家因此陷入嚴峻的危機，但相互依賴也緩和了制裁造成的破壞。

要評斷經濟制裁對俄羅斯的成果，目前還為時尚早。起初人們對制裁措施寄予厚望，就像一位美國國安官員在二〇二二年春天所說，認為這樣能夠發揮經濟「震懾」的作用。但我的研究卻指出，戰間期的歷史經驗早就告訴我們，對軍事強權實施經濟制裁時不應過於樂觀。對付南斯拉夫、希臘、土耳其與西班牙等非強權國家時，經濟制裁確實發揮了預防戰爭的威懾力；但在對抗法西斯義大利、納粹德國與日本帝國等大國時，經濟制裁就很難生效，反而讓這些國家的軍事與經濟戰略更加激進。整體而言，制裁目標的量體愈大，就愈有可能造成意料之外的反效果。

經過一年對俄羅斯的制裁，我們至少可以得出一個暫時結論，就是經濟體系的相互依賴比人們預期的更有彈性。這對實施制裁的國家是個好消息，代表它們能以驚人的速度減少對俄羅斯能源的依賴。但同樣的，相互依賴也解釋了為什麼俄羅斯雖然受制裁重創卻沒有崩潰。剛開始，俄國的進出口確實有受到打擊，但隨後就迅速轉向其他市場，特別是亞洲市場。儘管制裁造成了俄羅斯嚴重的損失，但還不至於傷筋動骨——直到我撰寫本文時，俄烏戰爭都還在繼續。

這種韌性可以用一項基本事實來解釋，就是亞洲已經恢復了自古以來在全球貿易體系中的重要性。正是這一點，讓二十一世紀與二十世紀初的世界經濟有著根本上的差異。當西方發明經濟制裁時，世界仍由西方經濟體及西方帝國主導。其他地區都還不夠富裕，無法成為被制裁國的替代貿易夥伴。如今的狀況早已不是如此。雖然美元的主導地位仍然堅定不移，也讓美國政府的金融制裁能發揮巨大威力，如今卻也有更多主權國家可以援助受到制裁的政權。中國與印度對俄國產品的需求在二〇二三年不斷增長，幅度足以彌補俄國在美國、英國與歐洲市場的損失。亞洲經濟體不再只是西方實施經濟圍堵的一顆棋子，而是已成為玩家，有實力影響制裁能否奏效。美元霸權加上亞洲經貿的持續擴張，恰好形成了一個悖論：對於西方來說，經濟制裁變得更容易進行，但制裁能否成功卻變得更加難以捉摸。

如今，經濟制裁已是一項重大地緣政治因素，影響著未來十年內的總體經濟前景。更重要的是，能源市場、金融業與半導體產業都將成為現代經濟制裁的核心，因為這三者的產業網路是當今全球經濟成長的支柱。從一九四五年開始，多數決策者都假設經濟制裁只會影響個別國家，難以撼動全球經濟秩序。所以好幾十年以來，從國際貨幣基金組織到世界貿易組織，主要的全球經濟治理機構幾乎都不曾考量或預測經濟武器的使用，將會對未來經濟前景有著何等影響。這項過去的疏忽，讓今日的分析師只能手忙腳亂地跟上急劇發展的地緣政治現實。

就長期來看，美國針對中國發起的出口禁令，反而有可能會妨礙制裁俄羅斯的效果。二〇二二年十月，美國政府宣布嚴格限制向中國出口先進半導體製造技術，同時跟日本、荷蘭組成了技術出口聯盟。儘管禁令能有多少成效現在還很難說，但世界最大的兩個經濟體為了尖端技術互相爭鬥，勢必會影響世界經濟的未來發展。二〇二三年夏末，中國推出了華為與中芯國際生產的新手機，顯示該國有能力繼續製造更小更快的晶片，也表示中國為了應對禁運，正在加強先進科技的自給自足能力。美國的決策不但沒有減緩中國的發展，反而還有可能刺激中國加速發展。美國因此放棄了一項針對中國的施力點，但戰略成效卻微乎其微。

這場美中之間的「科技戰」，完全符合經濟制裁與自給自足的惡性循環——正如本書後面所述，這種惡性循環大大加速了一九三〇年代的國際失序，值得二十一世紀的我們警惕。當然，捍衛民主與國際法，對於穩定當今的世局非常重要，但這並不代表我們應該放棄去瞭解其他國家的發展方向。政策背後的意圖是否正當，跟能否達成預期的效果畢竟是兩回事。經濟制裁是一種牽制手段，其正當性往往牽涉到如何詮釋制裁目標的世界觀與意識形態。上一次，經濟制裁與自給自足的惡性循環加速了戰爭的到來，因為在二戰將至的一九三八到一九三九年間，侵略者已經不再有繼續維持經濟相互依賴的誘因。如今的我們應該將這段歷史引以為鑑，小心留意沒有足以緩解緊張局勢的備案就實施國際經濟制裁的可能後果。

換言之，如果不研究政治與意識形態，我們就無法掌握制裁的力量。經濟分析固然重要，卻不能只依賴經濟分析來決策。我這份研究最想達成的目標，就是希望提醒人們不要對國家之間的權力關係抱持過於機械化的理解，從而錯誤預期經濟制裁的效果。光從國內生產毛額的數據或技術優勢，並不能預測制裁會不會成功。從貿易依賴度也無法確定制裁的影響，特別是現在的貿易市場已經有辦法向外轉移，導致執行制裁變得更加困難。每一場經濟制裁的目標，都是一個獨特的國家、經濟及社會複合體；而制裁本身卻不能選擇要在怎樣的全球經濟與戰略環境下執行，因此無法準確預測行動的結果。正如法國史學家馬克·布洛克（Marc Bloch）在他一九三九年的經典著作《封建社會》（*La société féodale*）裡所說，歷史是在「研究永恆的變化」。儘管過去的模式絕不會完全重演，但培養歷史想像力依然有助於我們駕馭這個無常的世界。

最重要的是，我們應該從戰間期的歷史經驗汲取教訓，瞭解到經濟制裁絕不只是在穩定的世界秩序下所發生的一次次事件。經濟制裁會創造新的世界。本書講述的，是經濟制裁如何在發明之初，成為國際政策制定與制度建構的偉大實驗。站在百年後的我們，可以看到這場實驗確實徹底改變了整個世界。但新的斷層與泥淖也隨之出現，每一個都似乎難以跨越。經濟制裁的成熟，讓國際政治上有更多工具可用，但與此同時，我們的政治出路卻顯然變得更加狹窄。經濟制裁在外交上就像一把鑰匙，能夠打開每一場危機的鎖頭，但它很少能打開新的門扉。面對二十一世紀各式各樣的共同挑戰，人類比以往任何一個時代都更需要國際合作。我們應該認知到經濟施壓的侷限，並尋找新的工具來追求和平與進步。只不過對現在的我們來說，還缺少一種能夠彌合意識形態分歧的積極手段。創造它，是當代人們與後代子孫的任務。

紐約州綺色佳市，二〇二三年九月八日*

* 註：此篇序文要感謝譯者盧靜的支援。

經濟武器

金融制裁與貿易戰的誕生

The Economic Weapon

The Rise of Sanctions as a Tool of Modern War

拿破崙曾與哥德討論「悲劇」的本質，他認為現代悲劇與古時悲劇的性質不同，因為我們不再將命運視為天生註定，而是人力猶可為，是以今天的「政策」已經取代古時「命運」的地位。拿破崙因此認為，必須把「政策」作為一種人力不可違抗的環境力加以運用，一種現代「悲劇宿命」。

——黑格爾，《歷史哲學講演錄》（*Lectures on the Philosophy of History*）

導論　比戰爭更強大的手段

人類有可能消滅戰爭嗎？綜觀現代歷史，世界和平始終是一項最偉大但也最難實現的理想。每場戰爭都會留下一群憤世嫉俗者，同時也孕育出一些富有願景之人。悲觀論者指出，戰爭是人類永遠無法掙脫的夢魘；樂觀論者則認為，隨著財富不斷增加、民主政治持續擴展與科技發展的日新月異，人類道德將能緩緩提升，乃至於擺脫戰爭。這種在希望與絕望之間的激盪，受到毀滅性史無前例的第一次世界大戰影響而變得更加緊迫。當年的戰勝國創立了「國際聯盟」（簡稱國聯），決心團結世上所有國家，用談判解決爭議。結果隨著一九三〇年代全球政治與經濟秩序的崩潰，以及第二次世界大戰的爆發，人們開始把國際聯盟視為某種烏托邦式的幻夢，認定一次大戰後簽訂的和約有著致命瑕疵，且該組織也薄弱到無力維護國際秩序的安定。直到今天，仍有許多人認為國際聯盟最大的問題，就是欠缺手段來壓制擾亂國際和平的人。然而，當年創辦國際聯盟的人其實不這麼想，反倒認為自己已經掌握一種足以維持和平的強大新手段。

這種手段就是「經濟制裁」。一九一九年，美國總統威爾遜（Woodrow Wilson）曾經如此形容經濟制裁，說它「是一種比戰爭更強大」的手段，因為制裁威脅要帶來「一種徹底的孤立……就像掐住敵人的脖子能使他失去鬥志，經濟制裁能讓敵國恢復理智……一旦運用這種無聲無息且手段相對平和的致命經濟手段，就沒有必要再動用武力。在我看來，經濟制裁實在可怕，因為它不會導致被制裁國以外的生命損失，卻能為遭制裁國帶來沒有一個現代國家承受得起的壓力」。[1]在國際聯盟成立後的最初十年裡，世人經常用「經濟武器」（英文 economic weapon，法文 l'arme économique）一詞描述威爾遜所說的這種手段。之所以說是一種武器，是因為其構想源起自戰爭時採用的封鎖戰術。在一次大戰期間，以英法為首的協約國陣營，對德國、奧匈帝國與鄂圖曼帝國發起了一場前所未有的經濟戰。協約國建立起「國家封鎖部」與「國際封鎖委員會」，以控制及切斷流往敵對陣營的商品、能源、食物與資訊。這場經濟戰重創中歐與中東，導致數以十萬計的人死於飢餓與疾病，公民社會流離失所。封鎖也因此一戰成名，變成一種威力驚人的武器。在一次大戰結束一百多年後的今天，協約國當年採用的這項手段有了另一個更廣為人知的名字：經濟制裁。

這本書要探討的主題，就是經濟制裁如何在一次大戰後的三十年間出現，並演變成今人所認知到的現代樣貌。經濟制裁的誕生，昭示著一種自由主義世界觀特有的解決衝突手段正在崛起，且這項做法直到今天依舊十分常見。經濟制裁模糊了戰爭與和平之間的疆界，催生了操縱世界經濟結構的新方法，改變了自由主義對威迫的想法，更改寫了國際法的發展路徑。制裁論的發想，既來自於英法這兩個歐洲最大民主國家的政治菁英、公民組織與技術官僚，也來自威瑪共和時期的德國、法西斯主政初期的義大利及美利堅合眾國。一如今日，這項構想當年也在問世不久後引發反彈。從一九一四年一次大戰爆發至一九四五年聯合國創建，各路國際主義者與同樣五花八門的反國際主義者始終在激烈交鋒，*辯論經濟制裁究竟能否讓世界變得更安全。

隨著一次大戰的戰勝國將「經濟武器」寫進《國聯盟約》第十六條，制裁開始從原本的戰時手段，轉型為和平時期的機制。就像國際聯盟在全球經濟治理、世界衛生與國際司法等領域的創舉一樣，經濟制裁也在國際聯盟解體後延續下來，並且在二次大戰結束後成為聯合國機制的一部分。冷戰過後，經濟制裁的使用頻率逐漸增加，今日更已是國際間司空見慣的政策工具。事後看來，經濟武器堪稱是二十世紀自由派國際主義最經得起時間考驗的發明。也就是說，唯有理解經濟武器，我們才能明白自由派國際主義為何總是對戰爭與和平抱持著矛盾的態度。本書將以五種語言的檔案與六個國家的出版品為根據，描述經濟制裁的起源故事。

經濟制裁源自於一九一九年的巴黎和會，當時英國代表塞西爾（Robert Cecil）爵士與法國代表布儒瓦（Léon Bourgeois）聯手提出一項建議。塞西爾是貴族出身的大律師暨英國保守黨的叛徒，熱衷自由貿易，並且在一次大戰期間成為英國第一任封鎖大臣。布儒瓦則是法蘭西共和國一介鐘錶匠之子，以平民入仕，在一八九〇年代以基進黨黨魁之姿成為法國總理，主張一套人稱「團結主義」（solidarism）的政治理論。這樣的兩個人竟能成為搭檔，實在讓人嘖嘖稱奇。儘管出身背景如此南轅北轍，塞西爾與布儒瓦都認為，國際聯盟必須也能夠配備一套強大的執法工具。為了維護《凡爾賽條約》所奠定的戰後秩序，兩人皆同意可以借鑑大戰期間對德奧等同盟國陣營採取的經濟

＊　編註：國際主義者通常支持國際性的組織或體制，例如國際聯盟或聯合國等，往往也提倡集體安全、透明市場與政治上的自由民主。

施壓手段：凡是頑抗國際和平秩序的國家，就會被稱之為「侵略國」（一種具有道德與法律意義的新分類），國聯的全體會員國皆可對其進行經濟孤立。經過這番用途調整，經濟戰成為不必正式宣戰也能採用的手段。事實上，經濟制裁在一次大戰與二次大戰之間的戰間期（後皆簡稱為戰間期）蔚為風潮的原因，並不是因為制裁能將侵略國逐出全球貿易與財經體系之外，而是因為這種強制驅離手段在和平時期同樣可以採用。

經濟制裁誕生這件事之所以重要，就在於它改變了戰爭與和平的分野。過去只有在戰時才可能採用的脅迫政策，例如孤立與切斷某一社群與外界之間的交流，如今也可以使用在許多非戰時的情況。原本作為經濟戰一環而制定的商業與財經封鎖政策，如今反倒被視為預防戰爭的手段。也就是說，國際聯盟對現代史的影響，其實遠比我們一般所想像的更加深遠，因為該組織替上個世紀的經濟制裁開拓了一片天。本書想要強調的是，人類創造與使用經濟武器的過程，不僅深深塑造了戰間期的世界，更對我們今天的政治經濟秩序結構產生重大影響。其中一項深遠的影響，就是一種新形態的自由主義登上了國際舞臺，並透過法學家、外交官、軍事專家與經濟學者組成的技術與行政架構運作。從一次大戰開始直至戰後，這些官方架構對世界運作發揮了重要影響。當時歐洲各國一方面開始為本國人民提供選舉權及擴展社會福利範圍，另一方面卻也將他國人民列入經濟制裁的可能對象。後者削弱了原本行之有年的中立傳統，包括保護平民非戰鬥員、私有財產與食物供給等，同時也使國際上出現新的慣例，例如制裁侵略國及對被侵略國提供後勤支援等。簡單來說，經濟制裁導致了國際體系出現複雜的大規模轉型。

今人往往將經濟制裁視為戰爭的替代選項，但對於生活在戰間期的人們來說，經濟制裁就是實踐全面戰爭的武器。儘管經濟制裁的支持者往往會對制裁為平民帶來的毀滅性後果表示遺憾，但他們仍然全心全意擁抱制裁。威爾遜總統就曾說，如果「有識之士……認真思考，就會知道戰爭有多野蠻……也唯有比戰爭更可怕的手段才能夠阻止戰爭」。[2]英國封鎖當局負責人、國際主義忠實信徒福斯特（William Arnold-Forster）也曾承認，自己在一次大戰期間「就像德國人一樣，想方設法讓敵人不願再生孩子。我們要把敵人打到窮困潦倒，讓他們就算生下孩子也是個死胎」。[3]為什麼支持國際合作與互助的國際主義者對這項可怕的倡議如此坦然？因為他們想盡可能宣揚這種制裁手段的恐怖，好嚇阻那些膽敢挑戰凡爾賽秩序的國家。他們相信對國際封鎖的恐懼，有助於和平的維繫。

也就是說，發明經濟武器的本意在於備而不用。對戰間期的國際主義者而言，經濟制裁就像日後冷戰期間的核子武器一樣，能夠帶來強大的嚇阻力。經濟制裁當然不會帶來像核武那樣的立即性毀滅，但對每一位生活在二十世紀初期的人而言，當時核武尚不存在，而經濟制裁就是那個令人聞之色變的議題。人們相信若一個國家遭到全面封鎖，社會必然走向崩潰。缺乏物資導致的貧病、飢餓與營養不良等影響將會禍延好幾代，為社會留下數十年無法癒合的瘡疤。[4]換言之，經濟武器也能為目標社會蒙上歷久不衰的社會、經濟與生物陰影，一如核武的輻射塵。許多倡議女性主義的政界人士與學者，早在一次大戰期間就已經明白這一點，並為此四處奔走，反對以平民百姓作為經濟武器的目標。這類婦女運動大力反對及積極削弱經濟武器，因此在國際制裁史上扮演了重要的角色——不過她們有時也為了避免戰爭而支持使用這項武器。

戰間期讓平民百姓擔心害怕的，不是只有經濟武器而已。後來出任英國首相的麥克唐納（Ramsay MacDonald）就曾在一九二三年提出警告：「下一場戰爭會比過去更惡劣。不僅會有封鎖，還會有空襲與毒氣，徹底毀滅整座城市與村落。」[5]飛機與毒氣令人恐懼，因為這些武器能夠對目標人口進行無差別打擊——但這些威脅最初仍停留在心理層面居多，好比英國在一次大戰期間約有一千四百名平民死於空襲，歐陸也有幾百人因此喪生，但這個數字與兩千萬左右的大戰死亡總人數其實不成比例。[6]這種心理威攝的特性，使得歐洲列強在一九二〇年代多半是將空權作為一種控制殖民地的廉價手段。唯有四引擎轟炸機於一九三〇年代末期問世，戰略轟炸才成為可能。[7]毒氣確實也是一種令人膽寒的武器，但毒氣在一次大戰期間卻沒有被用來攻擊平民。根據粗略估計，在大約一百二十萬名遭毒氣攻擊的軍人當中，只有九千人左右因此喪命（約占七％）。[8]不僅如此，這類化學武器首次出現戰場後不過短短十年，國際社會就在一九二五年一致達成禁止使用的協議。

若比較空襲、毒氣及經濟封鎖等戰間期的三大反平民手段，就會發現封鎖顯然是當時最具殺傷力的武器。一次大戰期間，中歐地區總計有三四十萬人死於因封鎖導致的飢餓與疾病，鄂圖曼帝國在中東的幾個省也有五十萬人因英法執行的封鎖而喪生。[9]這數十萬條因經濟孤立而衍生的人命損失，正是二十世紀衝突在二次大戰以前致使平民死亡的主要原因。但與空襲及毒氣戰不同的是，就連直接執行封鎖的人也很難確認這種武器的殺傷力，想譴責它的不人道更是難上加難。福斯特曾經憂心忡忡地說：「經濟武器由於使用起來過於方便，已經成為那些坐辦公室的人的最愛。鋼筆似乎總比刺刀乾淨得多，就算是沒有下過工夫、搞不清楚後果的業餘新手，也能將它運用自如。」[10]也就是說，經濟制裁之所以誘人，不僅在於其具有潛在殺傷力，更因為它們易於使用。釋放經濟制裁這股力量的並不是轟炸機彈艙，不是槍炮炮膛，而是坐在桃花心木辦公桌後的官員。一名美國評論人就認為經濟制裁十分特別，因為「它們的施用範圍模糊而不明確，殺傷力卻絲毫不減」。[11]

正因為經濟制裁具備有形與無形兩種特質，它對受制裁方的影響也就不僅限於物質層面。威爾遜總統認為，經濟制裁可以癱瘓現代貿易國家的生活水準，但制裁的可怕之處其實「並不僅是導致物質匱乏，中斷原料供應，迫使工廠停擺，也不僅是拒絕貸款或凍結資產」，最重要的是，制裁還能帶來精神壓力。「當國家知道自己遭受排擠，成為國際棄民時，將會感受到比物質匱乏更恐怖的心理之痛。」威爾遜指出，撇開實質效應不談，制裁的真正威力在於心理層面。而制裁之所以有用，其實是因為「它能對靈魂造成比對身體嚴重得多的創傷」。[12]制裁被視為能夠有效止戰，是因為在現代世界遭到全球經貿隔離是一種國家難以承受的嚴懲。

誕生於一九一九年的經濟制裁，並沒能恢復一次大戰前的自由主義世界秩序，反而讓戰後國際秩序永遠籠罩著經濟戰的陰影。因為經濟制裁的概念萌芽後，各國都開始思考如何能在技術與政治兩方面都正當合法的情況下，對他國平民施加經濟壓力。制裁也影響了國內法，國家也因此取得控制民間經濟利益的新權力，更不用說長期以來就是戰爭與和平參考準則的國際法。在經濟制裁逐漸成為國際主流的那段時期，法律原則的內在邏輯遭到打破，愈來愈不再是一種針對政治力量的節制，反而成了一處爭執不休的場域。從規範的界限、國家的緊急權力，到經濟威迫與武力的使用，皆成為各方爭論的焦點。

國際法與國內法的改變，帶來重大的政治及戰略後果。一次大戰的經驗顯示，若想徹底封鎖一個現代貿易國家，就得控制該國國民在世界各地的行為，而且還取決於能否阻止該國與第三方國家貿易。然而，這種將經濟包圍做到滴水不漏的策略，其實與兩項歷史悠久的國際主義原則衝突：公海自由與中立法。於是，提倡經濟制裁者開始重新詮釋國際法，限制自由航行權及中立貿易權，同時希望各個國家、公司及個人都加入孤立侵略者的行動。這些舉措改變了世界經濟的民間貿易、國外投資與資金流動。一次大戰結束後，跨國公司、商人、銀行家與投資人希望建立一種不受政治干預的法律與經濟秩序，保護其業務與資產免遭干擾、貶值或掠奪的風險，他們也因此愈來愈擔心和平時期的經濟制裁，將會影響全球經貿網路的重整。經濟制裁的歷史，完美示範了法律體制如何對全球組織與民眾日常生活產生實質影響。法律不再只是抽象之物或書面文字，而是治國之道與戰略規劃的核心。

除了法律正當性這項新議題之外，政策制定者還得研發新的干預方法，才能讓經濟制裁生效。本書將會回顧戰間期的經濟制裁擁護者，如何研擬出能源控制、黑名單列入、進出口配給、財物查封與資產凍結、貿易禁運、排他性採購及現代金融制裁前身的金融封鎖等等各種機制。這些機制的複雜程度，充分說明經濟戰對情報蒐集與知識生產的高度依賴。要將一整個國家從盤根錯節的全球交換網路中切除，必須先摸清楚該國與全球各地物資流通的底細脈絡。但在一九二〇年代，許多歐洲國家的行政管理仍處於剛起步的階段。經濟制裁要能生效，不僅要依靠新的法律權威，還必須仰仗更精確的統計數字。經濟制裁結合了對權力的追求與大量的知識細節，成為全球化進程底下所謂「生命政治」（biopolitics）的典型代表，也就是管理人命與生計的政治技術。

經濟制裁也使人重新思考歐洲與廣大世界之間的關係。儘管大國時常大談止戰謀和，但倘若出現外交危機，淪為制裁目標的卻總是那些比較小的國家。好比法國內閣成員克里蒙德勒（Étienne Clémentel）就曾在一九一七年表示，只要控制原物料，「歐洲、美洲與亞洲國家團結一致，就能以更勝武力的經濟制裁方式，迫使那些冥頑不靈、肆意掠奪者就範」。[13]然而，儘管經濟制裁在理論上是全球適用的普世性手段，當初國際聯盟所設想的制裁目標卻主要是那些歐洲外圍國家與「尚未文明開化」的國家。對於習慣一面管理海外殖民帝國、一面保障國內階級統治的歐洲菁英來說，對遙遠的國度投射苦痛自然輕而易舉。一九一九年，西方國家首次未經正式宣戰就針對蘇俄與蘇維埃匈牙利進行經濟封鎖，之後幾年又以經濟封鎖而弭平了巴爾幹半島的兩場邊境衝突。經濟封鎖讓南斯拉夫在一九二一年停止入侵阿爾巴尼亞，也使希臘獨裁者席潘加洛斯（Theodoros Pangalos）在一九二五年放棄對保加利亞開戰。身為全球霸主的英法帝國更在接下來數年內，以比對付歐洲國家更嚴厲的制裁手段來對付亞洲國家，土耳其、中國與日本都因此淪為經濟武器的目標。直到義大利與德國在一九三〇年代崛起，才打破了這樣的局面。

在原本的構想裡，經濟武器是一種維持歐洲境內和平的工具。許多人認為，若早在一九一四年七月已經有使用經濟制裁的能力，或許就能施壓奧匈帝國與塞爾維亞，不讓它們把歐洲拖入世界大戰。然而，一次大戰後的經濟制裁幾乎都用於對付歐洲以外的國家，這項事實使經濟制裁一點也不像是維持歐洲和平的新方法，更像是西方帝國最新的懲戒手段。經濟制裁也成為國際聯盟的核心成員國彼此之間能否和睦相處的敏感問題，畢竟歐洲以外的國家對經濟制裁興趣缺缺。當時的國際聯盟努力提倡所謂的「集體安全」體系，也就是國與國之間會在制裁與援助上相互支援，且世上每一個國家的主權都不可侵犯，[14] 但這種觀念卻與一九三〇年代的帝國秩序格格不入。由於經濟制裁兼具龐大物資潛力與有限政治正當性的尷尬特性，且國際上沒有明確的霸權存在，最終才在一九三〇年代導致後續的國際問題。[15]

※ ※ ※

經濟制裁的誕生，因此與戰爭、自由主義、法律及帝國在戰間期發生的變革密切相關，同時也與一九三〇年代的全球化危機緊密相連。導致一次大戰戰後秩序崩潰的原因有很多，舉凡民主熱情降溫、共產革命蔚為風潮、法西斯主義崛起、經濟大蕭條（The Great Depression）的震撼及裁減軍備的失敗。導致動盪失序的不利因素如此之多，一場迫在眉睫的全球新衝突自然就不難想像。然而，一旦我們將經濟制裁的歷史考慮進去，原本老生常談的故事就產生了新的意義。隨著全球情勢變遷，經濟制裁在戰間期也開始發揮著不同的作用。拜厭戰情緒、戰後重建及經濟成長之賜，經濟武器原本在一九二〇年代扮演著維持國際秩序穩定的角色。但隨著一九三〇年代國際大環境每下愈況，經濟武器的效果反而是讓國際秩序愈來愈不穩定。經濟制裁的效果為什麼會出現這種結構性的轉變呢？為了解答這個疑問，我們必須回頭檢視戰間期的國際秩序究竟為何如此脆弱。經濟制裁的概念源自於全球化浪潮的高峰，並且以全新的方式將一次大戰後的世界經濟予以政治化。嫌隙與裂縫勢必會在這個過程中產生，並且隨著經濟大蕭條與惡化的經濟狀況而不斷擴大。到了一九三〇年代，許多國家都為了要因應持續惡化的經濟環境而推行閉關自守式的經濟計畫，力求自給自足。結果經濟制裁非但沒能制止這種民族主義浪潮及隨之而來的戰爭風險，反而使它變本加厲。儘管當時已有許多人察覺到這種反效果，但歷史學家對於這個問題始終還沒有太多系統性的檢視。本書將探討這項主題，對戰間期的全球化危機提出新的思考。

對於這場全球化危機，其中一項主流解釋便是霸權穩定論。[16] 根據這項論點，世界在二十世紀初剛好處在於兩個霸權青黃不接的空窗期：前者是日漸衰弱的大英帝國，後者則是正在崛起、但還不夠成熟且不願承擔國際領導責任的美國。這種權力真空的危機在經濟大蕭條期間變得特別明顯，因為國際經濟秩序陷入民族主義情緒高漲、舊有結構分崩離析的重大危機。霸權論者強調，此後直到二次大戰結束後，美國才提供了一套穩定的國際金融與財政體系，也就是布列頓森林體制（Bretton Woods），進而使福利國式的「鑲嵌式自由主義」成為可能。[17] 但這種霸權在一九三〇年代尚未出現，因此無法提供自由主義所需的全球公共財。

歷史學界的另一種常見解釋，則是現實主義。此派強調激烈的競爭導致國際秩序崩潰，認為戰間期的緊張世局才是引發這場全球化危機的主因。國際局勢愈來愈緊張的原因，一方面是經濟成長與工業發展的不均，另一方面則是軍事競爭與意識形態鬥爭。對那些恐懼自由派資本主義強權壟斷市場的國家來說，經濟大蕭條帶來了民族主義情緒的高漲。各國試圖在一九三〇年代打造經濟上的自給自足，而非團結在美國這一良善霸權的保護傘底下，進而導致國際上被劃分成多個武裝帝國的勢力範圍。抱持此派觀點的歷史學者，多半把一九三〇年代的國際秩序看成是一場強權政治的悲劇，因此國際聯盟等國際組織只不過是某些用意良善的龍套角色。[18]

霸權真空與意識形態暨經濟競爭，如何造成敵對局面不斷升高，確實是這段歷史的重要主軸之一。但若要讓這段歷史變得更完整，就不能不提近十年來有關戰間期國際主義的歷史研究。研究顯示，二十世紀初期的國際主義有著多項野心勃勃的全球治理計畫，內容從難民安置、公共衛生、毒品禁令、殖民地監管到財政諮詢，幾乎包羅萬象。[19]國際主義在這段時期的另一著名創新，就是本書所強調的經濟制裁，我在書中也會沿襲前述歷史研究的脈絡，並將焦點轉回國際安全領域。為了理解經濟制裁的發展歷程，我們就必須研究國際聯盟，特別是檢討該聯盟是否真如霸權論者、現實主義者及研究戰間期國際主義的歷史學者所說，那樣欠缺強制力。

追根究柢，經濟武器就是一種強制力。儘管國際聯盟看起來始終反對強權政治，但在一次大戰期間運用孤立手段將中歐「餓」到敗北的協約國陣營，以及戰後湧入日內瓦國際聯盟總部的那些決策菁英，兩者之間具有相當明顯的延續性。沒有比「人存政舉」更能精準形容這個現象的成語了：在一次大戰主導封鎖的與一九二〇年代的國際主義者根本是同一批人，他們更鼓舞了一九三〇年代的制裁主義者。被經濟封鎖的記憶持續縈繞在戰間期的歐洲人心頭，特別是對小國來說，更傾向於認為破壞和平者可能再次遭到可怕的封鎖。早在一九二〇年，記者出身的國際聯盟資訊處主任史威哲（Arthur Sweetser）就曾說，「如果只是因為國際聯盟缺乏實際軍力就指控其軟弱無力，那麼要反駁這種指控也是輕而易舉：因為國際聯盟其實擁有更細緻且更強大的經濟窒息力，足以對付膽敢破壞《國聯盟約》的國家。」[20]談到大規模經濟武器的威脅與使用，聚在日內瓦及倫敦、巴黎、莫斯科與華府的那些國際主義者可是絕不手軟。[21]

當然，要實施制裁就免不了會有實務上的操作及戰略問題，但遭到經濟孤立的恐懼，對各國來說比國際聯盟能否迅速發動經濟制裁的能力更加嚇人。一次大戰的經驗加上國際主義者的論述，為這種經濟武器帶來一種遠遠超過實際能力的意識形態信仰。套用一句法國法學家勒內・卡森（René Cassin）的說法，經濟封鎖「永遠都有潛在威力」。[22]就這樣，經濟制裁的陰影纏繞著戰間期的歐洲，久久揮之不去。

儘管經濟制裁能夠嚇阻中小型國家，在對付強大到有意挑釁國際聯盟的專制國家時卻容易產生反效果。例如法西斯義大利就在一九三五年冒著遭受國際聯盟制裁的風險，揮兵入侵衣索比亞。國際主義執法機構根據《國聯盟約》第十六條展開經濟制裁，世上四分之三的國家切斷與義大利大多數的商業往來，經濟制裁規模堪稱空前。然而，這些制裁緩不濟急，無法阻止墨索里尼政權征服及占領衣索比亞。義大利已經做好忍受物資缺乏的準備——儘管如此，墨索里尼為了挺過這場財經消耗戰，還是在國內發起了全面反制制裁的「自強運動」。最終，這次經濟制裁重創義大利的經濟實力，讓「領袖」墨索里尼有好幾年的時間無法發動另一場戰爭。

這場義大利侵略衣索比亞的戰爭，經常被人視為國際主義不敵法西斯主義及帝國主義的證明，但從戰略物資的觀點看來，它其實是首次大規模使用經濟壓力的案例，也讓世界各國認識到經濟制裁可能被用於維持世界秩序。不滿國際秩序現狀的修正主義國家，開始擔心國際聯盟的可能制裁。例如納粹德國的官員就相信，德國將是下一個被制裁的目標。納粹政權於是根據一九三六年初制定的四年計畫，開始全面推展「強化封鎖韌性」運動。同樣擔憂能否維持自給自足的國家，還有大日本帝國。對柏林與東京當局而言，若想讓國家保持自給自足、動員群眾支持及維護戰略獨立，其中一個方式就是領土擴張：若想一勞永逸擺脫國際封鎖的陰影，征服鄰國似乎是個好選擇。希特勒及日本領導階層愈來愈相信，既然無法免除盟軍的經濟戰，那不如用盡一切手段來奪取資源。國際主義不斷追求更有效的制裁手段，極端民族主義也想盡辦法實行自給自足的封閉經濟，於是形成惡性循環。也就是說，除了考慮侵略者的野心等因素外，我們也要把經濟武器視為導致二次大戰爆發的原因之一。歷史學家對於二次大戰的起源已有詳盡論述，諸如傳統的軍事因素，以及意識形態、政治經濟與社會成因等等。然而，學界卻尚未充分檢視一九三〇年代末期的經濟制裁，究竟在法西斯與軍國主義侵略的歷史中扮演了什麼角色。[23]

答案是悲劇角色，因為經濟制裁無意間助長了戰間期國際秩序的崩潰。考慮到《國聯盟約》第十六條原本還期待經濟武器能夠對國際社會起到正面的效果，這股悲劇色彩就更加強烈。一次大戰期間，「經濟武器」一詞除了剝奪他國資源的意思外，還有另一種為其他社會提供資源的正面意涵。「協約國海上運輸理事會」（Allied Maritime Transport Council）與「最高經濟理事會」（Supreme

Economic Council）等跨協約國組織，便是在一九一六與一九二〇年間負責發揮這類後勤功能。這些組織一方面切斷同盟國在全球各地的市場，同時也透過這些市場動員資源給協約國。[24] 經濟武器能為協約國提供什麼資源，其實與能夠攔截敵國哪些資源息息相關。剝奪與供給，正是經濟武器政策的一體兩面。

著名經濟學家凱因斯（John Maynard Keynes），當年正是協約國戰時財政的重要操盤者。早在一九二四年，凱因斯就認為經濟武器不能僅仰賴懲罰，而是更應該強調其正面援助的意義。這套理論認為，應該要建立一套提供被侵略國緊急金援的常態機制，確保小國一旦遭到攻擊便能仰賴廣大盟友的物資支援，如此一來便能嚇阻潛在的侵略者。然而，儘管這套理論獲得某些英國國際主義者及財經專家的贊同，唯一在戰間期支持這項構想的大國卻只有法國。在國際主義者的主導下，各方在一九三〇年制定了《財經援助公約》（Convention on Financial Assistance）。但由於政治歧見與財政保守主義抬頭，該公約始終未能付諸實行。國際聯盟因此只能高談闊論，揚言對侵略者進行經濟封鎖，卻沒有機制能夠實際援助被侵略的國家——這種不穩定的組合自然不堪一擊。這種策略明顯失衡：一方面強調財政紀律更勝於財政擴張（對內厲行樽節而忽略社會福利），另一方面又過度看重經濟懲罰而非經濟團結（對外進行制裁而忽略盟友援助），而這正是導致國際體制脆弱的重要原因。

二次大戰爆發後，經濟武器的正面意義重獲重視，團結遭侵略盟友開始被視為與懲罰侵略者同等重要。小羅斯福總統就在一九三八至一九三九年間開始對拉丁美洲與中國進行經濟援助，以反制德國與日本勢力。[25] 不過，將這套構想發揮得最淋漓盡致的，還是一九四一年初於全球開展的「租借法案」。制裁與援助雙管齊下的理念，就這樣在美國的主導下挺過二次大戰，最終於一九四五年聯合國創建時被寫入《聯合國憲章》。經濟武器的正面及負面意義皆起源於二十世紀初的戰時經濟，但由於制裁的形象壟斷了現代地緣政治，我們今天往往忽略了這兩種特性其實系出同源且彼此互補。

戰間期的經濟制裁史，對二十一世紀的今天還有另一項啟示。戰間期的經濟制裁仰賴當時的全球化經濟網路，但制裁的結果卻是破壞了這套全球網路的政治基礎。放眼今天，全球經濟正面臨著金融危機、民族主義、貿易戰與全球疫情的挑戰，原本已經不穩固的全球化更因為經濟制裁而變得更加搖搖欲墜。雖然經濟制裁的初衷是促進國際安定，不幸的是這套工具卻同樣有著破壞國際安定的意外風險。經濟武器本能透過援助來穩定國際秩序，卻也必須要面對制裁所導致的反作用力（無論是想像中的制裁還是真正實施的制裁），這正是經濟制裁史留給我們的寶貴啟示。

※　※　※

人類自從有政治組織以來，就會利用資源來進行勸說、哄騙及威迫。經濟制裁的起源，也因此時常被追溯到修昔底德對古希臘城邦相互競逐的描述。在他的《伯羅奔尼撒戰爭史》，修昔底德記錄了雅典在西元前四三二年對來自希臘城邦麥加拉的商人實施商務禁令一事——部分國際關係學者認為，這次事件是人類史上經濟制裁的首例。[26]就算不談學界對麥加拉禁商令本質的歧見，認為經濟制裁起源自古代的說法其實容易造成誤導，以為經濟制裁從那時候開始就一直存在。[27]這類定義不僅純粹以國家為中心，也過度誇大對「制裁」兩字的解讀，認為凡是有政治目標的經濟政策都可以是制裁，而沒有考慮到這些措施實際上（與道德上）如何在國際體系中運作。

現代的經濟制裁具有兩大特徵，皆與國際執法慣例及慣例背後的法律或經濟想像密不可分。「制裁」（sanction）一詞源自於拉丁文動詞「sancire」，這個字在大部分中古史與近代早期史的意思就是「批准」或「背書」，表示「同意」。例如中古時期的天主教會與君王朝廷經常發表的「國事昭書」（pragmatic sanctions），就是在為女性繼承王室傳承背書。到了十九世紀末，「sanction」這個字開始有了另一種不大一樣的意義。隨著世界經濟開始出現前所未見的整合，如何定義國際秩序的基本原則就成了當時最迫切的議題。「sanction」一詞就在這時增加了「保證」或「強制」的意涵。十九世紀的國際體系基本上是強權政治，而且用歐洲法律原則治理，這些國家於是將制裁視為保護「文明」、對付「野蠻」的懲罰措施。這種秩序就規模與性質而言，與古雅典人生活的那個愛琴海城邦世界完全不同。直到十九世紀中葉登場的全球化提供經濟與文化條件以前，古代人根本無從想像現代意義上的經濟制裁，也就是為了保護國際規範而使用經濟性排他手段，將違反規定者從世界經濟中排除。

雖說經濟施壓是一項古老的武器，以經濟制裁作為國際秩序的執法手段卻絕對是一種現代創新。這種定義較為狹義，卻有助於區隔經濟制裁與其他貿易、產業、開發、科技及援助的政策工具。舉例來說，徵收關稅經常被稱為「貿易制裁」，但就關鍵實施方式而言，關稅制裁與本書討論的經濟制裁並不一樣。海關關稅屬於立法形式，目的在保護國內特定經濟或產業免於競爭。相形之下，經濟制裁本質上是一種向外發動攻勢的行為。儘管可以透過國內立法來進行，制裁的對象卻遠在發動制裁國的邊界以外：遭到制裁的則是一個或多個他國經濟體。徵收關稅就像是課稅，讓貨物進出口更昂貴、更困難，但並不全面禁止；相較之下經濟制裁則會運用特定的封鎖技術，來切斷指定商品的全面進出。兩者之間的關鍵差別在於，經濟制裁是外來的、針對目標進行的強制性交流限制，目的是對位於遠方的他國施壓。

徵收關稅與經濟制裁還是具有共同點，那就是兩者都屬於禁令的一種。隨著各種禁令措施在近代早期之後愈來愈常見，描述禁運的詞彙也跟著不斷增加。英文的「禁運」（embargo）一詞出現在十六世紀，語出西班牙文動詞「embargar」，最早是一項試圖奪取停泊在哈布斯堡（Habsburg）轄下港口敵船的皇家詔令。[28]歐洲國家執行這類禁令的力道大不相同，好比我們就時常能在戰爭期間看見一國商人繼續與敵國政府貿易。在荷蘭諸省對抗西班牙帝國的八十年戰爭期間，即便西班牙當局早已頒布皇家詔令，禁止荷蘭貿易商在西班牙領土買賣任何商品，荷蘭貿易商仍然繼續把商品賣到西班牙領土。在這些荷蘭商人心目中，與敵人做生意賺錢並不是在背叛這場獨立戰爭，反而是一種積累財富及支持這場戰爭的方式。商業邏輯與戰爭邏輯競爭，最後往往取勝。

「封鎖」（blockade）一詞則是在十七世紀中葉進入歐洲大多數語言中，意指圍困城市、島嶼或領地。當時的封鎖得面對兩項限制。首先，封鎖是一種敵對的交戰行為，因此進行封鎖之前得先與對方處於戰爭狀態。國家必須正式宣戰才能封鎖對方。封鎖因此不僅是行政問題，而是一種戰爭方式。《格列佛遊記》的作者史威夫特（Jonathan Swift）就曾寫道，一七二〇年一名英國陸軍軍官宣稱：「要當紳士，唯有從軍，軍隊是唯一的紳士養成班……上帝保佑，哪怕見到一個也好，我會很高興在軍中見到你們這些文字專家、哲學家與數學家。畢竟在圍城戰或封鎖戰下，你們這些紳士的表現不知道會有多精彩。」[29]在戰爭狀態下，很容易就能對平民百姓施加無情的壓力。一旦雙方停戰議和，就必須解除封鎖，恢復一切自由貿易。

封鎖的第二項限制在於物資。在近代早期，經濟戰的首要目標就是削弱敵國的收入與資源。當時許多地方的糧食生產都能自給自足，因此只有對個別城市或小型城邦進行全面圍困，才可能達到讓敵方百姓餓肚子的目標。由於大多數較大型農業國都能相對自給自足，所以外來封鎖帶來的壓力有限。切斷產品供應來源或殖民地原料的貿易，確實能造成一定損傷，但當時大多數國家的貿易依存度並沒有那麼高，光靠封鎖物資的壓力並沒有辦法贏得戰爭。

十九世紀以前相互依存有限的事實，使近代早期的經濟施壓無論是在質與量上都不同於現代經濟制裁。但自拿破崙戰爭起，英國開始以更有系統的方式利用商業渠道。一八一四到一八一五年舉行的維也納會議中，英國外相卡斯爾雷爵士（Lord Castlereagh）建議發起拒買運動，抵制奴隸工人製造的商品，以聲援該會議的反奴隸貿易宣言。如果這項倡議成功，就能迫使西班牙、葡萄牙及法國逐漸退出泛大西洋奴隸貿易，雖然最終未能實現，但這項案例也說明已有愈來愈多人發現，可以利用貿易限制來推動人道目標。[30]

唯就整體而言，切斷單一國家與全球貿易的聯繫，其實違反十九世紀資本主義擴張及伴隨而來的自由貿易潮流。今日的歷史學家多半將一八四〇年代至一九一四年間視為「第一次全球化時代」。[31] 比較鮮為人知的，是這場全球化的背後其實有一項不斷茁壯的重要法律支柱，那就是保護私人財產免於跨國衝突侵害的法律體系。這種主張戰爭與商業分離的論點來自強大的啟蒙運動思潮。盧梭（Jean-Jacques Rousseau）就曾在《社會契約論》中主張，「戰爭不是人與人之間的關係，而是國與國之間的關係……無論任何國家都只能與他國而非他人為敵。」[32] 這項觀點在拿破崙戰爭期間成為所謂的「盧梭—波塔利斯理論」（Rousseau-Portalis Doctrine）的基礎，該理論認為個別百姓不能為他們政府的行動負責，因此國家在戰時不能將私有財產視為公有財產而加以侵犯。這項理論很快成為歐陸各國國內法、國家治理及外交政策所奉行的主流思想。

以現代人的觀點來看，十九世紀的戰爭對商業活動與財物的保護幾乎寬大得令人難以置信。在英國與俄國爆發克里米亞戰爭期間，英國財政部都還在繼續履約向沙俄政府償還貸款。與此同時俄國也規規矩矩地向住在英國的沙俄主權債債權人支付利息。[33] 一名英國閣員指出，「對文明國家而言，即使在戰時也應該向敵國償還公債」是一項無可爭議的事實。[34] 一八五六年的《巴黎宣言》（Paris Declaration）為克里米亞戰爭劃下句點，這是史上第一個開放給任何國家簽字的多邊條約。該約首創不得在公海上掠奪的「自由商品」類型，為海事貿易的全球化添加一層保護。[35] 類似的保護也出現在陸地上的戰爭中：例如義大利貴族在領導叛軍對抗維也納當局的統治時，仍舊能從他們位於奧地利領地倫巴底（Lombardy）的境內資產獲得營收。[36] 義大利統一後，義大利王國便與奧匈帝國及美國簽約，為平民資產提供戰時免於掠奪的保護。即使是高唱軍國主義的普魯士，也在一八六四到一八七一年短暫且血腥的幾場統一戰爭期間遵守這些原則。[37] 德國首相俾斯麥在一八八七年出於政治動機而對俄羅斯實施「貸款禁令」的財政限制，反而成了罕見的例外，間接證明地緣政治與市場規範分家仍是當時人一般信守的原則。俄國政府倡導的交戰國不得侵犯私人財產原則，在一九〇七年《第二次海牙公約》獲得國際廣泛認可。[38] 老一輩與新一代歐洲菁英都支持戰爭與商業分割：對貴族而言，這樣既能保有財富也能滿足他們對榮譽的需求；對資產階級來說，如果所有權及合約能保住自己的財富，他們便能夠與不定期爆發的武裝衝突共存。經濟思想家博蘭尼（Karl Polanyi）曾經形容，十九世紀這種習慣是「一方面以極度嚴厲的手段防範全面大戰，另一方面又在無止境的小型衝突中為和平創造條件」。[39] 主張自由放任的自由主義者，因此得以在公領域的戰爭與私領域的經濟生活之間築起一道壁壘，不至於受到經濟制裁的全面衝擊。[40]

然而，這種戰爭與商業分離的慣例，卻也逐漸在十九世紀間被迫轉變。原因有二，首先是歐洲日益帝國主義化。帝國主義者經常對「文明世界」之外的其他民族全體發動戰爭，進而打破這道公私之間的壁壘。一個例子就是「平時封鎖」的誕生。十九世紀出現的平時封鎖，其實與二十世紀的經濟制裁極為相似。隨著英法兩國對世界其他大陸的商業影響力不斷增加，兩國便開始利用和平與正式宣戰之間的灰色地帶。一八二〇年代，為協助希臘叛軍對抗鄂圖曼土耳其帝國，兩國首開未經宣戰逕行實施封鎖的先例。隨後數十年間，這類短期海上施壓的做法，逐漸與劫掠、艦炮轟炸等更具侵略性的行動一起進行。採取這類行動的常見理由包括償債、保護船上的歐洲公民與資產等。在一八二七與一九一三年間，帝國強權至少二十三次運用平時封鎖來迫使弱國就範。[41]當時歐洲帝國的國力之強，足以輾壓拉丁美洲、地中海沿岸、巴爾幹半島及東南亞的小國。在雙方的國力差距如此懸殊之下，這種不須發動戰爭就能達成經濟施壓的做法開始流行起來。一名英國外交官在思考如何迫使委內瑞拉還債時表示，這類手段「無法用於對付大國，但用於對付與大國有爭議的冥頑小國卻很合適。而且即便大國國力能夠壓倒小國，但大國也只是想適當索賠，並不想剷除或毀滅這微不足道的對手」。[42]

不過，歐洲帝國主義者始終未能壟斷這種經濟施壓的做法，因為當時除了以國家為核心來實施禁運與封鎖外，公民社會其實也扮演了重要角色。當時的公民社會已經開始建立起特定的政治及社會運動組織，並且透過經濟手段來反制外國壓迫或不公不義。美國殖民者與英國貴格會就曾在十八世紀運用這類戰術來反抗大英帝國。也就是說，有組織的切斷經濟交流早已是一種全球性現象，這種現象後來被正名為「抵制」。[43]「抵制」（boycott，又譯杯葛）一詞源自於一八八〇年的一件著名案例：當年為佃農權益而戰的愛爾蘭土地聯盟，就運用了這種經濟策略來向專橫的地主代理商伯考特（Charles Boycott）施壓，迫使他向佃農讓步。「伯考特」（Boycott）這名字很快就成為一個廣為使用的詞彙：一八八一年成為法文詞彙，一八八〇年代末時更已進入西班牙文、義大利文、葡萄牙文、瑞典文、德文、荷蘭文乃至於幾種亞洲文字。[44]「抵制」一詞在一八八〇年代的迅速擴散，顯示抵制與十九世紀末的貿易與資訊全球化密切相關。輪船與電報網路的問世，加速了旅遊、通訊及印刷媒體的爆炸性成長，從中國義和團暴動、印度「反英貨」（Swadeshi）運動到波蘭民族主義運動，都曾運用這類抵制策略來組織民間的經濟施壓運動。

導致戰爭與商業在十九世紀逐漸分離的因素，源自於歐洲菁英內部不斷升高的反對聲浪。英國普通法法官一直不喜歡啟蒙運動者提倡的分離論。誠如法官尼考爾（John Nicholl）在一八〇〇年所說，「戰時武裝交火與平時商業往來無法同時並存。」[45] 根據這項觀點，戰爭狀態將會中斷私人經濟生活，讓交戰方可以掠奪敵方的合約及財產所有權。英國保守黨人與海軍論者主張，應該要讓皇家海軍在戰時放手攔截全球商務。他們駁斥國際法施加的禁制，暗中設法否定國際法的戰爭及商業分離規則。[46] 在法國，新世代海軍思想「少壯學派」（jeune école）的成員認為，巴黎公社的革命動亂證明了，策動敵國本土陣線的社會動亂也能打贏戰爭。[47] 因此他們主張對商業補給線發動全面攻勢，甚至是炮轟民眾聚集中心。這類論點頗能呼應美國在南北戰爭期間的戰略思考。當時北方聯邦對南方邦聯發動全面戰爭，並且對南方棉花出口進行海軍封鎖。換句話說，美國政界菁英與英法海軍至上論者一致認為，在工業時代與全球化時代的戰爭中，公民社會將是合法的攻擊目標。十九世紀末最有名的軍事思想家暨美國海權論者馬漢（Alfred Thayer Mahan）就認為，商業資產是「國家繁榮的命脈……因此這些資產的所有權雖屬於私人，國家卻有權予以運用。只要阻斷這種資產運用循環，就能削弱一個國家的繁榮，耗損這個國家發動戰爭所依賴的國力，就像在戰場上消滅持有武器的敵人，耗損敵國戰力一樣」。[48]

這類將民間經濟視為戰爭目標的十九世紀末論點看似殘酷，但這其實也只是相關倡議者在思考全球化世界的經濟現實後，根據邏輯所做出的正常推論。真正稱得上開創歷史新頁的，反而是那些主張國際經濟去政治化、應該完全隔絕於戰爭之外的經濟自由放任主義者。這類人的論點代表著一種十九世紀特有的信念，他們把貿易與法律進步視為西方文明的標誌。支持自由放任的除了英國政界的自由派人士以外，還有來自德國的官僚、比利時及法國的國際法學家、義大利的貴族、俄國的將領，以及從德國不來梅、印度孟買到阿根廷布宜諾斯艾利斯的資產階級商人。

也就是說，在二十世紀初的許多人眼中，全球性的金融貿易網似乎是一股能夠避免大規模衝突的重要力量。「經濟制裁」在當時還只是一種模糊的願望，是報章雜誌、咖啡館及講堂高談闊論的許多烏托邦式理想的其中之一。當時歐洲與美國有一些法學家團體發起國際仲裁運動，主張將一切國與國之間的爭議交由中立的國際仲裁者進行仲裁，「經濟制裁」於是成為這場仲裁運動的顯學。在理想情況下，國際間將會有一個世界法庭來擔任仲裁者，而且為了讓仲裁有效力，仲裁者就必須擁有對違法國「發起制裁」的權威。[49] 各國國內法都會規定，國家有權以各種手段懲處違法者，但國際政治上卻從未有相似的權威存在。一九〇六年，一群法國仲裁主義者建議以經濟制裁作為懲處違法者的手段，[50] 他們提出的具體辦法包括抵制、暫時凍結或查封外國資產。其中一位法學家杜馬斯（Jacques Dumas）更因此表示，「用銀彈制裁比用子彈制裁更有效。」[51] 其他更有爭議性的建議辦法，還包括國際聯合共組陸海軍部隊發動武裝干預。[52] 由於後者這類建議顯然也是戰爭的一種，而不是理想中的止戰之道，因此此提議也遭到另一名法學家反對：「如果因為國際仲裁而導致戰爭，那麼對促進和平一點好處也沒有。」[53]

利用經濟相互依存來申張法律及維繫和平，就這樣進入國際仲裁倡議者們的討論裡。首先嘗試推這類構想的，是一位商人出身的國際主義者、法國怪傑伯雷克（Léon Bollack）。伯雷克創造了一套世界語，發行過一種作為國際通貨的金幣，還曾提議英法兩國統一，合組一個叫做「西方邦聯」的國家。他在一九一一年再度提出一項大膽構想：「全球海關抵制法」。根據這項法律構想，如果一個國家拒絕遵從國際仲裁的判決，其他參與仲裁的國家都可以對該國進行懲罰，包括拒絕進口商品，沒收該國的海外資產，以及封鎖該國的資金轉移。[54] 一九一二年九月，伯雷克向日內瓦世界和平大會提出這項構想。[55] 他的目標十分直白：「殺掉戰爭」（tuer la guerre）。

伯雷克的構想立即招來其他仲裁主義者的撻伐，後者認為世界經濟分工精細，因而是必須加以保護的複雜有機體。匈牙利社會學家馬戴（André de Maday）就對此提出警告：「完全孤立一國人民，特別是……切斷該國的國際聯絡管道」的想法非常危險，因為就算是為了懲罰「天大的不公」，或是為了不打仗，難道切斷一國的糧食進口或讓這個國家鬧饑荒就是明智的選擇嗎？[56] 法學家杜馬斯也同意這項說法，認為經濟抵制是「一種過時的做法」，而根據現代道德觀，「為了政府犯下的罪行而懲罰個人是不公平的」。[57]

這些有關經濟制裁的辯論，當時還停留在仲裁主義者對想像中政策工具的理論範疇。馬戴與杜馬斯都曾對經濟制裁提出審慎批判，首開人類史上這類警告的先例（當然不會是絕響）。與此相對的，伯雷克的烏托邦式構想似乎與全球各地持續升溫的地緣政治緊張情勢大為脫節。事實證明，仲裁主義的政治勢力不夠強大，無法阻止歐洲各國在一九一四年七月爆發世界大戰。在大多數歐洲國家，主張全面戰爭的一派擊敗主張戰爭與商業應該分離的一派：於是資產被沒收，海運線被封鎖，銀行帳戶被凍結，民營公司也遭到嚴密監控，各國不計手段謀取戰爭勝利的無情邏輯摧毀了世界經濟。然而，當時或許沒有人能夠想到，仲裁運動的其中一項理念將會在這場世界大戰結束後獲得實現的機會。全球在經過漫長四年的大戰煎熬後，戰勝國卻建立起一套用經濟制裁來保護和平的國際機制。這一機制解決了先前仲裁論者處理不了的困難，也就是如何讓國際法對各國有拘束力——辦法就是參考協約國在大戰期間發動的全新戰爭形態，一種完全針對工商金融業進行的戰爭。經濟制裁就此誕生，誕生在全球化條件與全面戰爭技術相匹配的時代。本書想要講述的故事，就是這項劇變如何改變世界。

※　※　※

《經濟武器》這本書分為三部，各部時序連貫，唯各自有切入主題的焦點。第一部「經濟武器的起源」將會討論英法兩國的經濟封鎖計畫，從一九一四年起經一次大戰及戰後幾年，直到一九二一年與蘇俄恢復貿易為止。第一章介紹大戰時期的經濟封鎖及政治環境如何演變，如何為高度依賴的世界經濟帶來新的挑戰與機會（例如管理中立的貿易與金融封鎖）。第二章檢驗經濟武器如何逐漸成形，先是在一九一七年，然後是在一九一九年初的巴黎和會，當時國際聯盟起草了與制裁有關的第十六條條款。在短短幾年間，經濟封鎖就從一種國家政策轉型為某種技術官僚的國際主義工具。隨著美國加入協約國陣營及參加世界大戰後，經濟封鎖的成果變得更加顯著。本章說明了協約國對全球原物料的掌控，如何啟發他們在大戰結束後運用這類資源來進行經濟抵制。本章同時也記錄了威爾遜、塞西爾與布儒瓦的《凡爾賽條約》談判，如何無意之間造就了國際聯盟可以不經宣戰就對侵略國進行封鎖式的經濟制裁。協約國在一九一九年封鎖俄羅斯與匈牙利革命共產政權，首開和平時期使用經濟武器的先例，而這正是第三章要探討的主題。這次制裁引起歐洲各地有關以經濟戰對付平民百姓是否道德的公開辯論：由於擔心經濟制裁將迫使中歐與東歐人民捨棄資產階級的穩定性，轉而投入激進政治思想的懷抱，包括女性主義、人道主義、左派與自由派的倡議團體最終說服了協約國，放寬對中歐與東歐的經濟制裁。

第二部「經濟武器的正當性」，試圖藉由制度史的方式說明國家菁英與國際聯盟技術官僚如何管理一九二〇年代的經濟武器。當時經濟武器是一項才正要開始發展的強大政策工具。第四章與第五章始於一九二一年國際聯盟成立「國際封鎖委員會」（International Blockade Committee），終於一九三一年滿洲國成立導致的國際危機，藉此讓讀者看見當時幾乎每一場國際危機背後都有經濟制裁的影子。這段期間的經濟武器，其實還離不開所謂的帝國主義。正是西方帝國威脅要施以經濟制裁，才成功制止了巴爾幹半島的邊界紛爭，同時讓土耳其放棄了對伊拉克的領土主張，更多次被考慮用來對付中國境內的工人罷工與反抗列強殖民的民族主義抵抗運動。而為了替經濟制裁爭取更高的正當性，好用來施壓公民社會及私有經濟利益，西方的自由派菁英內部因此產生了嚴重的政治分裂，這段時常被後人低估的歷史會是第六章的重點。正是制裁主義者與中立主義者之間的分裂，削弱了帝國主義與國際主義者之間的共識，動搖了國際聯盟的根基，也複雜化了國際聯盟與美國等外部強權的關係。

第三部「誕生於戰間期危機的經濟制裁」，將會檢視經濟武器在一九三〇至一九四〇的全球危機年代中所扮演的角色，也就是從經濟大蕭條一路到二次大戰結束。第七章將會描述實施經濟制裁所遭遇的困難，從滿洲國到南美洲，再到一次大戰後挑戰世界秩序的日本帝國、納粹德國及法西斯義大利。第八章將會帶讀者重新認識戰間期最有名的經濟武器使用實例：國際聯盟在義大利入侵衣索比亞時對墨索里尼政權發動的經濟制裁。本章將會強調，這場危機替經濟制裁添加了消耗戰的新概念。那麼，經濟制裁為何無法阻止強權衝突再起，終致釀成另一場世界大戰？要回答這個問題，就不能只是把一九三〇年代的鬥爭視為自由主義與極權主義之爭，或是民主與獨裁之戰。事實上，本書更希望採取另一種分析路徑，也就是明確指出是經濟壓力導致列強之間出現原物料、財政儲備及領土的競爭。第九章說明各國之所以在一九三〇年代中期愈來愈走向自給自足式的封閉式經濟，部分其實源自於某種「封鎖恐懼症」，而造成這種恐懼的原因正是過往有關經濟戰的記憶——經濟制裁使得這股陰影更加徘徊不去。我會在第十章以唯物主義史觀來解釋二次大戰的爆發，將這場大戰解釋成是一場以爭奪資源來組成陣營的衝突。一九四一年後，英法的經濟戰終於獲得美國租借法案的奧援，將威迫與援助的概念合二為一，打造出制裁主義者曾想在一九三〇年代建構卻失敗的集體安全。本書的結論將會聚焦於兩個問題：一、戰間期的經濟武器如何影響一九四五年後的國際秩序。二、在廣泛實施經濟制裁而導致全球政治出現新問題的二十一世紀，這段過往的歷史究竟對今天的我們有什麼樣的啟示。

Part I

經濟武器的起源

第一章　封鎖的機制　1914—1917

一九一四年八月底，一次大戰剛開打三個禮拜時，德國外交官雷茲勒（Kurt Riezler）寫了一封信給未婚妻萊伯曼（Käthe Liebermann）。慕尼黑高級知識分子出身的雷茲勒，雖然年僅三十二歲，卻已經為德國總理霍爾維格（Theobald von Bethmann-Hollweg）做了幾年的私人政治顧問。雷茲勒以德意志帝國統治菁英具有的強悍自信口吻，從帝國陸軍總部寫信向凱西保證說，「一切進展順利，生活物資補給都不成問題，我們不會挨餓。英國人當然會像當年對付拿破崙一世那樣堅持到底，不過我們會用更勝於拿破崙的方式啟動大陸封鎖。」[1]

雷茲勒會在信中以拿破崙戰爭作為類比相當合理。在一九一四年八月，許多跡象都顯示歐洲史似乎又將重演。英國再度面對一個志在稱霸歐陸的陸地強權，且這次英國同樣運用海軍力量壓制它的陸上勁敵——上一次是法國，這一次是德國——切斷對手與世界貿易的聯繫，迫使對手建立自給自足的歐洲經濟集團。但除了這些類同以外，雷茲勒這段比喻不但不能說明什麼，反而更讓人困惑。就經濟條件來說，雷茲勒生活的世界與一八〇〇年代的世界景觀截然不同。整個十九世紀，貿易擴張、市場整合、工業生產、社會都市化與體制民主化的速度都達到前所未有的高峰。因此當英國、法國和俄國組成的「協約國」（Triple Entente）對德國與奧匈帝國的「同盟國」（Central

Powers，幾個月以後，鄂圖曼帝國和保加利亞也加入同盟國）發動經濟戰時，情況與拿破崙的時代已經大不相同。為了切斷敵對國家與海外市場的來往，協約國發展出一個史無前例的經濟監視與控制體系。

協約國造就的是一個跨越國界的全球貿易體系，其對付的對象遠比單一帝國大得多。從一九一四到一九一八年間這個體系的運作情形，讓協約國決策者深信經濟壓力的威力強大到可以阻止未來的戰爭。這項政策如何發展到具有止戰能力的程度？封鎖的行政歷史已有許多研究，[2]卻很少人探討戰時的封鎖如何塑造出巴黎和會的經濟武器。[3]在學習如何發動經濟戰的過程中，英法官員與其盟友開始利用國家之間相互依存的特性。為了達到這個目的，他們對世界經濟基礎設施進行干預。這類干預行動包括蒐集情報、提出質量兼具的知識，以及設計足以孤立敵國的政策手段。雖然構築經濟武器需要的是龐大的儲備知識，但如何運用這些資訊仍無可避免是種政治選擇，[4]於是彼此競爭的機構、個人與利益在經濟戰的操作問題上便產生了矛盾。但正因為具備以不同手段達成政治目的的彈性，隨著時間過去，封鎖政策變得愈來愈有吸引力，最終成為日後制裁的典範。

封鎖是二十世紀全球經濟治理影響最深遠的實驗之一。協約國封鎖行動的主事者在一個完全互通的世界裡打造經濟武器，探索的旅程就此開展。要說明這個過程，最好的辦法莫過於深入封鎖的計畫本身一探究竟。本章除了概述協約國封鎖行動的發展之外，也聚焦於兩個特別具有啟發性的學習經驗：原物料的控制與金融封鎖的出現。這些政策是日後戰時商品禁運和金融制裁的先聲，仔細探究礦產與金錢問題，才能揭開經濟壓力的原物料與金融面向之間千絲萬縷的連繫。因此，我們的旅程將始於一種在一九一四年的世界貿易中占比很小，但非常重要的商品：錳礦。

錳礦與全球化

錳是一種呈現塊狀或脈狀，蘊含在地殼中的銀灰色重金屬，人們在很久以前就知道它有強化鐵器硬度的功能。十九世紀的中歐，鐵匠在提煉生鐵以製造出一種叫做「鏡鐵」、更加堅硬且表面有光澤的產品時，會在熔爐裡加入少許的錳。一八五〇年代問世的「貝塞麥轉爐煉鋼法」（Bessemer Process）掀起現代煉鋼技術革命的同時，也讓錳成為至關重要的礦物。貝塞麥（Henry Bessemer）與慕謝（Robert Mushet）在格洛斯特郡（Gloucestershire）的山區進行試驗時，發明了一種煉鋼的方法，只需在去氧、熔化的生鐵中加入錳，就能大幅改善產品的品質，而且防鏽和防腐蝕。錳於是成為提煉合金的熱門原料，能夠製造出堅固耐用又相對便宜的不鏽鋼。到了一八九〇年代，使用高等錳礦的電熔爐可以生產頂級工業用金屬。

在二十世紀初期，德國是僅次於美國的全球第二大鋼鐵產國，產量占整個西歐的一半，接近全球總產量的四分之一。德國鋼鐵工業被像克魯伯（Krupp）這樣的大財團壟斷，其產品從船體、樑、柱到鋼板、鋼管、鋼軌和頭盔，無所不包。[5]但如此龐大產量背後的原物料大部分都來自國外，鐵礦從法國和盧森堡透過火車運入德國，煤礦則來自德國魯爾（Ruhr）區。持續改善的供應線意味著來自全球各地的原物料一年四季不間斷地輸入克魯伯的廠房，讓這家公司可以憑藉極小的倉儲就完成巨額的年度鋼產目標。在一九一三年，克魯伯的原物料倉儲僅能維持兩個月的生產所需。[6]

所以說德國雖然在歐洲的鋼鐵製造業中占據領先地位，德國工業卻必須依賴海外供給，在歐洲境內只有寥寥幾處礦區的錳便是典型的例子。全世界的錳最主要來自喬治亞的齊亞圖拉（Chiatura），當時喬治亞是俄羅斯帝國的一部分；英屬印度則靠著馬拉巴（Malabar）海岸地區的錳礦，成為全球第二大供應地。在一九一三年，俄羅斯與印度礦區的錳礦產量合計達兩百萬噸，大約是全球產量的九〇%。[7]第三與第四大錳礦產國是巴西和西班牙，巴西在一九一三與一九一四年輸出約十八萬三千噸，西班牙更只有兩萬一千噸，不到全球產量的百分之一。[8]德國每年消耗全球錳產量的四分之一，與它的全球鋼產占比相當。總而言之，在一九一二年運到德國的錳礦超過五十萬噸，其中接近三分之二來自俄羅斯，四分之一來自印度，六%來自西班牙，四%來自巴西。[9]

德國鋼鐵製造業者的需求導致大量的錳礦進口，而從哪裡進口取決於好幾個因素。運輸基礎設施是其中一個考量的重點。十九世紀中葉的運輸革命大幅降低了海洋運輸的成本，儘管人們近幾十年來在鐵路方面的大量投資，海上運輸仍時常比陸路運輸便宜。像錳礦這樣大而堅硬的貨品，即使是短程鐵路運輸也會讓批發價格大漲，俄羅斯的錳礦從齊亞圖拉經由鐵路運到黑海的港口波蒂（Poti），儘管兩地相隔僅僅一百八十公里，但由於喬治亞境內沙俄鐵路的狀況實在太糟，單價從每公斤十法郎暴漲到三十法郎。[10]德國公司從巴西進口錳礦，因為從拉丁美洲經由海路運送礦物，往往比從俄羅斯經由陸路運輸便宜。克魯伯的主要廠房位於德國西部的魯爾區，透過流經荷蘭的萊茵河與世界市場相接。歐洲在一八八〇到一八九〇年代湧現了一波投資巴西鐵路的熱潮，進一步降低了取得拉丁美洲礦藏的難度，也讓它們比依靠狀況不佳的鐵路運輸的俄羅斯錳礦更有競爭力。

生產的物理與政治條件也是影響供應的要素。印度錳礦因為印度次大陸的殖民地勞工成本低廉而具有優勢，[11]齊亞圖拉雖然盛產俄羅斯錳礦，卻是革命動亂的溫床，喬治亞青年約瑟夫・朱加什維利（Iosif Jugashvili）——即後來的史達林——就以在齊亞圖拉組織礦工起家，展開他的布爾什維克革命生涯。[12]最後，錳礦的品質也很重要。含錳量高的礦石，由於生產一單位鋼鐵所需的礦石量較少，價格也較高。巴西的優質礦石含錳量高達五〇%，俄羅斯的礦石含錳量較低，但也比較便宜。前述所有的條件，包括完善的基礎設施、穩定的政局與高品質的礦藏，都使得巴西向德國出口錳礦，成為一個可行且具有競爭力的合理選擇。

克魯伯透過一連串複雜的交易鏈採購巴西錳礦。克魯伯首先向它在倫敦的代理商下單，表明有意採購的數量，代理商隨即根據訂單需求，從聚在倫敦的全球礦業供應商報價中尋找適當賣方。在將訂單發給選定的礦廠之後，代理商會把訂單交給克魯伯的德意志銀行，安排貿易融資。作為全球第二大銀行的德意志銀行，接著透過一間拉丁美洲的子公司德意志海外銀行（在當地的名稱為「德意志跨大西洋銀行」）提供貿易信貸。[13]同時，巴西境內米納斯吉拉斯州（Minas Gerais）的大型礦井會開始錳礦的挖掘工程，[14]其中有一處礦區位於伊塔比拉（Itabira）市，英國擁有的伊塔比拉鐵礦公司自一九一一年起便在當地經營礦井。[15]這座礦井與巴西內陸的主要鐵路、通過米納斯吉拉斯州政府所在地美景市（Belo Horizonte）的國營巴西中央鐵路相連，[16]貨運火車將從美景市出發，把錳礦送往東南方五百公里外的首都里約熱內盧。里約的伊塔比拉鐵礦公司銷售部接著會收到德意志跨大西洋銀行代表克魯伯發出的一張匯票，這張匯票保證一旦使用者拿到這批錳礦，伊塔比拉鐵礦公司就能領到相對應的款項。由於這是一張由德意志銀行簽發與背書的匯票，而德意志銀行是一家可以因應礦業公司需求撥出款項的大銀行，這張匯票本身就是可以拿去賣錢的交易媒介。（信用評等高的匯票，甚至可以用來買其他貨物，幾乎等同於現金。）

這批錳礦到了里約後，從鐵路車廂被運到貨輪上，準備展開一場穿越全球貿易體系的核心，也就是世界各大洋的旅程。英國、德國、美國與挪威都有經營大型海商公司，往返於拉丁美洲與歐洲之間運送貨物。參與這類長程運輸的商船需要保險，由全球最大的海事保險業者、英國公司勞伊德（Lloyd's）在倫敦的交易所提供。這門生意還得仰賴足夠的燃料補給，把錳礦載往海岸的巴西火車，以及將其運往大西洋彼岸的挪威輪船，都以燃煤作為主要動力來源。巴西進口的煤有將近九〇%來自英國。英國煤商會把煤直接賣給運輸公司，他們並擁有位於世界各地的私人儲煤庫。保險、燃料買賣與儲存，都把持在英國公司手裡。[17] 滿載錳礦從里約啟程前往歐洲的輪船，很可能燒的都是威爾斯出土的煤碳。它們會先往南穿越大西洋，然後北上。輪船離開巴西以後，一般得花上三週的時間才能抵達鹿特丹，連接西歐河路貿易的荷蘭轉運港。在這裡，這批錳礦被載上另一列火車或河運貨船，完成最後兩百一十公里的旅程，抵達位於埃森（Essen）的克魯伯廠房。裡頭的煉鋼工人再將其送進高科技煉鋼爐，把錳礦與鐵礦熔製成不鏽鋼。

這條礦物交易的原料供應鏈，對應著一條國際金融支付鏈。克魯伯的快速下單系統一般都能在礦石運到廠房時，就為它的鋼產品找到買家。克魯伯因此可以載明錳礦進口成本，開立費用清單給客戶，這筆預期款項付清了克魯伯對德意志銀行的交易欠款。在巴西錳礦開挖到礦石運抵埃森的四到六週間，德意志銀行必須承擔價格波動與最終支付金額的風險。為了避免錢被綁住，德意志銀行會向里昂信貸銀行等倫敦金融市場的其他銀行貸款，如此一來德意志銀行就能在它提供融資的商品穿越大西洋期間，進行其他放貸業務。

所以僅是從米納斯吉拉斯進口一批原物料到魯爾，就牽涉到除了克魯伯與伊塔比拉鐵礦公司以外的七個單位，分別屬於六個不同國家：巴西政府與它的國營鐵路、負責運輸的挪威海運公司、提供礦石海運保險的勞伊德與供應煤炭的另一家英國公司、將貨物運往德國的荷蘭鐵路營運商、為克魯伯的採購提供融資的德意志銀行，以及提供短期償債能力，讓德意志銀行能維持貿易信貸的一間法國跨國銀行。如此繁複的供應與支付鏈顯示十九世紀末發展出的全球化結構與基礎設施，到了一戰爆發的時候變得多麼錯綜複雜。不只如此，這項交易還可以隨著觀察者的立場不同，而有各式各樣的偽裝。從最直截了當的觀點來說，這批錳礦的供應與最終用途，讓這件事成為巴西與德國之間的交易；但以法律合作的角度而言，這似乎是英國與德國之間的交易，因為一家英國擁有的礦務公司向一家德國鋼鐵公司供貨。貿易統計數字有助於釐清一些真相，但程度有限，進口與透過荷蘭這類轉口經濟體的再出口，是一個容易讓人混淆的因素。因為錳礦在跨越國界時需要給海關官員登記，從伊塔比拉到克魯伯的交運會在國際貿易統計上出現兩次，一次是巴西與荷蘭之間的貿易，一次是荷蘭與德國之間的貿易。

在一九一四年高度全球化的環境下，伊塔比拉與克魯伯的錳礦契約是一筆再正常不過的交易，如化學、造船和電子製造業等高附加價值工業的輸入端，大部分都涉及遠比這複雜的供應鏈。雖然各國的經濟高度依賴此類貿易網路，政府對這種民間互動卻極少規範。英國的貿易部與德國的帝國海關辦公室記錄有關運輸的統計數字（例如從威爾斯透過海運載到巴西的煤，以及經由鐵路運到魯爾的錳礦），但這些數字僅能說明部分交易過程而已。最瞭解狀況的人是礦業公司的承辦人員和經手關鍵交易的倫敦銀行家，但即便是他們對特定領域的掌握也十分有限，例如挪威的海運與荷蘭的鐵路運輸。僅僅從一艘滿載錳礦的貨輪，就可以看出一九一四年的全球貿易底下，複雜得令人眼花撩亂的網路、交換、連繫與動向。而當戰爭爆發的時候，如何操控這個體系使得錳礦無法運到德國？為了解決此一實際的問題，英國與法國開始建立啟發現代制裁的封鎖機制。

建立封鎖機制

英國顯然位於這個全球經濟體系的核心。儘管克魯伯從巴西進口錳礦時並不認為自己是在跟英國做生意，但這筆交易的方方面面都得依靠英國公司與銀行的專業、資源和影響力。倫敦對戰前的世界經濟具有至高的重要性。在一九一二年，倫敦透過它的貼現市場，以匯票形式發行短期貿易信貸，為大約六〇%的世界貿易提供融資，[18]每天的融資金額至少高達四百萬英鎊。[19]一戰爆發時，倫敦經紀商與票據承兌所在帳面上持有超過三億五千萬英鎊的匯票，其中有五分之一是德國與奧匈帝國積欠的債款。[20]英國擁有世界上最大的商船隊，其海運公司包辦了全球五十五％的海上貿易，[21]英國也負責全球三分之二的海上保險合約。[22]由於巨額的煤礦出口，英國還是世界上重要的能源輸出國；套用一位歷史學者的話，英國是「一九〇〇年的沙烏地阿拉伯」。當年全世界的貨輪有九十六％使用焦煤作為燃料，而八千萬噸的總用量中超過四分之三的焦煤來自不列顛群島。[23]在任何時刻都有約兩千萬噸的焦煤留在英國港內，另外兩千五百萬噸存放在從福克蘭群島到直布羅陀、由英國控制的儲煤庫網路中，而其餘地方上的儲煤庫也多由英國民營公司負責保養與供貨。[24]不僅如此，全球電報的電纜網路有七〇％的線路掌握在英國公司的手裡。[25]由於基礎設施方面的壓倒性優勢，英國對貨物、金錢、能源與資訊等全球化命脈的影響力極為龐大。

在戰前，英國海軍的決策人員就已經打算運用這種優勢，對德國經濟的金融與商業體制發動協同攻擊。[26]但在戰爭剛爆發的前幾週，海軍部的這項「經濟版的施里芬計畫」（施里芬計畫是一戰爆發以前，德國總參謀長施里芬策劃的一項作戰計畫）便遭遇挫敗。[27]因此雖然英國確實對德國展開了封鎖，但主要負責封鎖的是外交部，而不是海軍部；儘管實際任務由皇家海軍水面艦隊執行，卻是由軍方與文職官員共同指揮。[28]經濟施壓仍是海軍的事務，但執行交給文職官僚處理，這種做法造成兩個影響：首先，封鎖與制裁不再只是軍事戰略，也成為國家政務問題；其次，英國沒有採取全面封鎖，而是選擇了一種不那麼艱鉅的法律施壓形式。對同盟國的經濟「封鎖」事實上是一種違禁品管制制度，該政策比法律意義上的全面封鎖寬鬆。[29]如果採取全面封鎖，協約國可以禁止進出敵國港口的一切海上交通。相形之下，違禁品管制是一種監督機制，只沒收運往敵國或供敵國使用的違禁貨物與商品。這種機制的效力取決於交戰國在公海攔截船隻的能力，而只有皇家海軍能夠做到這點。[30]英國於一九一四年十一月宣布北海為戰區，展開違禁品管制。英國與法國政府為這個實質上的「遠距封鎖」政策辯護的理由是因應現代海上戰爭的形勢轉變，實施遠距封鎖和違禁品管制有其必要。由於一八五六年《巴黎宣言》（Paris Declaration）禁止這類封鎖行動，英法兩國便訴諸《巴黎宣言》的精神為此舉辯解。[31]不過英國一開始推動封鎖機制的步調頗慢，要到一九一五年初，它才在法國找到志同道合的夥伴。那一年二月，德國宣布對協約國商船發動無限制潛艇戰。此舉迫使英國政府升高孤立德國的行動，與法國的合作也更加密切。[32]

封鎖的執行者們很快就發現只靠英法兩國的合作還不夠。違禁品管制主要針對的是運到荷蘭、瑞士、斯堪地那維亞半島三國與西班牙等歐洲重要中立經濟體的商品，為了處理跟這些國家的衝突，便需要不斷的外交交涉。舉例來說，荷蘭政府不能中止與英國或德國的貿易，否則就會違反其中立國的地位；[33]但對英國外交部與海軍部而言，荷蘭到德國西部的轉口貿易是一個必須關閉的嚴重漏洞。[34]一九一四年十一月，一群荷蘭商人與銀行家創設荷蘭海外信託協會。加入這個協會的私人貿易商保證，他們進口的一切商品都是為了國內消費，不會轉銷德國。這樣的保證緩解了英方對於德國透過荷蘭進行轉口外貿的擔憂，也讓荷蘭政府維持官方中立的立場。一年之後，瑞士經濟監督協會成立，以類似於荷蘭海外信託協會的方式管理瑞士的對外貿易。經過與英國外交代表的協調，瑞士經濟監督協會運用瑞士法律的權威，迫使民營公司與商人斷絕與同盟國的經濟關係。荷蘭海外信託協會和瑞士經濟監督協會雖然不受協約國政府直接管控，它們的運作卻頗能滿足英法的戰略。荷蘭海外信託協會與瑞士經濟監督協會的出現，顯示荷蘭與瑞士為了在這場歐洲有史以來最大規模的戰爭中置身事外，願意讓國家的經濟主權稍受限制。[35]

檢視當局如何取得、處理與散播資訊，能幫助我們瞭解封鎖作為一種管制制度。在英國，這整個戰略的核心就是貿易清算所，為財政部新成立的戰時貿易處下轄的一個機構。一九一五年二月，貿易清算所開張，三十名工作人員開始從德國報紙、海關紀錄、來自外交大使館的報告、截獲的電報、載貨清單，以及來自倫敦市貿易商的傳言等各種消息來源蒐集可用情資。毫不意外地，訊息量在幾個月後便如排山倒海一般湧入貿易清算所。同年九月，貿易清算所的工作人員總數爆增將近五倍，達到一百四十五人。[36]

戰時貿易處也負責處理想取得許可、越過封鎖的商人提出的所有進出口執照申請。公司與銀行若想繼續進行買賣，就得說明他們一切既有交易，並接受徵召加入貿易清算所經營的情報蒐集網路。[37]根據一九一四年八月通過的《英國與敵國貿易法》（British Trading with the Enemy Act），戰時貿易處還有權沒收敵國在大英帝國各地的資產與投資；[38]到了一九一七年一月，它可以沒收倫敦市中所有的外國證券，敵國與中立國皆適用。[39]於是戰前大致上可以自治、除了受到英格蘭銀行的監控以外，不必接受任何監督的英國經濟部分區塊，現在為財政部牢牢掌控。戰時貿易處與貿易清算所將源源不絕的資訊和建議提交給跨部會的「限制敵國供應委員會」，由這個委員會召集來自外交部、海軍部與貿易部的代表，做出最後的政策決議。這些決議接著會送交違禁品委員會，就擬定的措施是否符合海上封鎖的國際法規範提供專業意見。[40]

協約國對同盟國的包圍，1914年。《伯明罕公報》（*Birmingham Gazette*）的摩雷爾（G. F. Morrell）製圖。圖片來源：威爾斯國家圖書館。

外交部自然也同時向國外尋找管道阻斷同盟國的貿易，它控制著大使館官員、公使館員工、地方領事與特務組成的全球網路。大戰爆發時，英國駐在全球各地的外交人員總計只有四百一十四人，其中只有三分之一是職業外交官，[41]其他人分別是地方領事、公使館員工和民營企業界的半官方代表。傳統上流社會的外交官瞧不起這些民間人士，認為英國不能把發動經濟戰的工作交給這樣一群只知攀附權貴的老百姓。[42]然而外交部根本沒有做好全面投入封鎖政務的準備，派駐海外的英國官員只得自行發揮，於是他們開始詳盡報告與德國和奧匈帝國做生意的外國公司，以及從亞洲與拉丁美洲運貨到中歐的外國商船的動向。[43]

在戰爭爆發前三年主持法國封鎖重任的是「敵方貿易與供給限制委員會」，又被稱為「R委員會」（Comité R）。它於一九一五年三月成立，隸屬於外交部，由九名委員組成，裡頭有軍官也有文職官僚。[44]在大戰期間，R委員會根據法國經濟情報處蒐集的情報，發布了一百九十五份有關同盟國經濟情勢的週報。法國經濟情報處是戰爭部底下的一個小型辦公室，負責從郵件與電報檢查中整理出情報，[45]處長坦納利（Jean Tannery）認為，他的組織其實是戰爭違禁品的商業情報處。[46]到了一九一六年初，法國外交部也建立了一個外國情報蒐集網路，由遍布世界各地的四十九個領事據點組成，其中三十二個位於歐洲重要的中立與轉口地區。[47]法國當局採取的封鎖方式就組織建立的層面而言，與海峽對岸的英國盟友頗為類似，但有一點與英方大不相同。英國普遍存在一種「一切照常」的心態，英國外交部與財政部官員不願過度壓迫中立國與第三國，擔心這樣做會惹怒這些國家，損及英國商業與金融的領先地位。相反的，法國封鎖的主事者則認為協約國如果想用經濟壓力重擊敵國，就必須付出金錢損失的代價。在他們眼中，英國人畏首畏尾的做法不可能打贏這場經濟戰。

全面經濟戰

直到一九一五年底，協約國封鎖的主事者都沒能達成在經濟方面徹底孤立敵國的目標。歐洲戰場上，同盟國在法國、比利時、阿爾卑斯山與加利波里（Gallipoli）都挺住陣腳，並進一步深入俄羅斯與波羅的海地區。協約國政府紛紛受到國會與報界譴責，說他們缺乏有效作戰的決心。法國總理白里安（Aristide Briand）於一九一六年一月訪問倫敦，呼籲加強合作，英國首相阿斯奎斯（Herbert Asquith）與他的內閣也同意需要強化經濟戰的力道。一九一六年二月二十三日，英國所有涉及違禁品管制作業的組織合併為一個部級機構：封鎖部。名義上屬於外交部一部分的封鎖部，事實上完全自主，而且據點遍及英國各處。財政部貿易清算所也納入封鎖部的管轄，並改名為戰時貿易情報處。[48]

阿斯奎斯任命塞西爾爵士為封鎖大臣。選擇切爾伍德（Chelwood）子爵塞西爾是一個特別有創見的決定，他來自英國政治菁英圈內的貴族家庭，是十九世紀英國最有權勢的保守黨首相之一、索爾斯伯利（Salisbury）侯爵的三子。塞西爾畢業於伊頓公學與牛津大學，從事律師工作二十年之後，在一九〇六年的大選中當選保守黨國會議員，轉入政界，在野近二十年的自由黨也於該次大選重新取得政權。身為自由貿易的堅定支持者，塞西爾可說是保守黨中的異數。在關稅改革之爭中，他與阿斯奎斯的自由黨站在一起，反對約瑟夫．張伯倫（Joseph Chamberlain，日後著名英國首相張伯倫之父）與蘭斯東（Lansdowne）爵士領導的保守黨保護主義派。[49]塞西爾的從政生涯堪稱是家族叛徒的寫照，其中最讓他引以為榮的便是他反對保守黨反動色彩濃厚的帝國主義政策，而領導這項政策的，正是他的表兄貝爾福（Arthur Balfour）。雖然出身貴族，但塞西爾頗有民粹主義政治人物的風采。他喜歡長篇大論，樂於接受記者的採訪，經常與數十個國家的國際主義者書信往返。即使他後來為了創建國際聯盟在國會極力奔走，並因此在一九三七年獲頒諾貝爾和平獎，仍無損於他身為英國統治階級圈內人的聲望。

乍看之下，像塞西爾這樣的自由貿易堅定支持者竟然在大戰期間建立了一個限制全球商務的龐大體系，似乎讓人匪夷所思。但在戰爭期間的英國，這種情況一點也不奇怪。事實上，當時在自由黨與保守黨內最擁護自由貿易的人士，包括勞合喬治（Lloyd George）、格雷（Edward Grey）和寇松侯爵（Lord Curzon）等

塞西爾爵士，1915 年。圖片來源：美國國會圖書館。

人，也都是對德國外貿發動全面戰爭的主要支持者，因為他們相信經濟相互依存的重要性。英國統治菁英非常清楚他們的國家仰賴出口營利與進口食品，英國人民尤其離不開外國食物，其六十五％以上的卡路里消耗來自海外。[50]塞西爾與他的同儕既然認定貿易是連繫整個文明世界的關鍵，操控貿易自然成為迫使違規國家改變行徑的手段。戰爭調整了英國扮演的角色，讓英國當局以更主動、干預更多的態度管理貿易，但沒有改變戰前自由貿易倡議者共有的重商主義邏輯。[51]

塞西爾因為部長任命而成為英國經濟戰最高領導人，他形容自己的工作「絕不只是封鎖而已……要促成各種形式的經濟與商業壓力來對付我們的敵人」。[52]封鎖部中心化與系統化對付同盟國的經濟戰，這項經濟戰的轉型就根本上來說是一種認知與組織的轉變，[53]英國的封鎖主事者在學習生產出有用知識的過程中逐漸變得老練。戰間期對於封鎖的研究形容這是從原始「證據性」系統轉變成較為先進也更「科學」的、所謂「統計性」系統的學習過程。這項來自封鎖組織內部的創舉，很大部分是由一個人所推動，那人便是塞西爾的部屬和密友福斯特。

福斯特的出身背景雖然與塞西爾截然不同，但兩人可說是殊途同歸。福斯特生於自由統一黨政治權貴世家，叔祖是維多利亞時代著名詩人與評論家馬修．阿諾德（Matthew Arnold）。他的父親休伊（Hugh）是貴格會羊毛實業家威廉．福斯特（William Forster）的養子，後來成為自由統一黨國會議員，並在一九〇三年加入貝爾福的保守黨內閣，擔任陸軍大臣。[54]福斯特便在這樣一個自由派帝國主義者的英國菁英家庭中長大成人。他於一九一四年十二月加入皇家海軍志願師，隨後進入海軍部貿易處服務，成為海軍部派駐違禁品委員會的代表，與代表外交部的塞西爾共事。違禁品委員會擁有運往敵國港口貨物的資料，依此派遣皇家海軍艦艇前往攔截。它的基本作業手法就是蒐證、找出有關違禁品的貿易線索，然後在全球貿易體系中進行干預。

福斯特便是在這個職位上成為經濟戰認知革命的主要推手。違禁品委員會這種蒐證方法的主要缺點就是它需要投入大量人力，情報分析與審查人員都忙到筋疲力盡。由於海上搜索很難，許多船隻都只能放行，除非能逮到對方明顯投入非法貿易。在一九一五年，海軍少將德柴爾（Dudley de Chair）的第十巡洋艦派遣十八艘武裝商船，在北海攔截了至少三千零九十八艘船隻，平均每天攔截八次，其中七百四十三艘（占所有攔下船隻總數的四分之一）被遣送入港，接受進一步檢驗。[55]在負責進行這類檢驗的英倫海峽主要港口柯克沃爾（Kirkwall）與唐斯（Downs），皇家海軍人員會查核貨品明細，將內容電告違禁品委員會，並對船隻進行搜查。但船隻有大有小，而且時間緊迫必須當機立斷。要檢驗一艘載有五百名乘客的大型客輪，皇家海軍得出動一支十名軍官與二十名水兵的隊伍，馬不停蹄地工作至少十八個小時，[56]同樣的時間可以完成許多較小型船隻的搜查。撇開情報處理與執行過程難免出錯的問題不論，僅憑這麼少的人力就想控制所有進出中立港口的海上交通根本是不可能的事。

福斯特知道大量進入中立國的商品最後落入敵國手中。為節省投入攔檢作業的人力與資源，他建議把網撒得更大。他自一九一五年起向海軍部建議，用一種後來稱為「配額制度」的統計方法取代蒐證做法。[57]戰時貿易處會根據戰前消費數字，算出中立國每一季和每一年的「正常」進口額預估，而福斯特認為英國應該限制中立國，不讓中立國在任何指定商品上有超過戰前平均額度的進口，而不是針對個別船隻進行違禁品搜索。任何商品只要超過既定配額，中立國便不得再進口，否則就會遭到禁運。

對英國來說，配額制度改善了對世界貿易的控制；但對中立國而言，它造成了很大的困擾。由於戰亂導致國內工業與世界貿易動盪，中立國的實際需求增加，戰時貿易處的評估卻往往低估這些需求。[58]此外，這個統計數字封鎖制度還有著逐漸降低配額的固有傾向。以荷蘭為例，戰時貿易處於一九一六年初認定荷蘭在一九一五年最後一季的亞麻子、潤滑油與汽油進口已經超過正常數量，於是皇家海軍立刻對這些商品的繼續進口實施封鎖；[59]但即便進口的一些商品數量尚未達到前一季的配額，戰時貿易處也決定減少這些商品的配額，玉米、黑麥、油餅、棉花與精煉石油等商品的配額都因此被調低。英國官員認為，荷蘭既然能在進口數量較低的情況下滿足自身需求，就表示原來的配額定得過高，應該降低。[60]

於是在配額制度下，中立國不是因為超過配額遭到懲罰，就是因為沒有完全達到配額而眼睜睜看著配額門檻不斷調低，幾乎不可能維持既有的進口量。這個新制度完全逆轉了國際法要求交戰國必須舉證的負擔。在正常狀況下，封鎖國必須證明商品將運往被封鎖的敵國；但到了一九一六年，除非有反證，英國經常將中立國超標進口的商品認定為違禁品。這種做法違反國際法有關交戰國權利的傳統解釋，然而相較於舊有制度，這麼做能更有效地防堵違禁品運抵德國。英國不再追求特定證據，而是基於總量統計，封鎖作業的運作邏輯也從以法律為依據，轉變成以經濟為判準。

福斯特的認知革命，為他日後稱之為「不科學的早期封鎖階段」劃下句點，[61]也奠定接下來所使用的新政策手法的基礎。在一九一六年初，封鎖組織包含一個實體的海上壁壘、進出口執照核准機制與中立國進口配額制。塞西爾的封鎖部在底下的各單位統一之後，啟動了三個新政策。第一個是建立黑名單。這是一種可以公開取得的法定清冊，上面記錄著已知與敵國經濟實體做生意的公司。[62]登上這個清冊的公司，單就此項事實便違反了英國法律，可以根據《英國與敵國貿易法》扣押它的貨物並凍結其資產。除了法定清冊以外，封鎖部還針對涉嫌與敵國貿易的銀行家、船隻與公司建立了三份祕密的黑名單。法國也有黑名單的機制，由一個跨部會的委員會定期更新。與德國有貿易關係的美國公司一般都列在祕密黑名單上，交給英法的封鎖官僚對他們的活動做進一步的蒐證。基於不惹怒華府的政治考量，英法特別針對美國公司施行了第二項措施：「航行證」的制度。外國出口商若先向在地的英國大使館完成貨品登記，就能取得可以通過海上封鎖的航行證。[63]

到了一九一六年春天，封鎖部在全球各地布滿英國所有與英國供給的儲煤庫的基礎上，終於建立了一個強大的能源管控機制。[64]一九一六年三月實施的儲煤庫管控，由隸屬於貿易部的一個小單位「非官方煤務委員會」負責執行。這個委員會規定，在英國港口靠港的中立國船隻，必須接受當局貨品審查，才能取得燃煤補給；遠離歐洲的船貨得接受地方領事或皇家海軍武官檢查。通過檢查、獲得燃煤補給的船隻會登上「白名單」。燃煤補給對中立國商人來說事關重大，他們因此願意向英國登記載貨，避免與同盟國貿易。儲煤庫管控很快就成為讓原本難以追蹤的船隻登記的最有效手段，一個不斷擴大的世界航運資料庫也隨之建立。

與此同時，法國發展出第四項實現封鎖的舉措。控制兩個中立國之間的貿易有時非常困難，在這種情況下，直接將這些國家的特定商品買下來，就成為阻止敵國取得這些商品的最佳解方。這種「排他性採購」的做法，在一九一六年一月法國總理白里安與英國首相阿斯奎斯的倫敦會議中首次被提及。法國戰爭部於是成立對外採購委員會，[65]然而排他性採購得克服一個難題：財源。法國政府由於戰費耗損，國庫已經接近乾涸，英國只得向主要來自紐約的國際市場借貸，取得展開關鍵性商品收購所需的資金。[66]

一九一六年八月，當時的R委員會已經成為法國外交部直屬機構，裡頭有統計、技術和翻譯處，以及密碼室與印刷廠；到了年底，R委員會至少有三十五到四十名常設的工作人員。[67]法國封鎖部與巴黎經濟官員嘗試構思出一種封鎖的指導戰略，並建立常設機構將其實現。此外，法國在人力使用方面也比英國有效率得多，管理所有封鎖相關活動只用了五十三人（其中二十六人是女性職員與打字員）；相較之下，在英國的封鎖部與外交部，則有多達一千八百八十人在塞西爾底下工作。

能夠做到如此簡約，主要是雅克．瑟杜（Jacques Seydoux）的功勞。瑟杜是法國外交部的典型公務員，被視為法國政府的「封鎖大師」。瑟杜生於一個巴黎資產階級自由派的新教家庭，自巴黎政治學院畢業後，他以外交官身分派駐倫敦、柏林與雅典等地，並因此在大戰爆發之後擔任封鎖部助理部長。[68]瑟杜決心擊敗德國，但他也想運用封鎖架構動員資源，以利戰後重建，因為他認為重建工作必然涉及所有歐洲國家。這種有遠見的務實態度使得瑟杜與當時擔任工業、商業、郵政與電報部長的克里蒙德勒（Étienne Clémentel）展開一場體制內的鬥爭。技術官僚出身，專橫、自信又喜歡自我跨大的克里蒙德勒，在一九一六年六月巴黎經濟會議中不顧法國外交官反對，大力推動一項跨協約國決議，要在戰後永久限制德國商務。[69]但由於他的職務過於龐雜，因此沒能將這項計畫貫徹到底，也就給了瑟杜機會重新調整法國的立場，讓法國在經濟戰中成為更有建設性的夥伴。自一九一六年三月起，來自英國、法國、義大利、俄羅斯、塞爾維亞、日本、葡萄牙與（後來加入的）羅馬尼亞的代表齊聚巴黎，成立國際經濟活動常設委員會，統一各國的封鎖措施。[70]在美國加入這場大戰後，協約國封鎖委員會成立，負責同樣的任務。儘管封鎖制度大部分的資源與情報都流向倫敦，但在協約國廣大的聯盟夥伴中，巴黎始終是決策中心之一。

此時回顧本章一開始談到的例子，我們便能清楚看見封鎖制度的用途與限制：滿載巴西錳礦前往德國的船隻下場會是如何？封鎖當局在追蹤礦物的過程中取得了重大進展，但也碰上一些難題。早在一九一四年十月，英法就將錳礦列入「絕對違禁品」的貨品名單上，在名單上頭的都是具有軍事用途，因此可以逕行沒收的貨品。[71]戰前的商務統計數字明白顯示，德國依賴從俄羅斯、印度、西班牙和巴西進口的錳礦；[72]自大戰爆發開始，法國經濟情報當局就對德國生產力有著雖說未盡完善，但已經比較詳盡的瞭解。[73]坦納利的分析師估計到了一九一六年底，同盟國的錳礦需求約為每年一百萬噸，減去它們少量的儲備，分析師估計德國正面對愈來愈嚴重的短缺。[74]

戰爭重組了全球的錳礦供應。因為印度是大英帝國領地，同盟國又在東線與俄羅斯作戰，德國頓時失去兩個最大的錳礦供應來源，只能依賴來自中立國西班牙與奧地利控制的布柯維納（Bukovina）的賈柯班尼（Jakobeny）礦區的少量生產。[75]在一九一六年底，德國的對手控制了全球九〇%的錳礦生產。運輸費用高漲使得從印度出發的海運成本大增，加上俄羅斯的鐵路運輸十分不便，巴西的錳礦於是變得炙手可熱。在高價刺激下，巴西錳礦產量從一九一四年的十八萬三千噸增加到一九一五年的三十一萬噸，又因美國需求大增而於一九一六年增加到三十五萬噸。龐大的協約國軍火與物資訂單將美國經濟轉向戰時生產。[76]生產一噸的鋼需要十四磅的錳，導致美國從巴西進口的錳礦數量從一九一三年的六萬三千噸增加到一九一七年的四十六萬八千噸。[77]

大戰開打兩年後，德國工業在戰前的供應鏈便被有效地切斷。法國情報指出，德國人曾經想要囤積並走私錳礦，但他們的私貨遭英國海軍巡邏隊攔截。[78]情報蒐集、評估、與盟友和中立國的外交協調，以及傳統海上霸權的運作，種種因素互相配合之下，逐步實現了對這種關鍵礦產的封鎖。然而封鎖的成功並沒有對敵軍的作戰造成立即的衝擊，德國與奧地利兵工廠使用較低等級的鋼材對戰場的影響一段時間之後才會顯現。此外，為解決供應短缺問題，同盟國開始轉移目標。我們即將看到，在海外供應被切斷的情況下，德國將領、官僚與實業家們開始聚焦於一處陸路補給來源：俄羅斯。

封鎖與日後的執行

封鎖大臣塞西爾形容他的工作是管理「世界上從來沒有人施行過的、全新形態的封鎖」。[79]他為英國極力辯解，認為英國有權以攻擊性手段管理全球商品、金錢與資訊流通，塞西爾對美國報紙的讀者解釋說，英國必須能夠攔截跨大西洋的郵件與電報訊息。[80]在一九一六年下半，他開始以更具體的方式考慮封鎖對國際合作前途可能造成的影響。[81]該年九月，他就維護戰後和平的挑戰寫了一份備忘錄給勞合喬治的內閣。塞西爾在備忘錄中提出一個與事實相反的問題：一九一四年七月危機的升高，原本可以避免嗎？當奧匈帝國向塞爾維亞宣戰時，並非所有和平解決問題的選項都已用盡。塞西爾認為，當年如果透過大國會議或仲裁程序，便能夠協商出一套解決方案，平息這場危機。但要涉及爭議的國家們尊重這樣一項程序的結果，仍是難題。塞西爾寫道：

> 然而，如果能找到一種手段，既能對不守規則的一方施加巨大的壓力，又不會為使用這種手段的一方帶來過大的風險，或許就能找出解決這個難題的辦法。我相信，這樣的手段就存在於我們在這場戰爭所採用的封鎖之中。毫無疑問，要全面發揮封鎖效力，壓倒性的海軍力量是必要條件，但壓倒性金融力量的功效同樣不容小覷，而且一旦結合這兩股力量，沒有一個現代國家能抵擋它的壓力。假設在一九一四年七月，協約國能對德國與奧地利說，除非修改對塞爾維亞的最後通牒或召開國際會議，否則我們會切斷你們的一切商業與金融交流，同盟國是否還會堅持開戰，便令人非常懷疑。如果當年還能邀到美國一起做這樣的宣示，效果會巨幅提升。[82]

這份備忘錄是首度由英國內閣官員提出、將封鎖轉化為和平時期防止戰爭爆發之機制的建議。塞西爾的構想日後將會影響一個國際組織的長程計畫，[83]但他的機構只是一戰期間成形的經濟治理體制的其中一個分支而已，協約國還有其他動員全球資源以支持作戰的行動。自一九一五年初起，包括年輕的凱因斯在內的一小群財政部官員就設法讓協約國的經濟彼此連結在一起。到了一九一六年，在華爾街信貸的支持之下，英法在美國展開大規模的武器採購。英國文官沙爾特（Arthur Salter）與法國商人莫內（Jean Monnet）則成立了一個叫做協約國海上運輸理事會的新型跨政府機構管理運輸噸位，到了一九一八年，協約國海上運輸理事會已經取得許多全球商船的協助，為協約國的戰時經濟運送補給。[84]國際經濟合作也紛紛展開，在削弱敵國經濟的同時為協約國的盟友提供資源。這種雙重戰略有點類似拿破崙在一八〇六到一八一三年的大陸封鎖政策，法國歷史學家索雷爾（Albert Sorel）曾經形容，這是一種搗毀英國外貿並打造大陸導向之新經濟體系的「兩大扳機」。[85]一次大戰期間協約國的經濟國際主義以一種類似的方式運作：塞西爾、福斯特與瑟杜全力攔截運往敵國的資源，沙爾特、凱因斯和莫內則負責為協約國動員物資。

這種「兩面神」（Janus，古羅馬神話中兩張臉的神）似的全球策略相輔相成，但並不表示人們對它的發展方向或目的意見一致。許多人認為，對付中立國的違禁品管制制度如果過於嚴厲，以後就無法取用這些國家的資源。像瑟杜這類溫和派人士認為，應該拿捏好分寸，不僅要斷絕同盟國取得全球資源的可能性，同時還要運用這些資源供協約國使用。但克里蒙德勒與他身邊的法國干預主義分子等強硬派，主張協約國之間的進一步整合，並加強對同盟國的施壓。就是在這樣的背景下，「經濟武器」的概念於一九一七年首次出現。[86]克里蒙德勒的首席顧問、經濟史學者豪澤（Henri Hauser）在一份為法國內閣準備、供他們與威爾遜政府溝通之用的備忘錄中，解釋了何謂經濟武器。根據豪澤的觀點，協約國的經濟聯盟扮演著五大角色：第一，破壞同盟國士氣的「戰鬥武器」；第二，「和平談判的最佳保證」；第三，「對中立國來說具有說服力與吸引力的措施」；第四，「就協約國經濟復甦與發展而言，是一種相互援助的手段」；以及第五，或許也是最重要的一點，它是「戰後必須建立的新國際秩序的基礎，也是其最有效的保證」。[87]

這樣的願景隱含著內在的張力。經濟武器可以成為一種謀求和平的公正手段，但也可能保有它的攻擊特性，破壞特定威脅（尤其是德國）的工業發展。難就難在如何將這兩個目標結合成一個機制，特別是在大戰結束後，要在多個戰敗國之間取得合法性相當不容易。[88]法國國內的爭論不同於英國政府內部的分歧，他們有疑慮的不是經濟武器的可行性，而是它最終的目的究竟何在。應該用它繼續推動權力政治，還是用它超越權力政治？這個問題始終籠罩著施行制裁的戰間期，也是英法之間主要的爭論之一。在一九一七年八月與英國官員的一次會議中，克里蒙德勒建議協約國實施一項全球原物料控制計畫，以迫使德國接受和平。他認為以戰後國際組織或仲裁之名實施的商品管制，是維護和平強而有力的手段。克里蒙德勒說：「在未來，歐洲、美洲和亞洲各國若能聯合起來運用這種原物料控制，就能達成過去用武力無法達成的目標，讓難以控制或侵略成性的國家聽話，維繫和平，這樣的約束難道不是邁向仲裁的最佳良方？」[89]這番階級統治意味濃厚的言語，充分說明了他所致力維護的世界秩序。

希臘在一戰時的經驗顯示封鎖作為一種手段，還是離不開傳統權力政治的糾葛，仍有許多可改進之處。當時表面中立的希臘分裂成兩派，親協約國的一派以共和派總理韋尼澤洛斯（Eleftherios

Venizelos）為首，另一派是以國王康斯坦丁（Constantine，德皇妹婿）為核心的親德派軍官。在一九一六年底，分裂的政局升高成一場實質的內戰。為迫使康斯坦丁加入協約國陣營，法國政府將一般性的歐陸封鎖制度擴大，延伸到希臘皇家派控制地區，特別是伯羅奔尼撒（Peloponnese），但沒有宣戰；英國也立即跟進，在協約國港口扣押希臘船隻。由於希臘居民仰賴食物進口，這場和平封鎖造成嚴重的饑荒，雅典民眾死亡率在一九一七年初暴增了一倍。六月，康斯坦丁退位，協約國於是結束封鎖，韋尼澤洛斯迅速成立新政府，加入協約國陣營參戰。對處於一戰邊緣的希臘來說，經濟壓力在政治上一直都能奏效，但這也突顯出希臘在國際秩序中的從屬地位。[90]歐洲列強曾於一八二七年、一八五〇年和一八八六年對希臘實施平時封鎖，因此當塞西爾與克里蒙德勒在一九一七年大談封鎖技術未來用途的崇高理念時，對同年遭到經濟封鎖的希臘百姓來說，這一切只是讓他們憶起十九世紀祖先們的悲慘命運而已。

金融封鎖

早期的協約國封鎖政策聚焦於實體商品的攔截與外國資產的扣押，隨著時間過去，對儲煤庫的管控將能源也納入封鎖當局控制的範圍，但這些都未觸及世界經濟最具動能的要素：全球金融體系。雖然德國與奧匈帝國跟中歐以及世界上其他國家的貿易明顯趨緩，兩國仍能從海外找到資金來源，巨額資金依然透過中立國的金融中心，源源不絕地流入。以一九一六年二月到三月為例，根據英國財政部紀錄，從華爾街匯往中立歐洲銀行的匯款就超過一千一百萬美元。[91]一份通報指出，「荷蘭與斯堪地那維亞半島銀行的生意無比興隆。阿姆斯特丹、鹿特丹、哥本哈根、克里斯蒂安尼亞（Christiania，挪威首都奧斯陸舊名）、卑爾根（Bergen）、馬爾默（Malmö）、特隆赫姆（Trondjhem）與斯德哥爾摩這類地方的小銀行，一天就能經手正常期間一個月才能做到的生意。造成如此龐大金流的原因只有一個，就是與德國的貿易。」[92]塞西爾的封鎖部想要切斷這些金流，但欠缺從倫敦取得系統性金融情報所需的人員和方法。

倫敦市銀行家戴維斯（E. F. Davies）懷疑，許多中立國銀行透過倫敦進行的交易實際上都是在替德國海外公司匯款回國內，隱藏德國的獲利。[93]戴維斯建議封鎖部訂定一項針對德國的金融封鎖政策，在倫敦市招募有經驗的交易商，揪出這類可疑的交易。[94]引入更多官僚體制與切斷一定數量的交易，會讓倫敦損失一些外匯生意，但戴維斯覺得因封鎖效率提升帶來的好處遠比這些損失大得多。他認為「有些人只重視眼前近利，沒有想到虧損六個月但打贏這場戰爭，要好過賺錢卻危及大英帝國」。[95]

塞西爾任命戴維斯出掌新成立的金融處，他便從巴克萊銀行和香港上海匯豐銀行找來一小群志同道合的銀行家與他共事。金融處針對中立國對中立國通過倫敦的金融交易，發展出一個以郵戳為憑的計謀。[96]因為金錢與證券交易的指令得透過郵件或電報傳遞，金融封鎖實際上是通訊封鎖：能控制郵遞路線與海底電報纜線，就能控制支付金流，郵件檢查與訊號攔截於是成為切斷敵國銀行與全球金融體系之連繫的重要手段。為解決人手不足的問題，金融處將執行封鎖的重擔轉交到金融機構身上。從一九一六年五月起，協約國各國境內銀行都得簽下保證書，保證他們的帳戶「無論直接或間接」，都不會被用來「做任何生意以協助與大英帝國或其盟國敵對的國家，或者為這些國家牟利」。[97]就這樣，封鎖官員可以繞過民營銀行家，將銀行列入黑名單、起訴與強制關閉銀行。金融處還透過一個簡單的強制會報制度，建立本身的情報蒐集網路：根據英國法律成立的卓越銀行，必須報告它們與中立國每週的資金往來。[98]銀行在貿易過程中扮演的中介角色，意味著金融處能獲知許多商業的動態。戴維斯在一份給塞西爾的備忘錄裡寫道，「每一批跨海托運的貨物，只要背後的資金是來自英國銀行於國內撥出的信用貸款，金融處就追蹤得到……包括發貨人與收貨人姓名、裝運港與目的港、輪船名和運輸日期等等。」[99]

一九一六年夏末，布洛克（Adam Block）爵士繼戴維斯之後出任金融處處長。[100]布洛克是一名經驗老到的銀行家，在鄂圖曼帝國工作過很長一段時間，曾擔任英國大使館的首席口譯與鄂圖曼公債局的行政人員。[101]他上任後立刻建議制裁瑞士的銀行，認為這些銀行都是暗通德皇的雙面金融機構。在與法國封鎖官員的對話中，他還主張切斷所有經由倫敦匯往中立國的美國匯票，做法之躁進程度讓法國政府吃驚不已。[102]法國的部際金融委員會主要由法國中央銀行官員負責，但其中也有像洪保（Octave Homberg）這樣的民營銀行家。洪保是一位殖民地金融專家，曾擔任印度支那銀行與巴黎聯合銀行主席，並參與一九一五年華爾街首次貸款給參戰各協約國的協商。[103]在坦納利的法國經濟情報處分析師提供的情報協助下，部際金融委員會與瑟杜的封鎖部密切合作，共同推動一九一七年對中立國的局部金融封鎖。

拉丁美洲是歐洲工業原物料很重要的供應來源，但對英國與德國而言，它作為外資投資地的地位也同樣重要。[104]對參與其中的銀行來說，在這個高成長市場為新公司提供資金的獲利甚豐。一九一三年，德意志銀行在拉丁美洲的分支德意志跨大西洋銀行，為它的母公司賺進了六分之一的營收與淨利；[105]而在一八八六到一九一二年間，有五個德國銀行財團於拉美地區設立自己的子公司。[106]只要德國在拉丁美洲蓬勃的銀行業務與生意持續下去，僅僅針對實體商品貿易進行封鎖便無法對德國在全球經濟中的地位形成重大的打擊，金融封鎖當局於是開始想辦法阻止德國將海外獲利匯回國內。然而巴黎與倫敦的官員在執行這類政策時碰到一個難題：他們在干預二十世紀初期金融體系的同時，也會傷及自身的經濟。一九一七年底，英法為阻止德國從阿根廷匯款而懲罰促成這筆交易的法國與荷蘭銀行，就是一個非常典型的例子。

這個例子的主角是十九世紀末法國金融業的成功代表——里昂信貸銀行。一八六三年以兩千萬法郎資本額創立的里昂信貸，五十年後成長為全世界最大的銀行，總資產高達二十八億五千萬法郎（一億一千三百萬英鎊）。[107]作為一家版圖橫跨各大洲的銀行企業集團，里昂信貸為東歐與南歐、俄羅斯、中東、拉丁美洲和亞洲的公司提供短期貿易信貸與長期資金。它在拉丁美洲的業務是透過馬德里的分行進行，於拉美地區十分活躍的德國、荷蘭與瑞士銀行都是該分行做生意的對象。在這裡，對國家的忠誠無足輕重，德意志跨大西洋銀行的證券，就有部分以信託的方式存放在里昂信貸銀行中。[108]

拉丁美洲大部分的金融業務都由歐洲大銀行的子公司負責處理。與里昂信貸有生意往來的其中一家銀行是鹿特丹銀行的子公司，創立於一九一四年三月，同年十月在布宜諾斯艾利斯成立第一間分行荷蘭銀行南美分行，一九一六年於里約成立巴西分行。[109]荷蘭銀行於一九一六年二月首次引起法國封鎖當局情報網的注意，當時它在布宜諾斯艾利斯的分行代表德國第二大銀行德國信用合作銀行買進價值四百三十萬馬克的黃金。德國信用合作銀行為了替德國籌措戰費，這段時間以來一直在向阿根廷政府兜售黃金。[110]由於那時候協約國還沒有建立統一的金融封鎖政策，荷蘭銀行與阿根廷都能隨意進行交易，但歐洲銀行的拉美分行顯然即將成為封鎖當局對付的目標。

一九一七年夏末，美國加入戰爭，也改變了局勢。協約國現在掌控了全球三大金融中心——紐約、倫敦跟巴黎——於是可以運用更強大的金融壓力發動攻勢。該年九月初，在法國部際金融委員會於巴黎召開的會議上，英國封鎖部金融處處長布洛克呼籲對中立國銀行採取更嚴格的管控。他說：「經驗告訴我們，被列入黑名單與遭協約國斷絕一切關係的威脅，足以形成威力強大的武器；面對這樣的要脅，大多數的中立國銀行都會接受我們的條件。」[111]布洛克主張，只要是與同盟國有任何關係的中立國人民，協約國人民就不得與他們進行交易。他的法國同僚洪保的態度則比較謹慎。洪保認為，對大型中立國銀行實施全面性的貿易禁令，可能會適得其反。一旦被迫在兩大敵對陣營之間選邊站，與同盟國商貿關係已經很深的銀行，可能寧可切斷與協約國的生意，也不願停止借貸給德國。他警告在這種情況下，「我們所造出來的武器會反過來對付我們」。[112]洪保認為協約國需要採取一種更加精細的做法：建立一個酌情裁量的類黑名單制度，只以特定可疑交易而非銀行整體為對象，打擊對協約國貨幣的套匯行為。[113]

協約國很快就用這種比較精細的制裁方法對付拉丁美洲與歐洲中立國之間的交易。隨著協約國對巴西的金融壓力不斷增強，荷蘭銀行里約分行成為獲利匯往西班牙的管道，德國商人或許希望這間銀行的荷蘭關係能讓他們不被封鎖當局盯上。根據在地領事人員蒐集的情報，法國封鎖當局知道荷蘭銀行與德國貿易公司布隆堡公司有商業往來，要求將它列入黑名單。[114]八月十四日，荷蘭銀行里約分行從德意志南美銀行持有的一個戶頭，匯了十八萬西班牙比塞塔（八千五百英鎊）到里昂信貸馬德里分行。九天以後，荷蘭銀行又付了一筆類似金額的款項，接著在九月電匯了五十萬比塞塔（兩萬三千九百英鎊）到馬德里分行。法國駐馬德里大使館在獲悉這幾筆付款紀錄後，認定荷蘭銀行將敵國資金匯往歐洲證據確鑿，於是要求將荷蘭銀行列入黑名單。

到了一九一七年十月，關於荷蘭銀行的資料已經獨立建檔。荷蘭銀行使用五個不同的名字與德意志銀行、德勒斯登銀行、沙夫豪森銀行協會與達姆施塔特和國家銀行等大型德國銀行的拉丁美洲子公司進行交易，而它在阿姆斯特丹、里約與布宜諾斯艾利斯的三間分行也很快就被法國列入黑名單。[115]不久，荷蘭銀行董事會裡有兩名法國人的內情曝光，讓情況變得更加複雜。但對法國金融封鎖委員會的成員來說，最令人擔憂的並不是法國同胞在一家違反封鎖令的銀行擔任董事，而是他們視為國家之光的里昂信貸，竟然讓德國人使用它的海外帳戶作為掩護。

管制里昂信貸的馬德里分行則是另一個挑戰。在法國封鎖當局凍結馬德里分行與中立國往來的帳戶之後，西班牙法庭也被牽扯進來。由於里昂信貸的西班牙客戶指控它不付款，西班牙法庭於是下令里昂信貸履行合約義務。里昂信貸馬德里分行的董事們向法國金融封鎖委員會求情，請求委員會准許他們付清這筆欠款，但委員會不為所動地表示：「里昂信貸銀行作為一家法國公司，必須遵守法國法律。面對西班牙法庭，這項法律義務就是不付款最好的抗辯理由。」[116]里昂信貸與荷蘭銀行的事件突顯出國家政府對全球化的民間金融領域究竟擁有多大管控權的問題，法國政府能為了國家利益，迫使世界上最大的銀行重新配置它的國際業務嗎？[117]一九一四年以前，由於金融機構在歐洲、亞洲、非洲與美洲具有重大的政治影響力，西方政府經常在國際事務上協助銀行家，協約國之間的戰時金融就高度仰賴紐約、倫敦和巴黎的一小群銀行家。將封鎖的範圍延伸到金融領域導致這種關係的部分逆轉，任何與經濟戰的強度有關的政治決策都會影響銀行的營運。就法律層面而言，法國政府禁止法國銀行與敵國人民進行直接交易沒什麼問題；但當涉及「中立國銀行之間」的收付，由於協約國戰時金融的運作也得仰仗這類銀行，情況就會比較複雜。

儘管如此，金融封鎖當局這種對特定個案進行強力干預，但不建立永久性管控機制的做法，仍然樹立了銀行業者必須據以自律的行為守則。金融封鎖基本上是一種監督機制，不過根據法國金融封鎖委員會的觀點，這並不「以任何方式削弱金融機構應該謹慎自律的事實，最有能力監督他們的交易對象與機構的人，就是他們自己，政府沒有責任代他們完成這些工作」。[118]配合封鎖政策是銀行自身的職責。即便全球經濟戰已經決定性地為十九世紀自由放任的世界經濟劃下句點，民間企業對於自身利益仍有很大程度的掌控權。然而，在之後數十年的制裁政策規劃過程中，政府可以干預到什麼地步的問題還會一再出現。

第二章 從封鎖精神中誕生的制裁 1917—1919

經歷過一次大戰的人都對經濟孤立印象深刻。俄羅斯運輸業企業家卡杜塞夫（Boris Kadomtsev）在回顧一九一七年往事時寫道：「封鎖帶來一個又一個的打擊，一下打這裡，一下打那裡，直到把整個國家體制的骨架都打斷為止。」在他看來，「如果人們真正理解封鎖對這場大戰，以及對『世界史』的影響，過去許多戰爭的歷史都得完全重寫。」[1]

在一戰爆發最初四個月，世界史確實出現決定性的轉折。事實上，造成這種轉折的除了協約國給予的經濟壓力，同盟國的施壓也不遑多讓。德國封鎖丹麥海峽和鄂圖曼帝國關閉土耳其海峽，切斷了俄羅斯龐大的經濟體與外界連繫的主要管道。在一戰爆發以前，全球四分之一的穀物交易皆取道土耳其的達達尼爾海峽（Dardanelles），[2]於是這項兩路同時發動的封鎖，便使商船卡在黑海與波羅的海無法動彈，再加上位於北極圈裡的俄國港口每年通航期只有六個月，俄羅斯經濟陷入極端困境。[3]在欠缺外銷收入以及煤炭與糧食進口不足的情況下，到了一九一七年初，俄羅斯的鐵路已經不再能為世界上最大的軍隊與廣大的民眾提供充足的補給。[4]三月時，革命爆發，推翻彼得格勒（Petrograd，即聖彼得堡）的沙皇政權。同樣就在那幾週，為迫使英國臣服，德國決定重啟無限制潛艇戰，造成第二個轉折：美國參戰，加入協約國陣營。[5]

俄羅斯革命與德國使用U艇切斷大西洋海運是對同盟國進行封鎖過程中的關鍵大事。對中歐經濟包圍圈的東側壁壘隨著沙皇的軍隊解體而崩潰，歐亞資源現在再度向同盟國開放。柏林與維也納若取得這些原物料，就有可能從這場經濟消耗戰中脫困。另一方面，美國加入戰爭大幅增強了協約國的實力。華府不僅控制著大量的原物料、食物與資金，美國國會還通過自己版本的《英國與敵國貿易法》，展開對「外國資產」的徵收行動。[6]拉丁美洲各國政府跟進宣戰，也讓德國在西半球的對外投資損失慘重。最後，美軍開抵戰場讓德國於西線戰事取勝的機會愈來愈渺茫。

隨著大戰進入最後一年，經濟戰也變得無比重要。從一九一七年底到一九一八年夏天之間的那幾個月，關於「經濟武器」威力與前景的討論在英國、法國與美國達到巔峰。原物料控制似乎是打贏這場大戰並讓戰敗的德國順從的利器。法國報紙編輯拜比（Léon Bailby）於一九一八年寫道：「我們會使用經濟武器，這是最具決定性的武器，能夠不流一滴血就讓侵略者屈膝。德國人會認知到這個威脅……國際聯盟不再是烏托邦式的幻想，因為它使一種不可抗拒的武器成為可能。」[7]不只協約國認定資源控制是取勝關鍵，德國領導層在東線戰場議和並利用談判之結果的同時，也垂涎於黑海與高加索地區的資源，進行了幾次不切實際的探險，希望能取得必要的原物料以對抗日後任何封鎖。但在一九一八年秋天，導致德國的抵抗瓦解的不是物資短缺，而是戰力枯竭與西線德軍士氣的崩潰。

這些戲劇性的情勢逆轉，在戰爭的最後兩年改變了人們對勝利的想像，也在很大程度上形塑了封鎖政策的制定，進而影響日後國際聯盟的制裁。德國急於在東部開採資源的表現，讓協約國在一九一八年十一月休戰之後繼續維持封鎖，直到新的共和政府簽署《凡爾賽條約》（Versailles Treaty）之後，最後一部分的限制才於一九一九年七月完全解除。同一時間，當前的世界秩序取決於全球原物料供需平衡的主流意見，也讓協約國提出各式各樣制裁機制的規劃。無論協約國最終採取的制裁形式為何，此刻正在巴黎和會籌劃中的新國際組織毫無疑義將「以經濟壓力為統治手段」。[8]《國聯盟約》第十六條最後定案的條款是一項折衷的解決方案，充滿各種密室外交的瑕疵。舉例來說，協約國是否靠封鎖打贏了這場大戰仍是一個沒有定論的問題。另一個議題是，無論是塞西爾或是他的法國同僚布儒瓦，都從來沒想過要建立一個完全依靠經濟制裁的國際組織。兩人皆認為，新的國際組織必須擁有軍事干預能力，哪怕只是最起碼的能力也行。英國原本也沒有把制裁當作和平時期之治理手段的打算，根據他們的普通法傳統，英國人偏好以公開方式發動經濟戰。但在巴黎和會中，美國總統威爾遜與他的法律顧問米勒（David Hunter Miller）擋下了歐洲國家在這兩個議題上想採取的做法，造就經濟制裁出乎意料的體制形式。認為它們是塑造歷史的武器之意識形態也變得格外具有吸引力，甚至可能超過了原先的預期。

同盟國逼不得已的封閉經濟

德國與奧匈帝國政府始終強調它們不畏敵國封鎖。德國總理霍爾維格在大戰初期宣稱，「從阿拉斯（Arras）到美索布達米亞的經濟單位是打不垮的」。[9]他將中東納入同盟國遭到圍攻的地域，並無不妥，鄂圖曼帝國於一九一四年十一月加入戰爭，也成為協約國經濟戰的目標。在北海，由於布有敵軍的水雷和潛艇，協約國必須使用違禁品管制制度；但在地中海，英國與法國海軍可以實際執行有效封鎖，並宣布對鄂圖曼帝國實施。[10]英法對安納托利亞（Anatolia）與黎凡特（Levant）的封鎖，摧毀了大敘利亞的食物經濟。這件事在歷史上沒有獲得應有的重視，尤其因為這次封鎖造成的平民死亡人數，可能不亞於對中歐封鎖造成的死亡人數。[11]據估計，在一九一五到一九一八年間，大敘利亞地區居民死亡總數在三十五萬到五十萬人之間。[12]一位歷史學者估計，鄂圖曼帝國敘利亞地區有十八％的居民在一戰中喪生，平均每六人就有一人死亡。[13]鄂圖曼帝國是穀物淨輸入國，在一九一三到一九一四年間進口的八萬八千噸穀物，全部都被英法封鎖切斷。鄂圖曼軍隊徵用糧食與牲口打亂了糧食分配，切斷了城鎮與周圍鄉村的連繫。禍不單行的是，一場蝗災在一九一五年侵襲當地，規模如同整個曼哈頓的一大群蝗蟲，僅僅一天就吃光了四千兩百萬人的食物量。[14]一九一六年收成重挫之後，饑荒成為常態。鄂圖曼剝削與蝗災導致民生艱苦，但封鎖加劇了區域農業的混亂，使糧食危機演變成饑荒，最後造成數以萬計的人民死亡。這麼說有明確的事實根據：一九一七年初以後，外約旦（Transjordan）這類鄂圖曼控制地區，由於可以透過阿拉伯貿易網路從海上取得糧食補給，饑荒災情就沒有既在鄂圖曼控制之下、又遭到正式封鎖的敘利亞與黎巴嫩那麼嚴重。[15]從一九一五年十二月起，一直到一九一八年十月，沒有一艘船可以穿越英法海軍鎮守的地中海封鎖線，就連中立國船隻也不可以。[16]在一九一六年十二月，美國貨輪「凱撒號」（Caesar），載了兩千噸包括穀物在內的援助物資前往貝魯特（Beirut），結果遭到攔截，船貨也被轉往薩羅尼加（Salonika）與亞歷山卓（Alexandria）。[17]封鎖的「有效性」與合法性是其之所以能致人死命的重要原因。相比於用來對付德國的違禁品管制，在地中海實施之正式封鎖的合法性，提升了它的殺傷力。

然而封鎖只在鄂圖曼帝國內部造成有限的改變。部分原因是鄂圖曼菁英也很樂於讓亞美尼亞人與阿拉伯人這類族群挨餓，因為他們不是帝國內敵就是叛亂分子。[18]但對德國菁英而言，長期的物資孤立對國家經濟與民眾福祉造成嚴重問題。一九一五到一九一六年間出現的戰時經濟組織，就是為了因應這種外部壓力的產物。在協約國想方設法將他們對原物料與食物資源的管控轉化為武器的同時，同盟國也從封鎖汲取關於戰時經濟組織與征服之利的教訓。[19]德國評論家異口同聲指責英國的封鎖是非法行動，違反了國際法。[20]對民族主義右派來說，封鎖證明英國果然是個為了維護霸權不計一切代價、背信忘義的帝國。[21]

封鎖帶來的經濟受困經驗，使得德國有關戰後秩序理念的討論分成兩大派。一派主張重返自由法律主義。一九一六年六月巴黎經濟會議的排他性決議，成為這類論點絕佳的攻擊目標。克里蒙德勒的嚴厲措施，使協約國看起來像是一個唯利是圖的聯盟，不願給予德國在世界經濟中的平等地位。克里蒙德勒的這些提案，公然背棄協約國自稱為之而戰的許多經濟自由與平等原則，例如最惠國待遇、財產與專利權保護，以及公平市場准入等。德國經濟學者很快就發現這些出入。[22]德國國會於一九一七年七月十九日通過著名的「和平決議」（Peace Resolution），要求無論最後達成怎樣的協議，德國的經濟孤立必須終止。對國內的政治中心——社會民主主義者、自由派與天主教的中間派——而言，想要與全球接軌、重建繁榮的德國經濟，這是唯一的希望。對他們而言，「經濟和平」（Wirtschaftsfrieden）是一切政治和平的關鍵前提條件。

另一派的想法更為激進。一九一六年全面展開的封鎖，使得愈來愈多人支持「中歐論」（Mitteleuropa，由德國領導的中歐經濟區）的構想。一九一七年，隨著關於「經濟武器」的討論在巴黎與倫敦甚囂塵上，德國對東方的野心也相應增長。[23]魯登道夫（Erich Ludendorff）與他在德國統帥部的幕僚開始認為，擴張性的封閉經濟是確保長期安全最可行的戰略。魯登道夫斷定，「我們能夠打一場歷時三年的戰爭，只因為德國有充足的煤以及許多的鐵與糧食，再加上可以從占領區和中立國取得的資源，我們才有辦法在面對敵意封鎖的情況下，以最嚴格的經濟模式生存下來。只有採取攻勢……我們才能生存；如果我們只是守在自己的疆界裡，這場戰爭必敗無疑。」[24]根據他的評估，全面經濟戰已經改變了維持霸權的基本條件。一個沒有重要原物料，或沒有取得重要原物料的可靠途徑的國家，若想打一場持久戰，就必須藉由征服，奪取擁有這些資源的土地。一九一七年九月，魯登道夫在一次關於德國和談條件的會議中說：

> 我的看法是，我們能在寒冬到來以前談和當然很好，但我們首先必須擁有能讓我們在日後保住經濟地位的基本要件，這樣才能建立經濟與軍事態勢，使我們可以無後顧之憂地面對另一場保衛之戰……沒有羅馬尼亞與其他占領區，我們會面臨糧食匱乏的困境。甚至有了羅馬尼亞，情況依然非常嚴重……因此，我們必須擴張領土，而這樣的土地，只有在具有農業發展潛力的庫爾蘭

（Courland）與立陶宛（Lithuania）才找得到。[25]

隨著情勢愈發不可避免地走向一場全面消耗大戰，德國與協約國的作戰目標也愈來愈陷入彼此激化的迴圈。[26]協約國的經濟戰不只是對固定的德國目標的反擊而已，不斷變化的封鎖壓力改變了德國菁英的戰略與政治目的，積極塑造了這些目標。

《布列斯特—立陶夫斯克條約》的經濟後果

俄羅斯的「二月革命」使得協約國陣營裡規模最大的陸軍可能會退出戰爭。如果東線主力瓦解，協約國對這場戰爭的整體策略就得全盤修正。一九一七年五月，大英帝國總參謀部參謀長羅伯森（William Robertson）爵士，寫了一份討論俄羅斯倒臺可能性的備忘錄，警告「俄羅斯若是求和，最重要的影響之一就是對德國的封鎖將會減弱，德國將能從俄羅斯獲得補給」。儘管他也指出，俄羅斯資源的價值取決於鐵路系統的狀態、俄羅斯復員速度與國內糧食供應需求等因素，但據他估計，「經過一段時間，封鎖毫無疑問會出現重大破口」。[27]

在沒有辦法在戰場分出勝負的情況下，如果封鎖圈又在東方出現破口，邁向勝利的主要途徑——對同盟國的經濟封鎖——就會遭遇嚴重打擊。著名女權運動領導人、民族主義雜誌《大不列顛》（*Brittania*）總編兼勞合喬治戰時舉措的支持者克麗絲貝兒（Christabel Pankhurst），甚至親自拜訪彼得格勒，呼籲克倫斯基（Alexander Kerensky）的臨時政府信守俄羅斯與協約國的約定，繼續對同盟國的消耗戰。[28]但到了八月，英國戰時內閣便達成共識：「有鑑於軍事行動的僵局可能難以化解，我們或許有必要退後一步，採取消極的守勢；用最少量的兵力守住安全防線，以盡可能抽出人力投入工業，並且如同包圍戰常見的那樣，單憑封鎖導致敵國潰敗。」[29]

根據這個觀點，協約國在一九一七年十二月展開的、對俄羅斯的軍事干預，便是維持對德國經濟包圍的手段。在倫敦，外相貝爾福嘗試策動一支遠征軍。他想要找到地方上的軍事代理人，「高加索以北的各種哥薩克組織，以及南方的亞美尼亞人，控制著這個國家最豐富的穀物產區與幾乎所有的煤礦與鐵礦……一旦戰爭繼續，為德國所用的俄羅斯能提供足以抵銷協約國封鎖成效的補給」。[30]

當俄羅斯與同盟國的和平談判於布列斯特—立陶夫斯克（Brest-Litovsk）展開時，協約國也緊緊盯著和談進展。在奧匈帝國，輿論聚焦於和談能否滿足「麵包和平」的需求，為帝國各城市提供食物。[31]當俄羅斯於一九一八年初同意將大片土地割讓給同盟國的消息一傳出來，協約國菁英群情譁然。有些人認為，原本對於這場大戰可以合理預期的結果，因《布列斯特—立陶夫斯克條約》而完全轉向。[32]邱吉爾（Winston Churchill）寫道：「在這一刻，沒有人還有任何迅速結束這場戰爭的指望。德國人與奧地利人將有時間和力量，對這個倒在他們面前的龐大帝國予取予求、汲取新生，似乎已經沒什麼好懷疑的了。」[33]羅伯森也認為如今英國能夠得到的最好結果就是「取得足以讓大英帝國未來地位還算穩固的和平條件」。[34]當《布列斯特—立陶夫斯克條約》於三月簽字時，戰時貿易情報處的首席德國問題專家穆勒（William G. Max-Muller）指出，敵人這下底氣十足，因為它「認知到自己已經炸開了我們設在它周圍的障礙，而且不必再依賴自己的資源……若是低估德國在東線取得的成果對其經濟地位的巨大影響，就是犯了嚴重大錯」。但穆勒接著說：「儘管德國或許能從俄國獲得糧食，還能取得煤、鐵、石油、亞麻和皮革等，但在許多不可或缺的原物料上，如棉花、羊毛、黃麻、絲、橡膠與許多其他商品，我們仍有辦法切斷其供給。」[35]

法國首要戰略決策機構「最高軍事會議」對東線的和平非常悲觀。它宣布：「發生在俄羅斯的事件大幅改變了戰爭的形態，也將改變和平的形態。德國政策的主軸已經轉向了。」威脅世界的不是德國的海權至上主義，真正的威脅是柏林即將控制整塊歐亞大陸。法國參謀人員警告：「不要抱任何幻想。一旦取得對巴爾幹、俄羅斯與整個西亞的經濟主控權，德國就打贏了這場戰爭，成為舊世界的主人。」[36]

的確，德國的工業利益使得政府亟需獲得烏克蘭與高加索的錳礦儲量。[37]俄國的錳礦產量八〇%來自喬治亞的齊亞圖拉礦區；其餘二〇%來自烏克蘭的尼柯波爾（Nikopol）——又一處被《布列斯特—立陶夫斯克條約》納入德國控制的俄國土地。[38]一名德國工程師指出，已經證實的錳礦儲量在高加索有三千萬噸，在烏克蘭有一千一百萬噸，但根據估計，高加索的儲量是已證實數字的八倍，約有兩億四千萬噸。以一九一七年的消耗量而言，這樣的錳礦儲量可以供應四十二年，讓魯爾鋼鐵廠一直生產到一九五九年。[39]遠征高加索地區以奪下喬治亞錳礦與裏海石油的行動成為德皇與其將領們的當務之急，自然也不足為奇。[40]

在弄清德國從《布列斯特—立陶夫斯克條約》中得到多少好處以後，協約國對封鎖未來的看法在沮喪和自信之間擺盪。一九一七年十一月底，保守黨著名政治人物蘭斯東爵士在一封寫給《每日電訊報》（*Daily Telegraph*）編輯的公開信中，反對政府的經濟戰政策。他說：「當我們可以用商業『抵制』作為正當作戰手段，當我們可以合法威脅德國說，若它做出完全無理的行為，我們就要進行『抵制』時，同盟國若能保證維持和平，不做出一系列帶有敵意的行動迫使我們打仗，任何有理性的人都不會想破壞同盟國的貿易。」[41]他建議向柏林提出真心誠意的經濟和平提議。到了下個月，保守黨議長勞瑟（James Lowther）更進一步，批評戰後制裁德國的想法：「將它完全孤立，把它當作痲瘋病人一樣看待……會讓戰爭繼續下去，儘管這種戰爭不是用我們現在所使用的武器，但同樣的仇恨與鬥爭會在一群國家與另一群國家之間上演，造成世界的分裂。」[42]

面對此種重返戰前商務常態的期待，塞西爾在首相勞合喬治的全力支持下，繼續推動計畫，準備將全面經濟戰打到戰爭結束後。而在取代主和派的前任主編赫斯特（Francis Hirst）之後，威澤斯（Hartley Withers）以愛國主義作風管理自由派的《經濟學人》（*The Economist*）雜誌，於是《經濟學人》便完全支持內閣的不妥協立場。[43]它寫道：「揚言實施經濟抵制，是協約國手中一張非常有力的牌，能合法地充分運用這張牌，也許就能縮短戰爭，或帶來真正的和平……對不知悔改的德國發動毀滅性的抵制，可不是隨便說說的威脅。」[44]塞西爾以亨利七世在「玫瑰戰爭」（Wars of the Roses）結束後懲罰蠢蠢欲動的貴族為例，替動用經濟武器是日後國際聯盟最佳手段的說法辯解。「一位強大的英王，最後用什麼方法取得優勢，控制住那些爭戰不休的貴族？」塞西爾問道，「他打造一個中央機構，主要靠經濟手段迫使貴族們聽命。」[45]

巴黎方面也明確展示了類似的、取得全面勝利的決心。在一九一七年十一月法國選舉中獲勝的激進共和派總理克里蒙梭（Georges Clemenceau），便致力於實現他的「整合戰爭」（guerre intégrale）計畫。克里蒙梭的立場獲得廣泛的支持，就連他的政治對手也不例外。法國君主主義者杜德（Léon Daudet）亦同聲唱和：「如果不打全面戰爭，合法的封鎖——至少在俄羅斯倒戈以前是如此——包圍德國、讓德國人餓肚子，不過是一句空話罷了。」[46]法國右派認為，應該以毫不留情的方式把資源控制當作武器，讓德國帝國主義就範。正統派報紙《自由報》（*La Liberté*）專欄作家拉斯金（Edmond Laskine）主張採取變動式的抵制：如果德國在六個月內謀和，它的產品在之後五年不得進入協約國市場；如果德國繼續打了一年，它就要遭受十年的抵制。拉斯金相信「《布列斯特—立陶夫斯克條約》以後的德國被逐出世界經濟，現在如此，未來仍將如此。列寧與托洛斯基可以將通往里加甚至彼得格勒的鑰匙交給德意志帝國，但他們拿不到國際貿易的鑰匙」。[47]

儘管民族主義者如此慷慨陳詞，克里蒙梭內閣仍舊認為德國對東歐的經濟主控權是非常嚴重的威脅，於是法國分別於一九一八年三月和四月做出兩個影響重大的決定。第一個決定是封鎖不會因為休戰而停止。內閣的經濟研究部門建議，由於東線資源可以支撐德國打一場幾乎無限期的仗，即使在與柏林停火以後，經濟壓力仍應繼續。[48]基於這個理由，法國封鎖當局獲准繼續進行封鎖，直到德國在歐亞大陸的霸權瓦解為止。[49]對日後的制裁史來說，這是一件意義重大的關鍵事件。事實上，由於在東方簽下的《布列斯特—立陶夫斯克條約》讓協約國認定必須在大戰結束後繼續進行封鎖，因此是它開啟了現代經濟制裁作為戰爭以外手段的做法，而不是在西方簽訂的《凡爾賽條約》。

克里蒙梭的第二項決定是加緊對俄羅斯的金融封鎖，以回應它退出協約國陣營。彼得格勒與德國的和平協議讓法國特別擔心，因為法國在俄羅斯的龐大金融利益：法國的所有對外債券投資有四分之一買的是沙俄政府與民間企業的債券。[50]二月革命後，俄國臨時政府在繼續支付外國人持有之沙俄舊債利息的同時，又在巴黎金融市場借了鉅額的款項。[51]在布爾什維克奪權後，法國政府介入，確保投資人收得到利息。[52]但布爾什維克政權於一九一八年二月拒付俄國總計一百四十八億盧布的外債，法國這項政策也成為空談。[53]

這次史上最大規模的不履行債務事件，重創一百五十萬名持有俄國境內四十三％法國資金的中產階級儲戶，[54]然而比違約本身更讓法國民眾擔心的是，這可能讓德國在經濟上撈到好處。雖然在一九一八年初，幾乎沒有人認為列寧與托洛斯基的布爾什維克黨能夠長期掌權，但許多人確實擔心俄共會在走投無路的情況下將協約國的經濟資產交給德國。《布列斯特—立陶夫斯克條約》危及的不只是領土的實際控制權而已，還有數以百計西方投資人擁有和資助公司的法律權益。法國封鎖部獲悉，德國買家已經在中立市場虎視眈眈，尋找機會買下這些企業。封鎖部經濟情報處警告：「德國人好一陣子以來一直在找機會購買占領區內公司的股份，以確保自己的資金占大多數，從而控制這些公司，這已經是確定的事實。」[55]

為因應可能遭到「敵意收購」的威脅，法國國會於一九一八年四月三日通過了影響最為深遠的戰時資金管控法案。財政部與戰爭部聯合起草、國會迅速通過的這項法案，有效禁止法國投資人將特定金融資產賣給外國業者。此項禁令適用的公司名單已在三月底初步擬定，上頭列有數十家公司，大部分都是設在巴爾幹半島與鄂圖曼帝國的法國公司。[56]負責法國金融封鎖的銀行家洪保寫信給克里蒙梭說，四月三日這項法令「可以阻止法國人將他們在俄羅斯、土耳其、羅馬尼亞與塞爾維亞可以獲利生息的企業資產賣出去，以免敵人取得這些資產的控制權」。[57]由於財政部已經在為投資人支付俄國違約公債的利息，許多易於銷售、因此可能落入敵人手中的俄國工業、礦業、鐵路、木材、石油與農業企業的股份，都受到這項金融管控的影響。[58]這項金融封鎖禁止法國儲戶轉售違約債務，就算低價求售也不行，對於因布爾什維克賴債而遭受財富損失的投資人而言，此政策可說是雪上加霜。它激起的強烈反共情緒對戰間期的法國政治有著深遠的影響。

五月七日，同盟國四國代表與羅馬尼亞簽署《布加勒斯特條約》（Treaty of Bucharest），更加深了協約國對東線資源的憂慮。這項條約的經濟條款將羅馬尼亞為德國公司提供石油儲量的租約期限延長為九十年，條約還規定德國可以在布加勒斯特派駐官員，監督羅馬尼亞部會。[59]羅馬尼亞的資源很快就會為德國所用。十七個月的軍事占領使修復與基礎設施的改善工作得以進行，到了一九一八年春季，三百七十口油井已經開始作業，另外一百三十六口油井也在施工中。在二月間，羅馬尼亞每天有兩百七十七節的鐵路車廂將石油載往德國與奧匈帝國；到了五月，運輸效能已經增加到每天四百節車廂。[60]羅馬尼亞迅速成為了同盟國對抗資源封鎖的重鎮，[61]但長遠來看，這還不夠。德皇以他出了名的言簡意賅口吻，提醒他的將領：「我們得進入烏克蘭找食物。」[62]六月，一支德國軍隊抵達提比里斯（Tbilisi），奪取他們垂涎已久的高加索礦藏與石油。[63]

德軍春季在西線展開的攻勢，顯示德國仍然擁有不容小覷的戰鬥力量。[64]幾年來戰線始終沒有多大變化的這場戰爭，現在轉型成機動戰，攻擊戰術與史無前例的大規模炮轟與毒氣戰結合，以取得壓倒性的實質進展與心理影響。面對德國早期的軍事勝利，協約國菁英強調總體而言自己在全球武力上仍然擁有極大優勢，最後勝利非協約國莫屬。當時在英國外交部政治處工作的古典學家齊默恩（Alfred Zimmern）大加讚揚經濟武器，認為它是「協約國擁有的各種武器中威力最為強大的一樣……它將為協約國帶來最後的決定性勝利……沒有人阻止得了」。[65]齊默恩深感同意地引用魯登道夫副手洛林霍芬（Hugo von Freytag-Loringhoven）的話，他曾經承認：「打一場世界大戰的激進決策權已經從軍隊手中溜走了，戰略情勢現在取決於世界經濟情勢。」[66]一位筆名「阿提卡斯」（Atticus）的英國作者也表示同感：「在當今世界幾乎所有生產大國通力合作下獲得強化的封鎖經驗，已經告訴我們，經濟武器可以有效地取代武力，成為日後對付世界和平破壞者的利器。」[67]英國人引用德軍將領說詞發表評論突顯出戰時策略與戰後秩序的緊密交織。隨著人們意識到在未來的國際體系中，封鎖將一再出現，勝利的賭注也跟著提升。

如表2-1所示，當時法國估計的結果大致說明了全球經濟資源分布的情況。協約國總人口數為十一億八千萬人；同盟國本土有一億六千萬人，在比利時與東歐占領區和控制區有兩億一千兩百萬人，總計三億七千兩百萬人。[68]即使將占領區與控制區也計入同盟國可以取用資源的範圍，在三十一種關鍵商品中，仍然有二十六種是協約國占多數，享有強大優勢。其中包括對棉花與黃麻的

表 2-1　原物料經濟武器，1918 年

商品	協約國（以千噸為單位之年產量）	同盟國與占領區（以千噸為單位之年產量）	協約國占世界總產量比例（%）	同盟國占世界總產量比例（%）
糧食				
小麥	64,382	36,215	61	34
大麥	12,775	19,488	37	60
黑麥	3,910	38,227	9	86
玉米	85,904	12,242	86	13
燕麥	34,833	26,505	54	41
蔗糖	6,923	0	94	0
甜菜糖	1,868	4,370	27	64
稻米	94,330	106	94	0.1
纖維				
羊毛	138	97	59	41
棉花	4,659	0	100	0
絲	229	16	93	6
亞麻	192	1,134	14	85
麻	912	88	91	9
黃麻	1,482	0	100	0
橡膠	130	0	91	0
礦物				
鐵	96,000	45,000	61	29
銅	747	62	73	6
鉛	1,000	172	73	13
鋅	1,513	678	62	27
鎳	386	14	95	3
鋁	529	10	98	2
錳	918	1,424	39	60
鉻	114	20	85	15
燃料				
石油	39,231	11,744	69	20
煤	847,000	338,000	70	29
提神物質				
茶葉	354	0	72	0
可可	187	7	74	3
菸草	660	211	70	22
咖啡	805	0	79	0

壟斷，以及對蔗糖、稻米、絲、麻、鎳、鋁、橡膠與茶葉等商品的半壟斷；同盟國僅在大麥、黑麥、甜菜糖、亞麻與錳等五種商品中占多數。[69]

法國R委員會發表了一連串廣泛流傳、名為《協約國經濟武器報告》（L'arme économique des Alliés），概述這些關於全球基本商品分配的事實。[70] 報告在仔細盤點全球商品分布狀況之後，得出了很明確的結論：

> 將東方與東南方國家（俄羅斯帝國、羅馬尼亞與波斯）納入經濟鬥爭對德國有利，但依然無法讓德國取勝……對德國來說，在停止戰爭行為以後的經濟戰會非常艱苦……因為跟它對抗的國家們，控制著全球每年生產的半數以上的穀物與鉛；接近三分之二的羊毛；超過三分之二的鐵、鋅與石油；超過五分之四的玉米、銅與錫；還有幾乎全部的稻米、棉花、絲、黃麻、橡膠與鎳的產量。[71]

法國軍官充滿熱情地大談成立「協約國經濟聯盟」以圍堵德國商業勢力的可能性；[72] 在美國，經濟武器也逐漸成為在國會議員與民間企業之間頗受歡迎的想法。二月，眾議員凱利（Patrick Kelley）在國會提出一項法案，抵制德國商品與戰後繼續跟德國貿易的美國公司。[73] 巴黎美國商會主席貝利（Walter Berry）也向一群法國與協約國內閣部長、大使和將軍發表演說指出「協約國必須把對德國實施經濟圍困當成明確的必要政策，這件事非常要緊……協約國可以處理的不只是運往德國的重要物資、不可或缺的商品而已，我們還擁有世界市場」。貝利認為，運用這種多數優勢組織抵制，是「將德國精神徹底消滅的有效武器」。[74]當美國商會建議其成員採取這樣的維和手段，渴望打擊德國競爭對手的美國化學與製藥公司表示支持，但也有人反對。全美製造商協會說抵制的想法「不僅徒勞，而且邪惡」，美國國際海員工會也拒絕了這個提議。[75]希望世界貿易復甦的產業與工人堅決反對在戰後使用經濟武器，認為它是一種會帶來反效果的好戰行為。

民主與經濟武器

到了一九一八年，協約國決心投入一場全面大戰，戰爭的目的不只是在軍事上擊敗對手，也要促成他們政治體制的轉型。從美國總統威爾遜的決策變化中可以很明顯地看到，戰爭的目的變得激進到甚至包含了政治與意識形態的改變。威爾遜雖然支持英美海權，但他一開始因為認定經濟施壓與歐洲長久以來的帝國主義和炮艦外交系出同源，而對這樣的做法感到遲疑。[76]威爾遜認為，英德兩國在一九〇二到一九〇三年對委內瑞拉實施的平時封鎖，是對西半球的暴力入侵，違反了「門羅主義」（Monroe Doctrine，美國總統門羅一八二三年發表的政策，反對歐洲列強插手美洲事務）。[77]威爾遜在一九一七年二月建議，未來的任何和平應該建立在四個原則上：政治獨立、領土完整、經濟和平與武器限制。要謀求經濟和平，就必須「相互保證，不以經濟戰方式扼殺一個國家的工業生命，或切斷它與世界其他國家公平貿易的機會」。[78]威爾遜的立場與德國國會大黨聯盟的「經濟和平」提案，以及蘭斯東與勞瑟等英國保守黨的看法類似。

但美國國務卿藍辛（Robert Lansing）提出一個關於此類禁令的明顯問題：經濟戰的定義往往參雜了許多主觀意識，例如施加關稅是不是一種戰爭的形式？美國在整個十九世紀都很嚴密地保護本國市場，並因為其他國家也實行類似措施而理所當然地實施關稅保護。再者，誰來當決定經濟戰是否已經發生的公正裁判？作為回應，威爾遜修改了他的第三項和平原則，使其帶有更明顯的商業色彩。他說，只有在要對付意圖剝奪他國「公平貿易機會」的國家時，才應該實施禁制。[79]就這樣，在參戰前兩個月，威爾遜開始為封鎖、禁運與抵制等經濟強制措施預做準備。他高談表面的平等，但愈來愈贊同對德國發動經濟戰的觀點。威爾遜在接下來的事件中確立了他態度的轉向：一九一七年八月，教宗本篤十五世（Benedict XV）發表《致交戰各國首腦信》（*Note to the Heads of the Belligerent Peoples*），提出七點和平建議，其中雖包括裁軍，但也包括「建立具有崇高謀和功能的仲裁體制，根據各方協議的標準，對拒絕將國際問題提交仲裁、或拒絕接受仲裁決定的國家實施制裁」。[80]在和平與維護和平之手段的根本問題上，本篤十五世同意仲裁主義者的論點，[81]認為國際秩序應該同時具有法律主義與制裁主義的特質。[82]本篤十五世並呼籲要確保人們能夠「真正自由與共同地使用海洋」，以「消除人民與人民之間所有的溝通障礙」。[83]

但交戰各方對本篤十五世的建議呈現一面倒的負面反應。德國政府表示它只會支持尊重德國利益的和平方案；英國宣布，它的遵守與否取決於德國對比利時的政策；法國則徹底忽略本篤十五世的建議。威爾遜的顧問豪斯（Edward House）上校堅持威爾遜應該主動一點，「把和平談判的主導權從教宗手上搶過來」。[84]八月二十七日，威爾遜在寫給教宗的回信中向他概述一個經濟壓力的政治理論，並拒絕教宗的建議，表示已經不可能回到戰前的狀況。威爾遜說，「世界上所有自由的人民」都在對抗「一個不負責任……密謀支配世界的德國政府控制的龐大軍事組織」，德國人民也被現已成為他們的「殘酷主人」的侵略集團所拖累。美國反對「所有排他與利己的經濟同盟」，例如一九一六年的巴黎經濟會議。但德國人已經失去了世人對他們的信任，因此必須向其他國家的人民證明「他們願意接受平等，不追求獨霸」，德國民眾才能享有「以公平條件參與世界經濟的機會」。威爾遜表示，德國要證明自己有這樣的意願，得先建立一個可信的民主體制。在那之前，他說：「我們不能將當前德國統治者的話視為持久的保證，除非有決定性的證據證明德國民眾本身的意願確實如此。」[85]

威爾遜於是拒絕在德皇下臺以前與任何德國政府談判。在這件事發生以前，德國將持續遭受不斷擴大的經濟封鎖。這個立場的民主道德觀似乎有些奇怪：如果德國民眾本身也是軍國主義政府的受害者，為什麼他們要為這個政權的行為忍受拒斥之苦？但這樣的疑問誤解了威爾遜的用意。將民眾與其統治者分開，不是要表明他的道德原則，而是一場政治表演。威爾遜的算盤是，若能讓德國人民與帝國政府對立，就有可能煽動人民以最激進的方式維護民權：推翻德皇。[86]唯有一場推翻德意志帝國政府的民主革命，才能滿足威爾遜「有決定性的證據證明德國民眾本身的意願確實如此」的條件。這意味著日後是否對德國進行經濟封鎖，取決於柏林政權的更迭。[87]一九一七年十月二十七日，豪斯上校寫信給威爾遜表示，除非德國民主化，否則對德國的經濟孤立應該在戰爭結束後繼續。威爾遜很快便接受豪斯的建議，甚至還多加了一個條件：在德國民主化以前，「門戶開放政策」（准入非西方市場的公平貿易機會）不會擴及中歐國家。[88]十二月四日，威爾遜在他的第五次國情咨文演說中，極其明確地陳述了美國經濟施壓的條件。他說：「必須徹底擊敗對基於契約的和平沒有絲毫良知、尊敬與實踐能力的德國政權。如果不能將它完全消滅，至少也必須把它逐出國家之間的友善交流圈。」[89]威爾遜繼續說道：

對德國人民而言，最糟糕的情況是……如果他們在戰爭結束後，繼續聽命於一群野心勃勃、詭計多端、只想攪亂世界和平的主人，繼續服從一群其他國家的人們不能信任的人或階級，在這種狀況下，將德國人納入必將保證今後世界和平的國際夥伴關係或許永難實現……在這種不幸的情況下，將德國納入與其他真正和平夥伴的自由經濟交流，也可能永遠不會成真。不過這不會導致侵略；此種基於不信任而必然出現的情勢，肯定會在必經的程序之後得到解決。[90]

這些話清楚顯示威爾遜相信經濟措施具有引導人類行為的能力。他的經濟武器民主理論中的理想公民即使未必是百分百的英美資本主義者，至少大致上也符合經濟人的定義。這暗示著德國百姓是愛好和平、有待從窮兵黷武的德皇手中解放的商人，不過威爾遜並不認為德國人民全然無辜：他們自我欺騙，向獨裁者屈膝，不敢反抗。基於這個理由，威爾遜既像民眾主權的提倡者，又像強硬的全面戰爭檢察官。他相信德國人民會被誘導，進而改變他們的政府；他信任「必經的程序」，也就是信任與民營企業和自由貿易連繫在一起的、不斷往前邁進的、民主的政治實踐。威爾遜認定，任何具有理性並自我治理的人民，長期來看，都不可能接受任何自絕於全球市場之外的條件。

經濟壓力與民眾行為之間的關係，成為戰間期經濟制裁考量的關鍵因素：迫於民意所趨，政府在國際事務上不敢做出製造動亂的行為。美國國際主義者藉著將商業排除與推動民主政府建立相連結，提出了一套經濟戰如何實際上有利於和平的新論點。就這方面而言，威爾遜的想法與他的歐洲盟友明顯不同。英法之所以熱衷經濟武器，主要出於對戰略與經濟競爭的恐懼，並不是想藉以改變德國政體。英國自由派報紙主編史潘德（A. J. Spender）相信「德國的商業與工業大亨完全瞭解，協約國由於……控制著世界上大部分的原物料而大權在握」，但覺得「他們無力影響他們的政府」。[91]巴黎與倫敦菁英擔心的是克魯伯、德國電氣公司（AEG）與巴斯夫（BASF）這類企業集團的權勢，而不是德國憲政體制的細節。[92]相反的，威爾遜則以軍國主義君主的下臺，作為德國回歸全球市場的先決條件。威爾遜是將經濟武器視為民主化工具的第一位政治家。塞西爾、克里蒙德勒與主張制裁的歐洲人提倡經濟武器，是希望達成國際和平的外在政治目標，而威爾遜為經濟制裁添增了一個內在政治理由——傳播民主。「威爾遜運動」的這個面向與其說是一套有待實現的政治理念，不如說是一套小國必須遵守的體制條件，不遵守就有被趕出全球市場之虞。[93]

當威爾遜於一九一八年一月八日在國會發表著名的「十四點原則」演說時，制裁便已經是美國政策的一部分。十四點原則中的第二點呼籲「公海自由原則」，有一項重要但書：「除非國際行動為執行國際規約而將相關海道全面或部分關閉」。[94]許多人因此認為，威爾遜將實現美國重要仲裁主義團體「執行和平聯盟」（League to Enforce Peace）的期望。該聯盟財務主管豪斯頓（Herbert Houston）表示：「經濟施壓是可以確保和平的、強大而平和的手段，動用國際警察則很有可能挑起戰爭。」並說這個觀點擁有「美國商界人士的支持」；[95]另一位聯盟成員、波士頓富商斐蘭（Edward A. Filene）則指出「經過組織的、不得來往的嚇阻效應……會降低戰爭的可能性」。[96]對美國商界菁英而言，這種法律主義不僅與和平相容，還能幫他們保住美國在西半球稱霸的利益。[97]沒有一個執行和平聯盟的人想過，有一天，有人可能用經濟制裁對付美國。在談到以經濟壓力執行國際法時，大西洋兩岸的法律主義者理所當然地認定，經濟武器的運作會根據他們自己建立的、完全與帝國相容的世界秩序。

威爾遜籌劃的國際秩序在形式上與這種法律主義大不相同。[98]一九一九年一月，威爾遜在巴黎向英法代表提出成立聯盟的初步構想，該聯盟是一個像國會一樣的組織，與執行和平聯盟那些法律主義者想像的世界法庭完全不同。[99]對威爾遜心目中的理想聯盟之立法機關的討論，將透過運用他認為比經濟壓力更強大的「世界輿論的道德力量」來穩定國際政治，而沒有實施經濟制裁的固定程序。威爾遜全心全意想用封鎖促成德國與俄國的民主革命，將新的組織打造成一個政治聯盟，讓他的意識形態計畫在世界各地開花結果。

戰時制裁方案

一戰期間不只政界與決策者在思考制裁的議題，協約國中也有不少知識分子、記者、法學家、經濟學者與其他專家討論著封鎖為全球治理帶來的可能性，這股熱潮早在經濟壓力形成衝擊以前就已經出現。舉例來說，英國法學家金恩（F. N. Keen）認為，協約國可以以戰時資金為基礎成立一家國際銀行，資助維和部隊。根據他的觀點，「無論是為了財政還是金融抵制的目的，這樣一個機構都能發揮巨大威力」。[100]戰後國際秩序辯論的另一個焦點，就是以自由黨大老布萊斯子爵（Viscount Bryce）為核心的布萊斯小組（Bryce Group）。[101]它的兩名成員，霍布森（John Atkinson Hobson）和安吉爾（Norman Angell），是主張封鎖國際化的先驅。霍布森以批判帝國主義、認為帝國主義體制會因為金融資本與出口工業的利益引發國際衝突而聞名於世，此番對全球資本主義的批判，後來被列寧引用；[102]安吉爾則因發表《歐洲幻象》（*Europe's Optical Illusion*）一書，鼓吹十九世紀末經濟的相互依存性，以及它促進和平的可能性而同樣知名。[103]兩人都認為，這場世界大戰不但沒有中止英王愛德華七世時代全球化的動力，反而使它更加蓬勃發展。[104]

根據霍布森的看法，組織化的經濟武器之所以值得發展，正因為「直到目前為止，可以快速並共同合作使用它的條件一直不存在」。他認為，一旦面對將被世界市場斷絕往來的威脅，「工業與商業社群的每個部分都將組織起來，向政府施壓，迫使政府放棄他們無法容忍的立場，重拾國際忠誠」。[105]如此一來，帝國主義最重要的根基——組織化出口工業與金融利益不同凡響的政治影響力——便可以轉化為一股解決國際衝突的力量。跟霍布森一樣，安吉爾也同意經濟力量之於世界政治的重要性，但他更重視意識形態與心理的因素。他以大戰爆發將英國推入一場百年來最嚴重金融危機的事實為開端，陳述他的看法：

這一切僅只是讓我們稍微瞭解到，對任何一個國家而言，整個世界組織起來孤立它代表什麼。假想有一個文明國家，它的港口沒有外國船隻可以進來，它的票據沒有銀行家可以貼現，不能接收國外發來的電報或信件，也不能發電信到國外，它的國民不能在國外旅行，不能保有與國外的通訊……這樣一種政策可能為一個國家帶來的恐怖，讓我們難以想像……但如果這種不得相互往來的機制被建立（這種可能性確實存在），便不會再有中立國，且該機制肯定會對今日的世界帶來可怕的影響。[106]

安吉爾理想中的世界經濟樣貌是一個「經濟上的世界政府」（economic World-State），是一群將大多數全球經濟、社會、文化與技術生活連繫在一起的、相互重疊、彼此互動的網路。安吉爾在他一九一五年的著作《世界公路》（*The World's Highway*）中說，對付侵略戰爭的理想反制之道，就是「全世界一起將侵略者的文化與商務拒於門外，不僅在戰爭期間這樣做，而且一直持續到這項侵略政策修正」。安吉爾建議，作為第一步，英國海軍要扮演全球執法官的角色，以換取美國放棄在全球進行貿易、通行無阻的中立權，他稱這項方案為「貿易管控國際化」。[107]他認為全世界只有美國夠大、夠富有到能在現代世界獨立生存，但這種潛在的自給自足特性，意味著美國必須加入全球制裁體系。美國的強大使美國能夠對抗抵制，但也使美國成為對世界上其他國家施壓時的決定性角色。

然而無論是霍布森還是安吉爾都認為國際經濟制裁存在風險。霍布森警告：「抵制的極端壓力可能導致被抵制國強力報復，事實上反而引發戰端。」[108]安吉爾也意識到「幾個世代以來，促成貿易與勞力分工、不分國界的強大國際趨勢」，將因有組織的經濟強制手段而陷於動盪，「國與國之間可能會出現一種自給自足的競爭，這種競爭如果走入岔路，可能讓惡質民族主義變本加厲，進而導致戰爭」。[109]我們接著就會看到，這些關於制裁可能造成自給自足的封閉經濟或引發戰爭的警告，當時都被其他國際主義者低估了。

這場大戰也催生了許多歐陸的制裁倡議者。義大利博學大師里格納諾（Eugenio Rignano）設想一個「歐洲聯邦議會」，訂有「國際制裁」規約，規定會員國應該「以斷絕外交關係，中止一切經濟與商業連繫的手段打擊違約國」。[110]里格納諾的書於大戰期間在法國發行，被許多活躍於法國政府的知識分子閱讀和引用。與社會主義領導人布魯姆（Léon Blum）與湯瑪斯（Albert Thomas）走得很近的政治經濟學教授米爾豪（Edgard Milhaud），在一九一六年四月於法國國家研究委員會發表的演說中大力支持經濟制裁。國家研究委員會是法國政府主持的一個非正式智庫，為訂定有關戰後秩序之計畫而設立。[111]米爾豪提倡道：「人們已經擁有一個威力強大的武器，可以迫使那些意圖違規的人們遵守規矩。這個武器就是抵制。」[112]他認為簽署兩項《海牙公約》（Hague conventions，分別立約於一八九九與一九〇七年）的四十四個國家已經形成一個足夠強大的集團，可以發動難以抵抗的集體禁運。[113]

米爾豪將里格納諾的構想納入他的報告，在封鎖的脈絡下對其詳加描述。國家研究委員會於一九一六年四月十日第一次討論這份報告，[114]委員會主席、前總理布儒瓦採納了他的想法並加以實現。布儒瓦身為二十世紀初法國政壇的重要人物，是被稱為「團結主義」的一種自由社會主義的主要推手。團結主義以十九世紀末關於相互依存的社會學理論為基礎，強調以集體行動提升個人自由的必要，主張打造一個社會與財政現代化的國家以完成這項目標。[115]布儒瓦同意仲裁主義者觀點，認為整個世界應該結合在一個司法權威之下。這種普遍主義的態度造成一個後果，就是中立不復存在。誠如布儒瓦所說，如果與侵略國的一切連繫都得切斷，意味著「這世上不再有中立國」。[116]他的委員會辯論過各式各樣的孤立模式：斷絕外交關係還不夠，還需要實施經濟限制。國際社群與違規國之間的一切商務都應該禁止；合約應該暫停或終止；敵國人民的資產應該沒收。最後，在排除侵略國的同時，實施制裁的國家要在經濟上相互支援。一旦將布儒瓦的團結主義應用在國際政治上，較弱小的國家可以得到整個國際社群的金援、食糧、補給與支持。[117]透過物資援助，可以讓世界各國團結一致，對付被孤立的侵略國。這種對供給的強調顯示經濟武器不只是一種破壞性工具而已。從一開始，法國的「協約國經濟武器」概念就參考了戰時協約國之間的組織模式，而帶有經濟支援的團結主義元素。

但法國的計畫也有一項重大前提，該計畫規定必須是全員無條件一致地斷絕與侵略國的經濟互動。不過從一九一六年中以後，法國官員便已明白表示，未來的國際聯盟不會只有經濟制裁一項工具而已。未來的國際聯盟需要擁有自己的軍隊。對布儒瓦而言，軍事制裁是建立了真正超越國家的權威以後的合理結果。就像同意加入文明社會的個人，必須放棄以武力相爭的私權一樣；建立新國際組織的國家，也得將它們訴諸暴力的權利交給一個對它們一視同仁、負責監管他們的最高機構一樣。

身為國家研究委員會主席的布儒瓦很有技巧地宣揚這些理念，因此成為法國首席制裁理論家。一九一七年七月，他奉命領導一整個為法國設計戰後國際組織藍圖的跨部會委員會。這個布儒瓦委員會由十五名官員組成，主要是軍事與外交專家，但也包括兩位仲裁律師：法學教授與諾貝爾和平獎得主德康斯坦（Paul d' Estournelles de Constant）與雷諾（Louis Renault）。[118] 委員會內部意見極度分歧，一派支持以聯盟為基礎的體制，另一派則倡導比較公正的國際法律秩序。軍方指控布儒瓦以法律為主軸的計畫太軟弱，在殘酷的權力政治世界將毫無用處，但布儒瓦嚴詞反駁。他在他們的第一次會議中說：「我們是理想主義者嗎？是夢想家嗎？不是，不幸的是，我們是現實主義者！太多令人悲痛的血腥遭遇，讓我們變得這麼現實。而最重要也最實在的根本利益，就是和平。唯有法律能建立和平。我們必須確保這是一個重視法律的組織。」[119]

反德強硬派沒那麼輕易就被說服。一九一七年九月，大多數委員會委員認為「主要問題在於以經濟手段孤立造反的國家。就這方面而言，我們的看法與協約國在一九一六年（巴黎）經濟會議上達成的協議一致」。[120] 但經過布儒瓦在接下來幾個月的不懈努力，委員會通過了一項法律主義與仲裁主義色彩濃厚的議程。委員會擬成的第一份國聯盟約草案於一九一八年六月提交給克里蒙梭。法案中除了有建立國際軍隊與常設參謀總部的條款外，還包括各式各樣的法律、經濟與軍事制裁規定。[121]負責草擬這些規定的，是封鎖部的兩位法學專家韋斯（André Weiss）與皮拉（Fernand Pila），他們設計了至少四種經濟制裁。第一種是封鎖：切斷與犯行國的一切商業關係；第二種是比較特定的禁運法律措施，規定國聯成員國可以在境內沒收敵國商品、貨物、投資與資產；第三，可以不讓犯行國取用對它的經濟運作至關重要的原物料。最後，可以透過類似禁令，讓犯行國難以取得外資，特別是公共貸款。外國債權人可以向當事國請求未償貸款，以此對它的政府預算施加壓力。韋斯與皮拉說，這些措施的構想來自「協約國的經濟封鎖」，並指出他們的想法與塞西爾一致。[122]

布儒瓦委員會強調：「此般大略的描繪說明了『國際聯盟』不會是一個沒有武力的組織。」[123]至關重要的是，韋斯與皮拉一直想把經濟制裁當成與軍事制裁互補的手段。在用盡其他一切手段都無效的情況下，國際聯盟可以派出一支多國部隊進行軍事干預，壓制侵略國。這樣的干預合法，因為它「為的不是王朝利益或征服，而是保衛法律」。[124]草案中多國部隊的構想，來自大戰期間法國元帥福煦（Ferdinand Foch）的指揮經驗，福煦從一九一七年開始在西線統率英國、法國、義大利與美國的聯軍。[125]但這項多國維和部隊的構想，立即遭到英美強烈反對。安吉爾將其比喻作「一群哥薩克人在中央公園露營，為的是執行一項違反所有美國人民意願的國際決議，其通過是國際會議草草表決的結果。在該次表決中，日本、海地、泰國與土耳其代表彼此合作，竟然取得了投票優勢！」[126]要建立國際聯盟，得先克服這類對於約束性國際安全承諾的抗拒。布儒瓦盡可能地推演英美可能提出的反對：兩國會說國際聯盟篡奪了國會的宣戰權；說它會導致結盟國家之間彼此糾纏不清；說它違反門羅主義；說歐洲的君主國與非民主國家因其政治體系而缺乏誠信。他甚至想到，可能有人會以人道主義的理由提出反對，認為「對違約國實施經濟抵制的制度並不人道，因為它會讓婦女、兒童和老人等非戰鬥人員受苦受難」。[127]在布儒瓦看來，國際組織的干預行動如果能夠具有普世、可靠與自動自發的特性，就能充分發揮組織效益，避免這些代價。

布儒瓦的友人、人類學家牟斯（Marcel Mauss）是另一位法國團結主義者。[128]他的私人檔案裡有一份一九一八年的文件，記載著一個國際自發性制裁的巧妙計畫。該計畫提出「和平違禁品」的概念，指的是所有駐在或穿越另一國領土的外國資產與商品。一旦發生違約情事，經國際組織認定有權的國家可以沒收這些財產，將它們拍賣掉。摩斯期待這樣的威脅能維護和平，因為「透過這種方式，參與國際商務的階級為了避免財物損失會大力刺激輿論，意圖違背國際義務的政府會非常不受歡迎，即便是對該國公民來說也一樣」。[129]「和平違禁品」沒被納入法國提出的巴黎和會談判方案，不過它突顯出在一九一七至一九一八年間，法國國際主義者一致認定，無論經濟制裁的特性為何，都應該以可靠、因而可信的嚇阻力為基礎。

在英國，以嚇阻力為基礎的經濟武器也贏得左派支持。支持工黨的記者布萊斯福（Henry Noel Brailsford）不掩興奮之情地說：「包括糧食在內的原物料，已經成為世界政治的主軸……一旦建立對原物料跨邊界流通的國際管控，國聯就可以招募每一個文明國家加入。有了阻止國際流通的權力，國聯就能用制裁令讓每個國家都心驚膽戰。」[130]南非國防部長史穆茲（Jan Smuts）在他於一九一八年十二月公開印行的小冊子《國際聯盟：一項實際建議》（*The League of Nations: A Practical Suggestion*）中，表達了類似的立場。[131]他的計畫以戰爭的正式延緩期為核心：當發生國際爭議時，要訂定一個強制等待期，期間禁止訴諸戰爭。在激情漸漸平復之後，外交與仲裁就可以發揮影響力。史穆茲認為，「破壞延緩期……就此事實本身而言，便是與國聯其他所有會員國開戰，它們不分大國小國，都將切斷與違規國的一切貿易與金融關係」。史穆茲同意法國人的看法，認為經濟武器有嚇阻之效，因為「如此全面且自發的貿易與金融抵制所帶來的影響必然十分巨大」。[132]

※　※　※

巴黎和會是一個難得的機會，讓協約國可以將戰時的經濟施壓政策體制化為較具建設性的形式。協約國在一九一八年秋天的勝利，讓它們能更順理成章地把封鎖當成維持和平的工具。身為協約國決策代表的史穆茲說：「這場戰爭的經驗告訴我們，憑藉這樣的抵制……最終能徹底打垮人類史上最強大的軍事強國，未來任何心懷不軌的人都應該記取這個教訓。」[133]既然事實證明經濟壓力可以擊敗像德國這樣令人恐懼的工業強國，認為經濟武器可以讓日後膽敢挑戰戰後新秩序的人三思，自然合情合理。

但經濟制裁先驅們的這種假定，忽略了一個當時還沒完全得到解答的問題：封鎖對於協約國的勝利具有決定性的作用嗎？二次大戰期間，同盟國對一九四〇年代的盟軍空戰做了「戰略轟炸調查」（Strategic Bombing Survey），但在一九一八至一九一九年間，沒有人對封鎖效益做過任何類似的系統性研究。[134]由於缺乏二十世紀中葉社會科學家使用的調查方法論與數據工具，一戰期間的歷史學家對這個問題意見紛歧。[135]我們首先必須瞭解的是，評估封鎖對社會經濟生活的效應，與評估它們對戰爭勝負的影響力，是不一樣的兩件事。從德意志帝國國祚的最後一個月可以看出效應與影響力的複雜關係。在保加利亞投降之後，德軍主帥魯登道夫於一九一八年九月底失去戰鬥的意志，請求柏林文人政府停戰談和。[136]當他為了保全軍隊而要求結束戰爭時，德國國內政界人士其實大多主張發動全面戰爭，動員民眾對抗協約國軍隊。[137]簡單來說，迫使德國停戰的主因，是前線軍隊因戰敗而士氣瓦解，不是後方民眾因為封鎖導致的飢餓而造反。[138]事實上德國的糧食情況在一九一八年七月到九月間，因為當年的豐收以及東歐資源的湧入，還得到了相當的改善。[139]但這些改善卻因西線的挫敗而化為烏有，德軍那一年在西線的「春季攻勢」（Spring Offensive）前功盡棄，協約聯軍得以深入德軍占領區。魯登道夫原本想要如法炮製一九一七年擊敗俄羅斯所使用的「震懾」（shock-and-awe）戰術，結果卻讓自己的軍隊士氣低落，愈來愈無心戀戰。[140]

德國經濟運作的方式也是封鎖效力受限的原因之一，德國不像英國那樣依賴海外糧食供應。[141]正是基於這個原因，這場大戰迫使德國徵召數百萬農民入伍對德國造成的負面影響，比它的外國進口被切斷產生的負面影響更大——德國戰前日常的卡路里消耗有四分之三來自德國農民，只有四分之一來自進口。[142]就更廣泛的層面來說，封鎖的主事者們還低估了一個複雜的工業化經濟體的資源可替代性。封鎖使德國的大型出口工業不能外銷到世界市場，它於是將原本投入這些工業的工人與資源釋出，用在其他地方。[143]全面戰爭的經濟與社會動員存在許多問題，但它的成果也不容置疑：一九一八年的戰時生產比之前任何一年都更豐碩。德國之所以在那一年夏天潰敗，是因為它的軍隊儘管不缺槍炮彈藥，士氣卻全面崩潰。[144]由此可知，德國面臨的經濟壓力與其軍事挫敗之間沒有明顯的因果關係。

因此，在決定一戰的結果這件事上，封鎖充其量不過是個配角而已。[145]同盟國最終落敗的最主要因素，是戰場挫敗與中歐社會因全面戰爭動員而出現的內部緊張，不是經濟封鎖。既然如此，為什麼在戰間期的政治與之後的歷史記敘中，「封鎖是關鍵因素」這一相反的結論始終甚囂塵上？部分的原因是，戰敗國自己過度誇大封鎖造成的衝擊。卡內基基金會在一九二〇與一九三〇年代發表的鉅作、共一百五十冊的《世界大戰經濟與社會史》（*Economic and Social History of the World War*），是第一本關於一戰的深度研究，其中大量引用前德國與奧匈帝國政府官員的評估。這些官員一味將國家內部瓦解的原因歸咎給外部壓力，而對他們在戰時經濟規劃上的失誤避重就輕。[146]更重要的是，德國民族主義者在戰後極力散播惡名昭彰的「背後捅刀論」，認為德意志帝國是敗在遭文人背叛，強調德軍仍然無敵。這個迷思與協約國認定封鎖重挫德國本土士氣的論點不謀而合。[147]此外，大談封鎖造成的損害，也是威瑪共和（Weimar，指德國在一戰戰敗後成立的共和憲政政體）的政界人士為了降低德國賠償負擔、修改《凡爾賽條約》並吸引外資，最喜歡用的話術。[148]私底下，德國官員也承認，封鎖造成的損害，並沒有像他們宣傳所說的那麼大。[149]人道主義運動引起人們對平民百姓苦難的關注，這是好事，不過代價就是使得飢餓導致中歐社會秩序崩潰的想法更加深植人心。[150]

對於戰間期歷史來說最重要的是各方都認為封鎖對這場大戰的結果有決定性影響。[151]對塞西爾、史穆茲、布儒瓦與威爾遜這樣的國際主義者而言，懷疑經濟戰的影響力就是讓自己在政治上站不住腳。這類質疑會直接損及經濟制裁的合理性，而他們想在巴黎和會上正式建立它的機制。如同在和會期間擔任英國海軍部代表的福斯特日後所說：「在停戰以前……我們透過封鎖，僅僅在德國就奪走了七十六萬條人命……我們讓敵人不得不屈膝……這種封鎖武器的殺傷力，遠比過去以為的強得多。」[152]儘管今天的歷史學家認為，比較準確的死亡人數應該在三十萬到四十萬人之間，但戰間期，封鎖造就的、在歐洲歷史記憶中揮之不去的可怕陰霾，才是影響政治操作的主因。[153]

封鎖的迷思對二十世紀接下來的政治與戰略思想有著深遠的影響，「經濟施壓使協約國迎來一九一八年的勝利」成為經濟制裁支持者的信條。在一戰終戰後十年，塞西爾與福斯特仍然堅信，鎖定「敵人商業」，讓「我們能向敵人施壓並在戰爭末期取勝，而且以後還會重演」。[154]對經濟武器威力的信念已經變成國際主義者的政治承諾，而且這項為協約國打贏大戰的武器，有一個非常明確的體制繼承者：國際聯盟。不過國際聯盟經濟制裁的確切性質，主要是巴黎和會歷時數月的談判過程中政治妥協的結果。

第十六條的起草

我們在前面已經提過，擬定《國聯盟約》的英國、法國與美國政界人士，包括塞西爾、布儒瓦與威爾遜等人，在和談以前都對經濟制裁各自抱持著特定的構想。在這三人之中，最有望讓自己的計畫成真的，或許是塞西爾。他不僅擔任過大英帝國封鎖大臣，還被勞合喬治授予大權，擬定符合英國政策的《國聯盟約》。[155]由菲立摩爾爵士（Lord Phillimore）領導的國聯研究特別委員會，於一九一八年三月向英國內閣提出它的研究成果。在塞西爾將他自己的構想與菲立摩爾的建議合併之後，「塞西爾草案」將一種類似封鎖的安全機制置於英國談判立場的核心。[156]這項草案同時也支持軍事制裁，認為國際聯盟應有組織武力干預的能力。但在這個議題上，法國的草案比英國的更進一步，法國主張建立常設性國際軍事參謀部，為一支遠征軍「預做準備」。[157]塞西爾與菲立摩爾則認為，國際聯盟會員國應該根據個案情況組織武裝干預。

塞西爾在一九一九年一月九日與美國人首次會晤，結果發現倫敦與華府在軍事制裁問題上看法不一。在聽完威爾遜的顧問豪斯上校提出的計畫以後，塞西爾大感驚訝，因為根據這項豪斯與威爾遜草擬的方案，單憑封鎖就能執行仲裁，美國人的構想中沒有軍事支援備案。豪斯承認，當他向塞西爾提出「強制手段只限於經濟層面」的構想時，他個人也認為國聯應該具備必要時進行武裝干預的能力，[158]不過威爾遜是否同意這一點便不得而知。威爾遜根據國務卿藍辛與法律顧問米勒的建議，提出的第一個與其他國家共享的草案，規定了「全面經濟與金融抵制，包括切斷一切貿易或金融關係」，以及禁止與侵略者的「一切往來」。[159]所有參與談判的大國都同意經濟武器有威懾之效，它們意見分歧的地方在於，經濟武器是不是唯一威懾手段。[160]

威爾遜反對軍事制裁，因為他相信美國不應該捲入與歐洲列強的聯盟，顧問們的意見也使他更堅信這一點。藍辛與米勒以美國憲法為思考依據，而根據美國憲法，只有國會有權宣戰。由於宣戰權不能預先交給任何超國家組織代行，他們認為任何擬議的「為防止侵略與國際戰爭而建立的國家聯盟」，都應該是「消極盟約」，而非「積極保證」。換句話說，他們認為國際聯盟應該約束國家**不得**侵略，而不是要國家承諾以共同行動對付侵略。[161]

軍事制裁不是唯一引發分歧的議題。第二個問題是，使用國際聯盟的制裁機制是否會引發對違約國的戰爭。關於這個議題的談判無意間造就了一項國際法的創新：對一個國家使用經濟威懾手段但不向其宣戰的可能性。史穆茲在《國際聯盟：一項實際建議》中就提出可以用維和行動的形式進行制裁，違約國不得享有反擊的交戰權。[162]但英國代表團基於法律理由，改變了對這個議題的立場：根據普通法，英王陛下的政府在未經正式宣戰的情況下，無權啟動強制經濟措施。因此塞西爾在巴黎提出的意見認為任何違約行動，「根據事實本身」，便造成違約國與國聯之間的交戰狀態。[163]無論國際聯盟的經濟制裁是像正式有效的封鎖，還是像比較模糊、大戰期間發展出的違禁品管制，對英國政府來說，它們都是**交戰**措施。作為一種國家武力的使用形式，制裁基於它們的特性，形成合法戰爭的暫時狀態的一部分。塞西爾認為，戰爭與和平基本上是截然不同的情況。他在和會談判期間的日記上寫道：「和平時期的國際聯盟與戰爭期間的盟國會議，狀況完全不一樣。」[164]

塞西爾在他的一九一六年備忘錄中明白表示，他相信有意滋生事端的政府，如果知道這麼做會帶來可怕後果，就會避免走向戰爭。像史穆茲一樣，他的經濟武器概念也以嚇阻為基礎。要使這種武器有效，就得讓圖謀不軌的國家非常清楚經濟圍堵的恐怖。因此，塞西爾提出的第一項建議便明言反對一切針對侵略反制行動的法律限制：「無論採取何種海軍、軍事與經濟行動……都應該不受任何會議或國際法規對交戰國的約束，全力執行。」[165]若拋開對經濟戰的一切法規束縛，經濟武器的嚇阻效果就會更強。

威爾遜的顧問米勒認為這種法律上的**絕對自主權**是一項「極端條款」，一月二十一日他在皇都酒店（Hotel Majestic）第一次會晤塞西爾時，即對英國這項提案表示反對。[166]身為堅定的美國法學家，米勒擔心的不僅僅是讓經濟武器不受既有國際法束縛這件事而已，他對英國草案中的「根據事實本身」戰爭理論特別有意見。米勒為維護立法權獨立而提出異議，認為只有擁有主權的國民可以做出參戰的決定，而且唯有在參戰理由充分的情況下才能這麼做。在他看來，只要滿足某些條件就開戰的做法絕不可行；在美國，只有經由國會多數通過才能宣戰。米勒在這兩個議題上都說服了塞西爾與威爾遜，讓他們改採用比較溫和的構想。威爾遜就在這個基礎上提出他的第二項草案，該版本沒有提及戰爭狀態的自動觸發，而是規定違反盟約的國家「被視為對所有國聯成員國進行戰爭行為」。[167]一月二十七日，威爾遜與英方的草案合併，新的塞西爾—米勒草案出爐。

根據米勒的意見進行的修訂雖少，意義卻很大。它對經濟制裁的現代歷史的重要性再重要不過，塞西爾—米勒草案讓國家不必進入戰爭狀態，也能進行強制制裁，首度打破長久以來封鎖權與交戰處境之間的連繫。儘管之後幾份草案都將侵略定義為**戰爭行為**，但不再明文寫定國聯的反制是在**戰爭狀態**下出現。一種新的武力使用方式——非交戰狀態的經濟威懾——就這樣於一九一九年一月在世界政治的舞臺華麗登場。[168]

二月初的後續談判決定了國聯制裁的另外兩個層面。其一是敵人的概念。在一月制定的草案中，經濟施壓以「盟約破壞國的**子民**（subjects）」為對象，修訂後的草案將它改為「**國民**（nationals）」。這項修訂很重要，因為許多國家利用世界大戰造成的緊急狀態，根據境內居民的族裔或種族特性，就把他們定義為「外國敵人」，無視其公民身分。[169]根據國民原則訂定的經濟制裁，可以對住在海外的侵略國國民進行制裁，即使這些國民與他們的政府僅有薄弱的關係也不例外。第二個改變是，更詳盡地說明威爾遜的「全面經濟與金融抵制」所指為何。關於這個議題，封鎖部會的技術經驗直接展現在《國聯盟約》條文上：侵略國與其他所有國家的貿易、金融關係、個人旅行與其他經濟互動形式，都在禁止之列。[170]

到了一九一九年二月第一個星期，國聯經濟武器的基本輪廓已經成形。整個規劃過程儘管並非全部，但大抵上都是由英美主導。法國精心計劃的方案幾乎消失；在全體會議中，建立國際遠征軍進行軍事制裁的構想遭到英國與美國代表團封殺。布儒瓦再次強調他的團結主義現實論，認為若沒有自己的軍隊，國際聯盟「不過是虛有其表而已」。但威爾遜反駁說：「如果我們現在開始組織國際軍隊，就會像是我們在用國際軍事主義取代國家軍事主義一樣。」[171]布儒瓦說不過英美兩國如此堅定的反對。在巴黎和會期間，他病得很重，在皇都酒店會晤塞西爾時還裹著毛毯抵禦冬季的嚴寒。[172]不過法國的建議也有一項被寫入盟約：制裁條款第三段規定，國際聯盟要為遭到攻擊的國家提供經濟支援機制。[173]然而在會議期間，代表們沒有以具體行動決定援助的分配與分擔問題。要到一九二〇年代後期，正面經濟武器才會獲得進一步的發展。

雖然現在英美法協議的草案已經出爐，但國際聯盟的經濟制裁機制還需要國際的認可。三月底，塞西爾與布儒瓦會晤十三個中立國（阿根廷、智利、哥倫比亞、丹麥、荷蘭、挪威、巴拉圭、波斯、薩爾瓦多、西班牙、瑞典、瑞士與委內瑞拉）代表，討論擬議中的制裁條款。大多數中立國認為這些制裁措施影響太過深遠，強迫它們違反自己的意願加入經濟施壓的行列。荷蘭要求更「精確地規範國聯的軍事與經濟行動」，但塞西爾為了避免英國做出任何太過嚴格的承諾，斷然拒絕了這項要求。丹麥表示樂於參與經濟行動，但不允許外國軍隊進入它的領土。塞西爾與布儒瓦反駁說，丹麥這個立場很矛盾，因為經濟制裁需要選邊站，丹麥若是加入經濟制裁，就不可能保有中立；哥本哈根必須在中立與加入經濟制裁陣營兩者之間做選擇，別無他途。瑞典代表團認為，這些經濟制裁條款都「太過嚴厲」，建議「逐步增加經濟壓力的規模」。[174]但這些歐洲中立國終因力量太小，無法迫使大國接受它們的要求，最後只得批准盟約，希望當國際聯盟建立之後可以進行修改，使它更符合本國利益。這項當時定名為《國聯盟約》第十六條的經濟制裁最終版本全文如下：

聯盟任何一個成員國，如果違反盟約第十二、十三或十五條的規定訴諸戰爭，根據此事實本

> 身，視同對國聯所有其他成員國犯下戰爭行為。國聯所有其他成員國因此應立即終止與該違約國的一切貿易或金融關係，禁止它們的國民與違約國國民的一切往來，並且阻止違約國國民與任何其他國家、無論是否為國聯成員國的國民之間的一切金融、商務或個人往來。

美國人與英國人都可以在這段條文中認出自己的設計。根據規定，國際聯盟將設立一個由大國組成的委員會，決定是否有戰爭行為，因此美國對國聯的經濟施壓擁有自主裁量權，威爾遜也得償所願。制裁適用於一切商務、金融與通訊的、密不透風的特性，證明各國代表們建立了「國聯所有其他成員國共同參與的最嚴峻封鎖」，讓塞西爾也很滿意。[175]

《凡爾賽條約》於一九一九年七月簽字，《國聯盟約》則於一九二〇年一月生效。由於將經濟制裁視為主要懲戒工具，盟約起草人把太重的期望寄託在一種手段上。國聯安全體系的根基，比許多國際主義者原本期待的要狹窄得多。兩次大戰間將制裁視為對抗侵略工具而出現的動盪不安，部分原因便來自於此。經濟武器作為和平時期也許可行的政策，卻不具備有組織的武裝力量作為支撐，因而不得不在戰後秩序中，扮演比大多數支持者原本預期的大得多的角色，結果就是大家都對經濟武器充滿期待——或許期待得太高了。

第三章　和平戰爭——1919—1921

一九一九年初，中歐已經筋疲力盡到幾乎只能坐以待斃的地步。那時正好到奧匈帝國旅行的美國醫生布萊福德（Henry Brailsford）一月十六日記述當地的情況：「封鎖奏效了，現在什麼東西都沒有了。你在布拉格連一個時鐘都找不到，因為都被拿去煉製金屬了。」[1]在冰天雪地的維也納，布萊福德見到「兒童穿著用麻布袋簡單縫製的衣服。由於缺乏布條與毯子，在許多醫院，兒童只能用紙張裹身禦寒」；戰前的維也納「靠波西米亞的煤、克羅埃西亞的小麥與匈牙利的肉品維生……現在只能靠自己」。布萊福德預期：「如果封鎖繼續數個星期，奧地利只有死路一條。」[2]

這些記述捕捉到從休戰到《凡爾賽條約》簽字之間那幾個月的慘狀。武裝衝突的戰爭雖已正式告終，經濟戰卻仍然繼續，封鎖機制讓歐洲大部分地區持續陷入資源被剝奪的窒息狀態。協約國的政治人物與顧問一邊在巴黎談話、散步、宴飲和辯論，一邊繼續戰時祭出的許多經濟施壓措施。但與此同時，他們也開始組織救濟，糧食、衣物與藥品終於開始進入政局穩定的歐洲地區。這些救濟工作雖說規模不小，但處理的大多都是封鎖政策造成的問題。此外，在一九一九年春夏兩季，柏林的共和政府、彼得格勒的布爾什維克政權，以及布達佩斯的匈牙利蘇維埃共和國，仍處於從戰時延伸到和平時期的封鎖狀態下。因此，國聯經濟制裁的起草不是閉門造車，《國聯盟約》第十六條與它的起草人都跟此刻正進行的經濟威懾與供給息息相關。

封鎖與人道救濟都屬於戰時經濟武器。在休戰以後的幾個月裡，它們就像相輔相成的兩個工具，塑造著戰後秩序。本章要說明的是，戰爭結束後繼續進行的經濟戰在許多國家引發不小的爭議，激起關於制裁平民是否道德，以及經濟在促成政治與社會安定方面扮演何種角色的辯論。制裁與救濟的決定權都掌握在「最高經濟理事會」手裡，該行政機構直接聽命於協約國的政府元首。不過，在和平時期使用經濟壓力面臨許多難題。誰應該承受不得參與國際貿易的最大苦難？封鎖造成的飢餓與社會經濟瓦解，會窒息還是助長布爾什維克主義？還有，誰有權決定對東歐與中歐戰敗國與革命政權的封鎖什麼時候解除？

歷史學家沒有忽略協約國在戰後繼續對德國與奧匈帝國進行封鎖的事實，[3]有關這段期間對歐洲人的人道救濟的文件紀錄也很詳盡，[4]比較沒有人注意的是封鎖造成的、明顯的階級政治。針對布爾什維克的經濟施壓，用的是一種低成本、從遠方遙控的反革命做法。歷史學家梅爾（Arno Mayer）與麥爾（Charles Maier）的經典研究讓我們看到，在戰時歲月與俄國革命的顛沛流離結束後，歐洲菁英如何重新掌權。[5]在這段追求歐洲資產階級社會秩序之穩定的時期，對付平民百姓的經濟壓力是一項不可或缺的工具。威爾遜的戰時願望——用經濟壓力徹底改變敵國內部政治特性——在這段期間得到最充分的實現。也因此，一九一九到一九二一年間的戰後封鎖與禁運，成為終戰後各國內部衝突的核心面向。[6]葛沃斯（Robert Gerwarth）強調這段期間的內部衝突如何帶來一種「新的暴力邏輯」，一種剷除內部與外在敵人的願望。[7]大戰結束後的那幾年，確實充滿怵目驚心的各種暴力：柏林與慕尼黑街頭的巷戰；法西斯「黑衫軍」闖入義大利農場與工廠；「自由軍團」的士兵在波羅的海沼澤地區出沒，打擊共產黨；高加索地區種族衝突不斷；無助的難民躲在燃燒的士麥那（Smyrna）的碼頭。這些戲劇性的事件讓人難以察覺來自遠方的封鎖造成的、逐漸令人窒息的效應——起初，發動封鎖的是巴黎和會期間的協約國跨國組織；在擋住輻散出去的革命浪潮之後，它們便針對俄羅斯境內的蘇維埃政府進行封鎖。[8]

戰後的經濟施壓還造成了一個持續到戰間期的後果：它開始消弭戰爭狀態與和平狀態兩者之間的差異。法裔英國人道主義者摩雷（Edmund Morel）在觀察一九二〇年的歐洲地緣政治時說，經濟施壓政策創造了「和平戰爭」的情況，此局勢的高度不確定性令人憂慮。他寫道：「『戰爭』的根本目的成了奪取性命與摧毀經濟資源，某些政府今天不遺餘力地達成這些目標，還辯稱它們沒有『處於戰爭狀態』。」摩雷痛斥「封鎖武器對俄羅斯男人、女人與兒童造成科學性的毀滅。它以各種方式毀滅他們，極盡所能剝奪他們的糧食、衣物、燃料、燈、肥皂、醫療必需用品與運輸工具——簡單來說，就是剝奪他們一旦缺乏就會染病、死亡的物資。人類從未發明過比這更殘酷、更獸性、更精打細算、更沒種、更窮凶極惡的毀人性命的方法」。[9]摩雷錯誤地認為俄羅斯百姓的苦難完全是協約國政策的後果；造成如此苦難，俄羅斯內戰紅、白交戰雙方都難辭其咎。但他的要旨沒錯：在一個經濟威懾愈來愈正常的世界，「戰爭」與「和平」的意義也徹底地被顛覆了。

飢餓封鎖

一九一九年四月四日清晨，一列火車開進布達佩斯東站，這列穿越瑞士與奧地利的進站列車緩緩駛上一條側軌，隨即為武裝警衛包圍，車上的乘客包括南非將軍、從波耳（Boer）叛軍晉升大英帝國要員的史穆茲。史穆茲在三天前帶著幾名隨行顧問離開巴黎，其中包含「布盧姆茨伯里派」（Bloomsbury Group）上流社會名士尼柯森（Harold Nicolson），與激進的自由黨國會議員威治伍德（Josiah Wedgwood）。他們此行的任務是與兩週前剛在布達佩斯掌權的共產黨政權談判，但史穆茲因為不承認匈牙利的蘇維埃新政府，不肯走出火車，新政權的領導人貝拉·庫恩（Béla Kun）於是登上火車進行談判，然而雙方的初步談判沒有結果。史穆茲提出一項停戰協議，但其解除協約國封鎖的條件很嚴格：匈牙利必須將外西凡尼亞（Transylvania）完全割讓給羅馬尼亞。生於外西凡尼亞、僅僅兩週以前還被關在匈牙利監獄裡的庫恩提出一項反提案；為防止匈牙利解體，他建議協約國占領外西凡尼亞作為中立區，並強迫羅馬尼亞人往東撤離。但史穆茲不肯妥協：除非無條件割讓外西凡尼亞，協約國不會停止對匈牙利的經濟孤立。匈牙利共產黨無法接受這樣的條件。[10]

談判就這樣陷入僵局。與庫恩同齡、三十三歲的尼柯森形容庫恩是「布爾什維克猶太人」，「扳著一張悶悶不樂的罪犯臉孔」，而匈牙利外交部長包加尼（Josef Pogány）是個「滿臉油光的小個子猶太人，穿的毛皮大衣被蟲咬了幾個洞，繫著細細的綠領帶，領口也髒兮兮的」。[11]史穆茲最後認定自己跟這些匈牙利共產黨員談不出結果，這支協約國代表團於是在二十四小時後離開。協約國與匈牙利蘇維埃政府之間「互不承認的僵局」繼續，但中歐情勢迅速出現變化。[12]三天後，尼柯森重返巴黎，回到他在皇都酒店的舒適套房，泡了一個「非常需要的澡」；與此同時，羅馬尼亞軍隊入侵外西凡尼亞並進軍布達佩斯，打算鎮壓匈牙利的革命。[13]

史穆茲為了解除對匈牙利封鎖而進行的談判，是一些協約國意料之外的政治事件造成的結果。一九一九年初，英國內閣便已計劃減輕對匈牙利社會民主黨政府的經濟施壓，該政府於前一年十一月上臺，迫切希望恢復外國商品的進口。三月中旬，外相貝爾福詢問塞西爾封鎖日後應該如何規劃，塞西爾回覆說雖然仍舊存在若干限制，但「對德國與奧匈帝國的封鎖應及早解除」。[14]然而當法國向匈牙利社會民主黨政府提出以割讓重要領土為解除封鎖條件的談判提案招致強烈反彈時，英國的立場也隨之變化。[15]作為少數黨的共產黨被允許加入匈牙利社會民主黨政府，庫恩當上總理並宣布成立匈牙利蘇維埃共和國，希望藉由實現一場政治革命，爭取到俄羅斯布爾什維克的支持，以增加匈牙利與協約國和談時的籌碼。當時有不少人利用停戰後的政治混亂興風作浪，以庫恩為首的革命人士只是其中的一支，而在一九一八年十一月與奧匈帝國進行的停戰談判中，協約國代表明白表示，在決定國際邊界的和約生效以前，他們不會承認任何繼任的新政府。這種做法創造了一個法律真空，既然庫恩的政府從未獲得承認，協約國無需宣戰便能對它進行經濟封鎖。協約國的封鎖於三月二十八日展開，由設在維也納的一個委員會控制所有沿著多瑙河的水路運輸，在多瑙河下游盡頭處則由塞爾維亞與羅馬尼亞軍負責管控。[16]

儘管史穆茲在與庫恩進行封鎖談判的時候不肯讓步，但他同時也是第一個建議改變政策的人。

在回到巴黎兩週以後，他寫道：「我毫不懷疑，唯一適當的做法就是盡早解除對所有中歐國家的封鎖，並且發表公開聲明宣布解封。封鎖與饑荒現在成了布爾什維克的主要盟友，要對抗出現在這些國家的無政府狀態，最好的辦法就是解除封鎖，提供糧食援助，為重建正常狀況鋪路。」[17]史穆茲的論點很精確：如果餓肚子引發布爾什維克運動，而封鎖讓人繼續餓肚子，封鎖就應該盡快解除。但尼柯森勸英國內閣靜觀其變。他在五月初寫道，如果「庫恩成功建立一個穩定又溫和的政府，封鎖可以立即解除」，但如果「恐怖分子當政，我想我們還是維持既有限制比較好」。[18]

這項推論的問題在於，若不先重建匈牙利與世界市場的連繫，匈牙利就不太可能出現一個「穩定又溫和」的政府。尼柯森對封鎖的支持破壞了他表態追求的穩定。最高經濟理事會宣布，「只要政治情勢允許」，不反對解除封鎖，為繼續封鎖與解除封鎖兩者敞開大門。[19]但實際上，協約國要庫恩屈服，否則就要終結他的政府。到了五月中旬，匈牙利分別在南方與南斯拉夫、在東方與羅馬尼亞、在北方與捷克戰鬥。庫恩號召全國拚死血戰，首先擊退捷克軍，隨後又逼退羅馬尼亞的進擊。[20]眼見情勢如此，尼柯森向塞西爾與史穆茲表示他支持繼續封鎖：

> 雖然用封鎖這類間接手段對敵國百姓施壓，讓人感覺極不人道，但我認為我們應該瞭解，無論什麼樣的糧食被准許進入匈牙利，都會被庫恩優先利用，用來加惠他的支持者，對付資產階級……我承認只因為我們堅持封鎖，匈牙利的婦女與兒童就得忍受飢餓，讓人非常不快，但我認為，就在我們最需要以所有可能的和平手段繼續對敵人施壓的緊要關頭，改變我們的政策不合邏輯。[21]

外交部德國專家克洛（Eyre Crowe）的立場比尼柯森更強硬，他認為：「我們絕對不能承認庫恩。對我們來說正確的政策就是讓他倒臺。」[22]於是匈牙利蘇維埃共和國不僅遭遇羅馬尼亞、捷克與南斯拉夫軍隊在戰場上的封鎖，在西部國界也遭到協約國封鎖。七月，瑟杜為了強化封鎖圈，派遣法軍從巴伐利亞進駐東奧地利，與已經在當地執勤的一小支義大利分隊聯手執行邊界控制。[23]

對付庫恩政府的軍力很快形成輾壓之勢。在七月的一次撤退之後，共產黨控制的布達佩斯於八月三日落入羅馬尼亞軍手裡，終戰時刻終於到來。這為「協約國最高理事會」（Allied Supreme Council）帶來一系列新的問題。協約國得讓匈牙利人民在自己的首都遭到羅馬尼亞軍洗劫的同時，還對協約國保持好感。美國救濟署（American Relief Administration）署長胡佛（Herbert Hoover）在這時登場。胡佛希望匈牙利商會能建立一個新的非蘇維埃的民主政府，不過在提出援助胡蘿蔔的同時，他也準備了一支因應的大棒。他建議協約國將封鎖解除兩星期，使匈牙利建立起較好的社會與經濟條件，以利匈牙利溫和派籌組一個穩定的政府；如果匈牙利人不能把握這段時間「展開復員，遵照最高理事會的指令行事，封鎖可以恢復實施」。[24]在談到羅馬尼亞士兵洗劫布達佩斯的問題時，與胡佛同是最高理事會美國代表的國務次卿波克（Frank Polk）明白表示，協約國必須也向羅馬尼亞人發出「經濟威脅」，這個構想並獲得了英國代表貝爾福的支持。[25]這種隨一己偏好對他國實施經濟限制的做法，導致一些非常明顯的矛盾。協約國威脅匈牙利人說，除非他們選擇正確的民主政府，否則就要進行經濟制裁，並以同樣的懲罰要脅羅馬尼亞人不得掠奪敵國首都；與此同時卻提醒塞爾維亞人說他們有「人道責任」，要他們解除禁運，將糧食補給從自己的領土運往鬧饑荒的匈牙利。[26]

由於一九一九年充滿變數的環境，和平時期的封鎖得在現場直接執行。與戰時相比，現在要控制這些封鎖線得花費更多工夫。在中歐地區之外，協約國對鄂圖曼帝國的經濟戰以限制貿易的形式，在東地中海、黑海與紅海地區繼續著；[27]除此之外，還有如何處理對布爾什維克的經濟施壓的問題。這類政策在一九一七至一九一八年間初步採行時，政策目標是保持對德國的包圍，之後逐漸演變成圍堵共產主義的戰略，甚至開始為俄國內戰中的反共陣營提供援助，試圖推翻共產主義。[28]停戰後，英國皇家海軍深入波羅的海與黑海，是否直接封鎖俄國的問題於是迫在眼前。這項決定落在新任英國封鎖大臣哈姆斯沃思（Cecil Harmsworth）身上，他是自由黨政治人物，原為勞合喬治首相祕書處的一員。[29]整個春天，哈姆斯沃思一邊與巴黎的塞西爾討論繼續對德國與蘇俄進行封鎖，一邊回覆下議院提出的、將經濟戰延伸到和平時期的質疑。二月，以瑟杜為首的英、法、義、美「東歐封鎖委員會」（Comité du blocus de l' Orient）成立，統一對中歐、鄂圖曼帝國與俄羅斯南部的封鎖作業。在瑟杜監控下，從波羅的海起，沿波蘭與奧地利邊界通過巴爾幹半島東部，直到愛琴海諸島，築起了一道低調但嚴密的封鎖線，沿線遍設特別海關檢查站攔截違禁品。此外，由於英國要繼續封鎖，迫使阿拉伯部落向協約國臣服，從愛琴海到阿拉伯半島南部的紅海海岸也在封鎖線上。[30]

主張加強對列寧政府施壓的人，主要是法國與英國軍方官員。法國駐俄軍事代表團團長認為

「對歐洲與西伯利亞邊界實施比這更嚴厲的封鎖」，是「直到目前為止最令人生畏的武器」。[31]三月底，皇家海軍駐巴黎武官建議對布爾什維克控制的黑海海岸進行正式封鎖。哈姆斯沃思知道，在英國尚未向蘇維埃政府正式宣戰的情況下，這種做法在政治上不可能。蘇維埃可能會將和平時期的封鎖「視為戰爭行為」，導致事態惡化。哈姆斯沃思決定採取比較隱晦的攔截形式，利用海軍部既有的儲煤庫控制機制——決定哪些船可以從英國儲煤庫獲得燃煤補給的管控措施——阻止商船向布爾什維克控制的港口運補。[32]

然而，以封鎖為武器對付共產黨革命政權的主要障礙不是法律，而是人道問題。前往俄羅斯的訪客紛紛記述當地平民百姓的悲慘情狀；四月，彼得格勒的俄羅斯紅十字會呼籲美國紅十字會為當地兒童提供糧食與補給。這件事引發最高經濟理事會內部如何在人道考量與反共目標之間取捨的激烈辯論，塞西爾的私人祕書謝爾比（Walford Selby）嚴酷地回絕蘇維埃政權的求援呼救，覺得這是在「裝可憐，充耳不聞就行了」。[33]謝爾比認為，俄羅斯今天的情況完全是這些布爾什維克黨徒自己一手造成，他建議除非布爾什維克下臺，否則應該繼續切斷對俄羅斯的供給。英國糧食管制局駐最高經濟理事會代表韋斯（Edward Wise）也同意必須對俄羅斯保持一些壓力，但他補充說：「不過我很遺憾，因為我並不真的認為，為了消滅布爾什維克主義，我們就該眼睜睜看著兒童因為沒有糧食與醫藥餓死或病死。」韋斯認為，革命政府之所以能掌權，憑藉的就是民眾對貧窮與髒亂的憤怒，用極端封鎖手段對付這樣的政權不會有效。不過身為經驗豐富的封鎖官員，又持堅決反共立場的塞西爾不為所動，他對韋斯的答覆只有簡單幾個字：「我看不出還有其他辦法。」[34]

考慮到塞西爾在和平時期與戰爭時期嚴厲執行封鎖的紀錄，關於這位諾貝爾和平獎得主受到「戰爭洗禮而變成和平主義者與國際主義者」的說法並不正確。[35]與英國戰時內閣任何其他成員相比，他對武力的執著絕對毫無遜色。當最高經濟理事會在四月向協約國領袖們提議，為了向抵達巴黎的德國代表團表示善意，應該解除對德國的封鎖時，塞西爾對哈姆斯沃思表達他的強硬立場，他惱怒地寫道：「封鎖削弱了德國，達成它當初被設計出來的目的，這已經非常清楚。我們過去和現在的目標不是做對德國來說最好，而是做對我們自己來說最好的事。我們要讓德國人屈服，讓他們聽從我們的意願，簽署我們訂出的和約條款。」[36]

塞西爾沒過多久就開始支持輸送糧食到德國的救濟工作，這項轉變顯示在一九一九年，擁護封鎖與支持人道主義的往往不是對立的兩派人馬，而是同一群人。這段期間另一名著名的國際主義者、後來當上美國總統的胡佛，與經濟施壓政策也有類似的複雜關係。胡佛是一位富有進取心、講求實效的人物，就許多方面而言，他與行事專斷、喜歡說教的威爾遜完全相反。胡佛雖因在戰爭時

I fear that until a definite decision on policy is taken by the Heads of States we are bound to agree with Mr Selby. But I regret it, for I don't believe really that we shall kill Bolshevism by allowing children to starve or die for lack of drugs & medicine

E. F. Wise
17/5/19

糧食管制局代表韋斯在 1919 年 5 月 17 日寫給塞西爾的便條。韋斯寫道：「我並不真的認為，為了消滅布爾什維克主義，我們就該眼睜睜看著兒童因為沒有糧食與醫藥餓死或病死。」圖片來源：英國國家檔案局。

組織比利時救濟委員會與對北法地區的糧食供給而有慈善之名，但他並不認為讓平民挨餓在原則上是錯誤的。[37]他的看法都是從策略評估出發，不是以道德為指導原則。一九一八年底，停戰和約簽署期間，胡佛寫信給威爾遜說，就目前狀況而言，「我們繼續保持禁運是絕對必要的事實」。[38]當德國發生左派激進主義運動時，他立即反對對威瑪共和的封鎖，認為這麼做有害無益。在發現美國農民因豬肉與乳製品供應過剩而受損、需要將產品大量外銷時，胡佛也從主張對德國斷供，轉向支持對德國運補。[39]但當布爾什維克奪權，庫恩成為匈牙利蘇維埃領導人時，胡佛支持對這些激進分子的全面封鎖。在一九二一到一九二二年俄國大饑荒期間，胡佛的人道主義信譽因其組織援助行動而更上高峰，[40]也就是在這段期間，他對以經濟施壓作為政治手段的效益失去信心，之後整個政治生涯皆是如此。不過我們將在後面談到，胡佛與許多歐洲人道主義者之所以反對封鎖，正是因為他們反對布爾什維克主義，而不是因為他們支持它。巴黎的丹麥紅十字會負責人就是這種態度的典型範例，這名人道救濟官員鼓勵協約國軍隊對抗布爾什維克，因為它是一個「奉行絕對恐怖主義，完全沒有任何人道情緒的政黨……我們絕對有必要在全歐洲感染這種比西班牙流感可怕十倍的傳染病以前展開行動，因為它會推翻整個社會」。[41]

封鎖的國內政治

謹慎為重是結束經濟施壓政策很好的理由。當時擔任英國作戰大臣的邱吉爾，從一開始就反對對德國與俄國的封鎖。他告訴國會：「這種讓人挨餓的武器，主要受害人是婦女與兒童，是老、弱、窮的百姓，使用它讓英國蒙羞——在一切戰鬥都已停止之後繼續使用這種武器，哪怕只是短暫一刻，都讓我們對自己是否為正義而戰存疑。」理想上，協約國應該使用陸軍作為施壓工具，因為「如果沒有這股力量，除了把每個人都餓成布爾什維克以外，我們根本沒辦法影響或主導歐洲情勢發展」；[42]繼續經濟封鎖只會「使德國投入布爾什維克懷抱，從而讓俄羅斯蘇維埃政府獲得新生」。[43]以非正式方式封鎖俄羅斯，同時恢復與德國貿易的目的，就是要防止德俄聯合起來成為龐然大物。[44]

應該繼續讓德國與俄國經濟孤立多久，不只是外交政策與戰略問題，也是內政問題。對俄國實施強制措施的做法愈來愈遭到西歐民眾的批判，民主化與戰後復員也讓協約國政府綁手綁腳。從一方面來說，強化經濟封鎖可能會加劇革命浪潮，一名英國國會議員就指出，「這種布爾什維克病菌在食物短缺的國家非常有傳染力」。[45]要阻止左派革命更進一步，救濟顯然是最好的辦法。但英國當時正在進行規模龐大的復員，使它無法立即解除封鎖。一九一八年十一月，英國軍隊分別在十個國家部署著三百五十萬名士兵，一年之後復員了超過兩百七十萬人。[46]法國也一樣，它急著讓軍人放下武器，投入國內重建。[47]在兵力規模迅速縮減的情況下，倫敦與巴黎都面臨如何在和約簽字以前保持對德國壓力的問題。

由巴黎最高經濟理事會指揮、交給皇家海軍執行的封鎖制度，似乎是這個難題的明顯解答。塞西爾寫信給哈姆斯沃思說，這麼做能解決軍隊規模縮減導致的問題，是「最容易、成本也最低的對德施壓方式」。但胡佛、美國輿論以及要求立即解除一切限制的英國商人都誤解了一件事：封鎖的用意不在於切斷貿易，封鎖是「一種實行戰爭的工具，也是確保戰果的手段」。[48]這整個管制與指揮機制一旦解散，就很難再迅速重建，因此塞西爾堅持維持封鎖制度。然而在和平時期進行經濟戰的政策，讓不少英國保守派惱怒不已。反對這項政策的人不只邱吉爾，曾於一九一七年反對勞合喬治與塞西爾，要求放寬經濟戰、與德國達成和解的蘭斯東爵士，認為繼續封鎖直到和約簽署的做法很愚蠢。「這個逐步施壓、用飢餓當武器的過程還要持續多久？」蘭斯東問，「如果我們繼續進行這種飢餓政策，直到國際難題一一解決，我擔心到時候……我們連想找一個談條件的人也找不到了。」[49]保守派人士之所以主張謹慎克制，原因不是對德國有任何特別的同情，而是因為他們懼怕革命，希望迅速重建安定的社會秩序。保守派同時也希望藉由放寬封鎖，遏止自由黨領導的全面戰爭對資產、工作與性別造成的激進效應。封鎖的目標是婦女與兒童，不是軍人，它擴大了戰爭的範圍，受到戰亂影響的人們不再只是接受過武力使用訓練的專業階級而已。保守派批評全面戰爭，希望回到過去的界線區隔。

這段期間封鎖與經濟制裁也在婦女之間引起激辯。在英國，克麗絲貝兒與爭取婦女選舉權的「婦女黨」（Women’s Party）民族主義分子極力主張封鎖，他們甚至一度指責塞西爾推動經濟消耗戰不力，要求塞西爾下臺。[50]喬丹（Margaret Jourdain）支持飢餓封鎖，認為它和圍城戰一樣，是長期存在的合法工具，因而受人敬重。[51]停戰以後，美國刊物《婦女愛國者》（*The Woman Patriot*）警告「一股鬧得沸沸揚揚、龐大無比的混亂浪潮，正從萊茵河襲捲西伯利亞荒原」，表示「協約國難以擔起供糧、監督和治理德國與俄國的責任，但『蘇維埃』卻只是一味地高談闊論，光動嘴不動手」。[52]

不過大多數婦女團體都積極反對經濟戰。在德國，受封鎖之害最深的便是工作階級的婦女，[53]在這種經驗刺激下，她們提出公民主張，推動「德國革命」，引發對新共和政府的社會期望。[54]而在英國，對封鎖最嚴厲的批判來自「國際婦女和平與自由聯盟」（Women's International League for Peace and Freedom），特別是它的政治智囊史旺威克（Helena Swanwick）與羅丹（Agnes Maude Royden）。[55]羅丹譴責經濟施壓政策，認為這根本是一種「折磨的托詞；想到我在英國認識的那些在『經濟壓力』下生出死胎的婦女，我問自己，我們難道真的應該用這些手段改變德國人的錯誤觀念嗎？」[56]國際婦女和平與自由聯盟一九一五年四月在海牙召開成立大會，其盟約呼籲訂立一個基於公海自由原則的公正和平條約。儘管婦女團體要求結束戰爭，將糧食視為違禁品的做法也讓她們不敢置信，但她們並非拒絕一切施壓作為。在社會改革運動中行之有年的抵制，仍是婦女政治運動的重要手段。美國代表珍・亞當斯（Jane Addams）在這次海牙大會中呼籲婦女們「聯合起來，對任何不肯透過仲裁與和解，只知以武力解決問題的國家施加社會、道德與經濟壓力」。[57]

停戰以後，歐洲各地婦女組織發動大規模運動，反對繼續封鎖。英國女性主義者威廉斯（Ethel Williams）在訪問維也納之後，向英國民眾報告封鎖對兒童的效應；[58]國際婦女和平與自由聯盟英國分會在特拉法加廣場辦了一場吸引上千民眾的大會，譴責封鎖是「先對兒童下手的滅絕」。[59]英國分會並與紅十字會聯手，對歐陸進行食物與奶製品的人道補給。當國際婦女和平與自由聯盟第二屆代表大會一九一九年五月在蘇黎世召開時，饑饉的現實已經改變了會員的任務優先順序。對她們而言，封鎖是「文明之恥」，結束餘下的封鎖政策是絕對優先要務。[60]

由於戰爭對公共衛生以及社會與人口結構帶來的影響，女權運動團體與智庫特別關注經濟封鎖與制裁。[61]她們對生育議題的關切，使得人們開始擔憂飢餓對母親與兒童健康造成的嚴重後果；營養專家記錄餵養不足對嬰兒發育的影響，也取得了新的研究進展。[62]國際婦女和平與自由聯盟與它在中歐的姊妹組織因而開始同時介入多項議題的辯論：她們不只爭辯戰爭與和平的意義，還討論歐洲未來的政治與社會秩序以及現代政府的責任。[63]當一九一九年五月國際婦女和平與自由聯盟大會結束、亞當斯與她的女權運動同伴從蘇黎世返回巴黎時，結束封鎖政策仍是她們的主要目標之一。亞當斯日後回憶說：「胡佛先生（在巴黎的）辦公室似乎是在一片混亂之中唯一合乎理性的地點。掛在牆上的大地圖記錄著可以取用的食物資源，顯示從澳洲載運小麥到芬蘭，或從紐約港口載著玉米前往阜姆（Fiume）的船隊。但即使是在當時，協約國仍然對匈牙利與俄羅斯實施在此之前仍被視為戰爭舉措的飢餓封鎖，對付他們的政治作為，讓人有種不祥的預感。」[64]

對亞當斯、羅丹、斯旺威克與國際婦女和平與自由聯盟其他會員而言，戰後反封鎖的女權運動是更廣泛的、對國際體制之批判的開始。由於國聯未能提供物資上不虞匱乏的經濟和平，導致許多出現在戰時的敵對狀況持續。亞當斯指出：「因戰時糧食封鎖而合法化的經濟敵對，應該也要被在巴黎和會成立的那些委員會制裁。」[65]普遍來說，戰爭總是傷害婦女勞神費力維護與繁衍的社會，經濟戰尤其如此，因為它「毀了一切母親開展的東西」。[66]

女權運動因反對制裁而與英國政治的主流對立，當時的風向是，只要能讓國內社會非軍事化，經濟施壓就是好政策。與武裝戰爭相比之下，經濟戰不必徵召大批青年入伍當兵，它可以由官僚負責指揮，透過法律、法庭與行政官員運作。儘管如此，封鎖仍然因為被用來對付一個無產階級國家，招致英國有組織勞工的反對。一九一九年一月，英國社會主義者發動「不要欺負俄羅斯」（Hands Off Russia）運動。當時下議院提出關於封鎖合法性的疑問，而掌璽大臣（Lord Privy Seal）直接拒絕回答，更加深了民眾與國會的怒氣；[67]哈姆斯沃思則矢口否認，表示以封鎖的嚴格意義而言，現況並不存在封鎖。[68]但出現在巴黎和會的、重構戰爭與和平定義的做法，明顯讓人們感到愈來愈不安。在威治伍德等許多自由黨激進自由貿易派人士眼中，未經國會就戰爭狀態問題舉行投票而維持封鎖，是對憲法原則的冒犯。[69]他們擔心，勞合喬治政府在沒有正式宣布進入戰爭狀態的情況下這麼做也違反國際法。[70]以強化外交政策問責為宗旨的重要壓力團體「民主管控同盟」（Union for Democratic Control），發表俄羅斯名流顯要的訴求，要求停止封鎖，協助俄國重建。[71]它的立場是，在沒有法理上之戰爭狀態的情況下，打一場實際上的經濟戰，不僅不道德而且也不合法。民主管控協會的領導人物之一摩雷在英國各地發表演說，攻擊這種「製造和平的新體制……（這個體制）利用巴黎和會的一堆規定，意圖以封鎖為作戰武器勒斃對手，讓一整個國家的民眾陷入經濟毀滅的境地」。[72]在法國，安納托・法蘭西（Anatole France）、喬治・杜哈梅爾（Georges Duhamel）、亨利・巴比賽（Henri Barbusse）與加斯東・伽利瑪（Gaston Gallimard）等著名作家與發行人也紛紛抗議對俄國的封鎖，認為這是協約國的「大罪行」。[73]

儘管面對不斷升溫的國內反對聲浪，協約國政府依然在一九一九年秋天發動最後一次協調行動，將蘇俄逐出國際經濟網路。十月九日，協約國對德國發出一項外交照會，要求柏林加入對俄國的經濟禁運。如果協約國此舉旨在強化國聯尚未測試過的「經濟施壓武器」，那麼這招沒有成功。[74]戰爭已經讓德國人對經濟封鎖平民百姓的做法深惡痛絕。社會民主主義報紙《前進報》（*Vorwärts*）寫道，協約國這項要求「罪惡與不道德到一個新境界」；[75]德國外交部長穆拉（Hermann Müller）也公開反對用讓德國忍受了四年的剝奪手段對付俄國人。他說：「我們從我們的經驗得知，布爾什維克的聲勢，恰恰將因協約國今天打算使用的威懾手段而更加壯大。我們因為親身經歷過所以真正瞭解飢餓封鎖。」[76]儘管內部存在許多分歧，威瑪共和的政治菁英幾乎全體一致，反對加入對俄國的封鎖。[77]十月二十九日，威瑪共和的中間派聯合政府正式拒絕了協約國這項照會。對蘇俄的封鎖在這時達到高峰，過了一段時間之後才瓦解。

結束對蘇俄的封鎖

在一九一九到一九二一年的戰後封鎖期間，時間沒有站在協約國這一邊。各國政府在嘗試重建戰前金本位的過程中，引發了一波短暫但強烈的經濟衰退，導致全球通貨緊縮，世界各地的收入都普遍降低。在這種情況下，出口商反對貿易繼續脫節，呼籲與俄國經濟重新接軌的聲浪愈來愈大。關於斯堪地那維亞海運業者要求政府不理會協約國要求，不再封鎖俄國的傳言甚囂塵上，顯示封鎖政策正在解體。[78]一九二〇年一月十六日，最高經濟理事會決定解除部分封鎖，准許與俄國農民合作社進行貿易。最高經濟理事會此舉引來一些爭議，《真理報》（*Pravda*）寫道：「解除封鎖的問題仍有許多令人費解之處。」[79]法國外交部則認為，「恢復與俄國通商，似乎是剷除俄羅斯國內最極端布爾什維克形式的最佳手段」，但與「俄國合作社貿易不代表與蘇維埃政府的任何談判，也不意味著對它的承認」。[80]協約國領導人不厭其煩地解釋，互動與接受是兩回事。他們說，之所以選擇農民合作社為貿易夥伴，正因為這些合作社就性質而言是單純的經濟組織。[81]但蘇維埃政治局當然另有看法，派遣資深布爾什維克黨員克拉辛（Leonid Krasin）與李維諾夫（Maxim Litvinov）領導中央合作社組織「中央聯盟」（Centrosoyuz），希望可以拜訪歐洲國家，展開能夠改善整個俄羅斯經濟的商務談判。[82]

英國領導人希望，有限度的貿易相較於極度的經濟施壓，能更有效地削弱布爾什維克主義。勞合喬治向下議院解釋：「我們過去試圖用武力使俄國人恢復理智，但失敗了。我相信我們可以用貿易把它救起。商務的運作有一種令人清醒的影響力，只要經過加減運算的反覆灌輸，俄國人很快就會拋開那些荒唐的理論。滿腦子空想的俄國人發現他冷，發現他沒有衣物禦寒，他很餓……於是只有一個辦法——我們必須用富足對抗無政府狀態。」[83]勞合喬治這番話，訴諸的是以前就出現過的自由主義構想「商業文明化」（doux commerce），認為貿易行為本身就具有文明化的能力，但他的推理同時也強調計算理性與捨棄「荒唐的理論」之間的連繫。為滿足即時需求而做的務實算計，能澆熄革命的熱情。他在這場對下議院的演講中，談到以俄羅斯穀物餵養歐洲的必要，將其視為一項重要的、與農民合作社展開貿易的務實理由。他說：「人在挨餓的時候，不會因為埃及有法老王在位就拒絕向它買玉米。」[84]此番文明與商業論述，將列寧比作古代殘暴專制的統治者，政治色彩濃厚。但這段話旨在強調無關政治的經濟交流，因為恢復與俄國的貿易不等於承認蘇維埃為對等夥伴。

另一方面，蘇維埃領導人也瞭解，重建俄國破敗的經濟給了他們某些施力點。對許多財務陷於困境的西方銀行家與企業來說，追求先進科技與外資的俄國是一處充滿吸引力、令人難以拒絕的市場。善用這股進口的力量，便能讓俄國走出經濟孤立。[85]一九二〇年春天，李維諾夫在哥本哈根與協約國進行初步會談，強調蘇維埃資源對歐洲重建的重要性。[86]蘇聯的成立為經濟壓力政治開啟了新篇章。[87]事實證明，以世界革命為宗旨的政府不僅可以對抗孤立，還能打破封鎖，進而主導經濟壓力。蘇維埃以政府的名義壟斷對外貿易，抵擋來自歐洲的商品，以政府驅動的經濟武器對付其他國家。

但社會主義關於經濟壓力的構想，總離不開一些由下而上的舊戰略，根據這類戰略，民眾要運用抵制與協同罷工的方式對抗政府與企業。[88]有關如何結合並妥善運用民族主義與公民主義的思考，之所以在一戰以後大行其道，有兩個因素。第一個因素是歐洲經濟體在戰時的勞工動員。在戰爭期間出現最大規模的勞工運動浪潮的經濟區塊——鋼鐵生產、煤礦開採、武器製造、鐵路、船塢與造船——對英國、法國與義大利政府而言也是最具戰略重要性的區塊。第二個因素是「共產國際」（Comintern）於一九一九年三月在莫斯科成立。[89]俄羅斯的革命政府與歐洲各地的工人階級公民社會，現在藉由利用經濟壓力對付資本主義菁英，找到了團結努力的新目標。共產國際一開始試圖動員這種跨國力量回應應協約國對俄國與匈牙利革命的干預，英國、法國與義大利的工會原本已經擬妥長遠計畫，準備於一九一九年七月二十日展開一場國際大罷工，但各國勞工運動之間的派系鬥爭打亂了計畫。[90]然而對當權者來說，來自勞工組織的經濟壓力仍是心頭上的一塊大石。才剛施行過一場史無前例的海軍封鎖的英國菁英，自然對造船廠與碼頭工人愈演愈烈的工潮感到憂心忡忡。作為英國工人運動政治組織的工黨也公開揚言，如果它的政治要求沒有得到滿足，將發動罷工癱瘓英國經濟。

曾於大戰期間協助塞西爾，並在巴黎和會擔任海軍部代表的福斯特，於一九一九年離開政府，加入民主管控同盟與工黨。他仍是國際主義的忠實信徒，認為唯有國際聯盟才能合法運用封鎖這種可怕的工具。正是基於這個理由，英國政府在孤立俄國問題上採取的模糊做法很危險。福斯特強調，由於經濟武器「比較不那麼顯眼，也顯然沒那麼昂貴，而且除非採取某些措施，否則也比較不受民主管控」，加強對經濟武器使用的問責極有必要。[91]如果制裁的主要目標是平民百姓，公民也應該是經濟施壓政策的最終決策者。與之前的衝突不一樣的是，現在海軍封鎖不再居於首位，而是交給能源、通信與出口管控等行政措施。想全面管控經濟武器，民眾必須有權監督操控這種現代戰的官僚。

福斯特提出警告說，如果英國政府與國聯沒有讓民眾參與它們的決策過程，工人階級將會採取行動：

我們將不再進行拒絕提供服務以示抗議的行動或全國性的罷工，這些都是由國家政府組織的運動；我們將轉而參與國際勞工運動組織的國際罷工。除非國聯加快自我民主化的步伐，否則世界運輸工人、海員工會與煤礦工人工會，將奪走國聯的經濟武器，自行決定是否為（俄羅斯白軍將領）丹尼金（Denikin）提供補給，協助他對抗俄國革命政府這樣的問題……除非國聯修改盟約，不然它很有可能會像巴黎和會當年處理匈牙利與俄國問題時一樣，濫用它的經濟大權。[92]

如果經濟戰必須繼續打下去，福斯特認為，它應該受到民眾最大程度的監控。發生在中歐與東歐的事件，也說明了有組織的勞工可以運用強大經濟壓力，限制軍人干政。一九二〇年三月，魯維茲（Kapp-Lüttwitz）對德國威瑪共和政府發動的軍事政變，因遭到大規模罷工而失敗；[93]德國社會民主黨（Social-Democratic Party）組織德國全國公、民營事業工人罷工，讓右翼軍人無法建立軍事獨裁政權。這場罷工是德國——或許也是全球——截至當時為止規模

福斯特，民主管控同盟雜誌《外交事務》（*Foreign Affairs*）撰稿人。1920年7月。圖片來源：愛荷華大學。

最大的罷工。[94]那年春天，波蘭與蘇俄的戰爭爆發，更加證明了來自民間的經濟壓力的力量。在波蘭軍入侵蘇維埃烏克蘭、占領基輔之後，列寧與托洛斯基呼籲西方國家工人阻止侵略行動；五月，倫敦東印度碼頭裝卸工人便拒絕為運載彈藥前往波蘭的船隻添補燃煤。[95]這種自發性行動很快就獲得廣大支持，工會領導人貝文（Ernest Bevin）呼籲工人不生產、不運輸武器，以抵制「激怒我們正義感」的戰爭。[96]八月初，紅軍發動反攻深入波蘭，打到華沙市郊時，英法國內的階級緊張也不斷升溫。英法召開參謀會議，討論提供波蘭軍援，白廳（Whitehall，英國政府）更考慮對蘇維埃宣戰。但工黨與英國「工會代表大會」（British Trades Union Congress）於一九二〇年八月九日提出警告，說「所有工人組織的產業力量都將被用來打敗這場戰爭」，[97]勞合喬治也絲毫不敢小覷工會讓英國貿易經濟停擺的潛力。在這次事件中，波蘭人在華沙近郊擋下紅軍，雙方隨後達成停火協議。英國勞工運動本身並沒有結束這場衝突，但它的言論與行動在英國形成的輿論，緩解了打擊布爾什維克的戰爭。[98]

此外，在波蘭與蘇俄的戰爭結束後，要勞合喬治結束對俄封鎖的公共政治壓力也開始見效。一九二一年三月，英國與蘇俄簽署貿易協定，恢復兩國戰前的經濟關係。這項協定的第一條規定「雙方同意不施加或維持任何形式的、針對彼此的封鎖，並除去迄今為止，所有阻撓英國與俄羅斯之間實質貿易的一切障礙」。[99]協約國以飢餓為武器，迫使俄國人反對布爾什維克的嘗試就此失敗，英國、法國與美國的政治菁英現在選擇採取一種新的手段來達成這個目標。協約國開始提供而非剝奪布爾什維克資源，向他們誇耀資本主義的富足。[100]南俄在那年稍晚發生大饑荒，西方國家的人道主義者們便對蘇維埃政府伸出援手。[101]

勞合喬治從支持封鎖轉向支持貿易，是因為他認知到跟遭孤立的落後國家建立貿易關係，比切斷與這些國家的外貿，更能影響它們的行為。[102]在大戰期間堅持無情封鎖的勞合喬治，從一九二〇年以後開始強調經濟說服，不再主張經濟威懾。他之所以支持與蘇俄人貿易，來自他的自由主義思想中的建構與行動論特質。根據他的觀點，自由的人民並非天生就是有理性、守法的資本主義企業家與工人，他們得先習慣市場的慣例，而戰後的貧苦正是讓俄羅斯人與其他半開化人民成為資本主義新子民的機會。[103]勞合喬治認為，理性的人講求實際、不崇尚意識形態，也就是說他們會放棄革命與昇華的幼稚信念。在為英蘇條約辯護時，他對報界說道：「列寧開始認識到他必須貿易。他原以為可以靠一些馬克思理論治國。結果呢？飢餓、饑荒、鐵路系統完全失修。用馬克思理論不能修好火車頭。」[104]

歐洲殘存的政治激進主義，現在已經走上窮途末路，對整體的社會秩序不再構成威脅；以麥爾的話來說，他們就像是「無產階級小石頭對抗資產階級大陸塊」。[105]但儘管激進社會主義革命在西歐失敗，蘇聯不但沒有覆滅，還大舉擴張，將勢力伸入飽受三年未正式宣告的經濟戰之苦的其他國度。一名法國外交官寫道，克拉辛「譴責暴力手段，認為俄羅斯可以被建設成一個位於資產階級歐洲中的『共產黨綠洲』，用這個綠洲維持與其他國家的和平關係與商業連繫，宣揚無產階級」。[106]

※ ※ ※

到了一九二一年，協約國、中歐與蘇聯菁英都對有組織的經濟壓力——無論是外在壓力（制裁、封鎖或資本主義包圍圈）還是內部壓力（罷工與抵制）——帶來的致命打擊憂心忡忡。封鎖通常是國家權力的工具，但關於封鎖的內政辯論顯示，和平時期未正式宣告的經濟戰已經變成利益團體彼此競爭、階級糾紛與民主爭論的主題。過去因戰爭而政治化的經濟武器，現在成為沒有單一操作者的工具。哪些國家、階級與社會團體應該被剝奪經濟資源，孤立與整合的條件由誰來決定等議題，都是一戰後各方深入辯論的重點。協約國對庫恩的匈牙利與對布爾什維克俄羅斯採取的孤立行動，創下和平時期用經濟制裁手段迫使他國政權改變的首例。在這一點上，也可以看到二次大戰以後經濟戰的雛形——二戰過後，國內目標開始取代國際目標，成為使用制裁的主要理由。不過，如果這些政策的目標是改變意識形態、邁向自由主義，經濟施壓的手段沒能達成威爾遜主義者的這些希望，徹底失敗。事實證明追求社會安定，援助遠比封鎖有效得多。誠如一名英國外交官在一九一九年拜訪貧困的德國城市之後所說：「與其和一名理想主義者戰鬥，不如把他餵飽。只有餓肚子的人才會滿腦子亂想。」[107]

Part II

經濟武器的正當性

第四章　經濟武器調整期 1921—1924

一九二〇年七月，國際聯盟最有權力的機構「理事會」，在北西班牙海濱城市聖塞巴斯提安（San Sebastian）召開會議。英國外相貝爾福在會場上向記者強調在他心中國聯的當務之急：「我們必須擁有經濟封鎖。在這個文明的時代，沒有一個國家會願意招惹這樣一種懲罰，自尋死路。」貝爾福預測，「由於膽敢違逆國聯的情事應該不多，這種封鎖應該不會經常使用。」[1]他認為國聯應該將制裁視為嚇阻的力量，在一戰結束後的十年之間，這也是國際主義者最主要的觀點。隨著愈來愈多國家加入國聯，嚇阻效果必定會愈來愈好。法國一直想要建立一個「照顧普世」（tendant à l'universel）的國際組織，[2]但這始終只是理想，而不是現實。前交戰國與革命國家，包括德國與蘇俄都不是會員國；更嚴重的問題是，一九二〇年三月，《凡爾賽條約》與國聯成立的法律基礎遭到美國參議院否決。這表示國際聯盟的執行機構「理事會」只有英國、法國、義大利與日本四個常任理事國，而不是五個；除此之外會由國聯的立法機關「大會」選出四個非常任理事國，任期三年。

理事會為對抗侵略者而設的第十六條程序，並非三大歐洲國家英國、法國與義大利唯一可以使用的多國威懾手段。根據《凡爾賽條約》的規定，英國、法國、義大利加上非常任理事國比利時，是接收德國賠款的指定國。如果德國違約，可以對德國採取嚴厲的經濟性或軍事性強制措施。一戰後在國際秩序中出現的制裁因此帶有一種張力。根據國聯宗旨，制裁應該被用來維護世界和平，但在實際操作上，負責執行制裁的國家，也正是利用《凡爾賽條約》個別制裁規定，在賠償問題上追求自身特定利益的歐洲大國。藉著在兩個領域運用類似手段，英國、法國與義大利一面聲稱為普世價值把關，一面玩弄權力政治。

一九二〇年代初期有關經濟武器的討論，都帶有這種本質上模稜兩可的色彩：制裁究竟是大國競爭的又一種工具，還是超越大國競爭的手段？一九二一年八月，國聯成立了一個特別專家機構「國際封鎖委員會」，負責裁定第十六條的意義，以便更精確地校準它的功能。國際封鎖委員會做出決議沒過多久，一場危機爆發，讓第十六條的嚇阻功能面對考驗，後來國聯適時於十一月提出制裁警告，迫使南斯拉夫放棄對阿爾巴尼亞北部的入侵。制裁阻止了這場原本可能升高成十年內第四次巴爾幹戰爭的衝突。這種團結力量的成功展現，與協約國運用制裁對德國強索《凡爾賽條約》賠款的事件，形成鮮明對比。自一九二一年初起，協約國強制徵用德國港口與海關，之後行動升級，演成對魯爾工業區的占領，在協約國內部播下不和的種子，使得在法西斯獨裁者墨索里尼（Benito Mussolini）統治之下的義大利於一九二三年對希臘科孚（Corfu）島發動懲罰性遠征時，國聯制裁的嚇阻力受到影響。是否在和平時期進行經濟施壓的決定，取決於帝國力量的階級更甚主權國家彼此平等的準則。

國際封鎖委員會

在巴黎和會期間，為了緩解小國對大國把持的疑慮，塞西爾與布儒瓦曾經保證，會在國聯於一九二〇年秋天在日內瓦首次集會時，討論出會員國根據盟約應該遵守的義務。[3]因此國聯祕書長、英國外交官德拉蒙德（Eric Drummond）將經濟武器列入國聯首要議程的決定，便獲得許多國家的支持。[4]十二月，德拉蒙德寫道，一個由專家組成的專案團體將起草精確計畫，「使得國聯可以使用國際經濟與金融封鎖武器」。[5]這個封鎖委員會將仿照理事會的結構，取得大國與小國之間的平衡。德拉蒙德的祕書處要求古巴、挪威、西班牙與瑞士加入這個專家團體，由於在一九二〇到一九二三年間，理事會的非常任理事國為比利時、巴西、中國和希臘，這表示國聯中的小國，現在有三個歐洲與一個拉丁美洲代表保衛它們的利益。

在為經濟武器國際化做準備的過程中，巴黎與倫敦也在重新安排政府職能，改變戰略遠景。迫於巨額的預算赤字與戰時積欠的債務，英國不得不削減開支與進行復員，並於一九一九年七月解散封鎖部。塞西爾在下議院強調封鎖效益時承認：「我相信我們做得很成功，但必須建立的機制很精密，我確定現在沒辦法有效地建立它」。[6]即使英國想根據戰時模式，建立一個全面封鎖制度，現在它也欠缺建立這種制度所需的文職行政人員與情報基礎設施。

長久以來，英國自由主義一直對地面部隊、徵兵、將領與其他任何帶有軍事色彩的事物充滿反感。過於強大的軍隊不僅對繁榮的民間經濟而言是沉重負擔，還會刺激民族主義與侵略行為，而這一切都與開放的心胸、理性與和平的價值觀相衝突。自由主義者比較喜歡皇家海軍，在他們眼中，皇家海軍是純防禦性的工具，目的在保衛大英帝國的海運交通線。艾傑頓（David Edgerton）曾說，在戰間期的英國，自由派國際主義始終伴隨著一種獨特的「自由軍事主義」。[7] 經濟武器在這兩者中扮演著不同的角色，在前者是「制裁」，在後者是「封鎖」。封鎖之所以吸引人，是因為它為英國帶來的成本非常低；對英國民眾而言，它的可見度也非常低。正如福斯特所說：「現有形式的封鎖，為和平主義者帶來一個新問題……當侵略者有一天將刺刀刺入消極抵抗者時……就算是他也會發現這種過程令人不快。但封鎖的情況不一樣，封鎖不會有這種讓人對後果進行反思的直接接

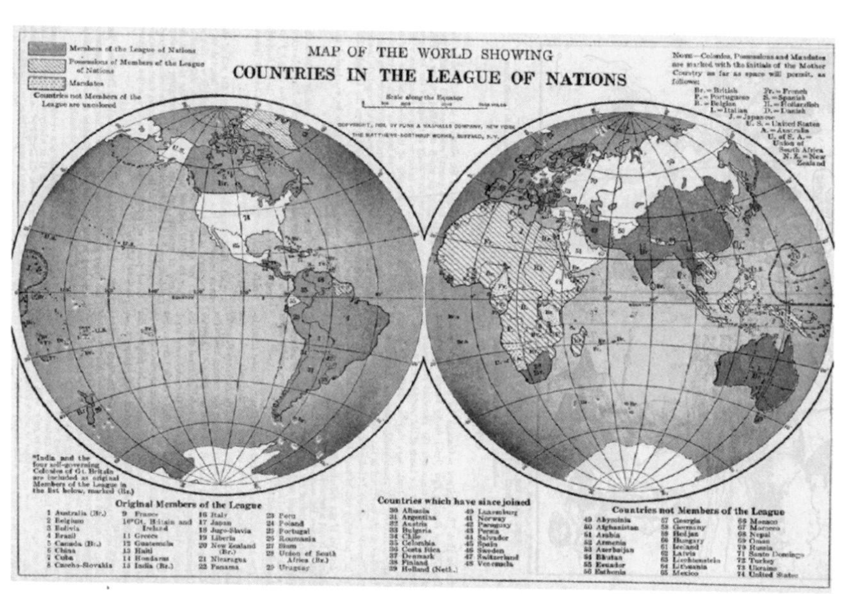

國際聯盟在 1921 年 4 月的會員國。原發表於《文學文摘》（*Literary Digest*）。圖片來源：康乃爾大學圖書館（Cornell University Library）。

觸……寇松侯爵的筆將取代侵略者的刺刀，唐寧街也不會出現使人痛苦的哀號。封鎖太方便了。」[8]對福斯特來說，由官僚採取行動，讓他方平民百姓受苦受難的可能性在道德上令人憎惡，但對大多數像他這樣的英國國際主義者而言，由於缺乏一支國聯專屬武力，經濟武器便自然而然成為國聯的主要工具。福斯特對封鎖的想法，是一種國際主義與民主兼顧的思路。身為「科學」統計封鎖制度創造者的他，承認這是一項能夠殺害數十萬人的恐怖措施，但如果可以在國聯控制下將它國際化，它的潛力或許大到能保障和平。

一九二一年初，為了準備國際封鎖委員會將於秋天召開的會議，法國開始思考如何推動這樣的國際化。法國外交部指派瑟杜底下的商業關係司——戰時封鎖制度下衍生的一個部門——負責進行這項工作。[9]瑟杜是一名與塞西爾大不相同的公務員，塞西爾喜歡高談闊論，瑟杜則比較謙和，偏好低調解決問題。[10]眼見英國推動封鎖的行政能力衰退，他說服上司，法國國家安全依靠的是發動經濟戰的持久性戰備。一九二一年二月，一個跨部會小組委員會成立，研究封鎖問題。由法國駐國聯大使尚顧（Jean Goût）——一位擁有戰時封鎖實務經驗的官員——領導的這個小組，集結了來自外交、商務、財政、農業與作戰各部會，以及海軍與陸軍的代表。這個小組委員會的工作預設是，法國由於「相信戰爭會很快結束」，在一九一四年大戰爆發時措手不及，無法及時對德國與奧匈帝國施加經濟壓力。根據它的看法，需要一個「擁有員工，可以毫無延遲地展開從動員以降各種工作的經濟組織」。[11]

這個小組委員會草擬了需要囤積的工業用原物料與糧食清單，並討論如何運用和平時期的封鎖，因為遭到制裁的侵略國可能對周邊小國發動入侵。[12]當然，丹麥、荷蘭與瑞士這類國家，之所以擔心國聯以經濟武器對付德國，怕的就是這一點。法國軍事行動的策劃者要文職官員們考慮一種預防性封鎖制度，只要一個國家有展開侵略的跡象，制度就可以啟動。[13]這種先發制人的經濟施壓戰略、經濟上的「施里芬計畫」仍然十分具有吸引力，但這個做法的可行性卻愈來愈令人懷疑。愈來愈多戰間期的文職與軍方技術官僚瞭解到，在實際運用上，經濟武器的威力在於它能藉由消耗戰讓敵人筋疲力盡，而不是透過迅速行動癱瘓敵人。一九一四到一九一八年間的經濟戰，沒有達到以斷絕物資造成社會迅速崩潰的目標；毫無疑問，無論是協約國的封鎖還是德國的潛艇戰，都沒能在政治上可利用的短時間內達到這種效果。然而主張加強制裁嚇阻力的國際主義者不斷強調速戰速決之效，使戰略家與歷史學者相對高估了經濟壓力的力量。[14]

無論如何，尚顧這個跨部會小組委員會的文職官員很清楚，就外交與法律而言，這種先發制人式的封鎖都不可能。他們反對軍方提出的迅速行動政策提案，認為這麼做會危害歐洲得來不易的和平與政治安定。預防性封鎖的提案一直沒有在日內瓦會議中出現，但瑟杜與尚顧確實相信經濟制裁機制應該全面及具備自發性，而且應該盡可能地得到會員國的支持。他們追求的，是在法國國內軍事強硬派與英國外交部不斷高漲的、與歐陸脫鉤的主張兩者之間找到中間點。[15]

國際封鎖委員會於一九二一年八月底在日內瓦集會。這個委員會由八個會員國組成，其中四國為大國（英國、法國、義大利與日本），其餘為戰時中立國：古巴、挪威、西班牙和瑞士。與會代表大多是外交、經濟與法律事務方面的專家，古巴代表為駐德大使阿奎洛（Aristides de Aguero y

Bethancourt），是馬提（José Martí）與高梅茲（Máximo Gómez）的革命老戰友，也是古巴的國際事務主要發言人；[16]西班牙代表艾奇法里亞（Pablo Garnica Echevarría）曾是銀行家與自由黨副黨魁，抱持絕對的自由放任經濟觀，他跟阿奎洛一樣捍衛中立權，反對賦予國聯強大的封鎖權。[17]其他兩個中立國挪威與瑞士派遣的代表是海洋事務與國際法專家：史培爾（Christian Sparre）與胡伯（Max Huber）。史培爾是前挪威皇家海軍將領、自由黨國會議員與公海自由原則的堅定捍衛者；胡伯是蘇黎世大學國際法教授，瑞士外交部首席法律顧問。[18]有鑑於這次會議對巴黎國際封鎖委員會的重要性，法國政府派尚顧本人與會。尚顧是法國外交部資深圈內人，曾任外交部亞洲司司長，戰時擔任封鎖處副處長，並協助規劃法國的國聯提案。[19]代表英國與會的是芬雷（William Finlay）爵士，他是一名法學家，戰時曾在多個封鎖委員會中擔任法律顧問，於一九一六到一九一九年間在勞合喬治的內閣擔任大法官。[20]出席這次封鎖委員會會議的另外兩位常任理事國代表是前義大利財政部長尚策（Carlo Schanzer）與日本的岡實博士。岡實是記者出身，曾在日本「農商務省」擔任商業與工業司司長，是日本「國際聯盟協會」負責人。[21]

在這六天召開的九場會議上，國際封鎖委員會主要討論三個關鍵問題：首先，應該**在什麼時候**動用經濟制裁？其次，由**誰**來決定是否應該實施制裁？最後，國聯會員國**如何**實踐它們？這些都是高度政治化的問題，委員會也以政治的方式應對。[22]很明顯，針對《國聯盟約》第十六條可以做出的、最明智的詮釋既狹窄又開放。狹窄的部分是對於引發制裁之行為的定義，國際封鎖委員會達成協議，只有在因應盟約第十條所定義的侵略——對一個會員國的「領土完整」或「政治獨立性」採取「武裝行動」——時，才能使用制裁。根據這個定義，內部叛亂、政變、內戰與少數民族爭議等，都不構成使用制裁的衝突，只有當主權國之間出現破壞國際和平的情事時才能使用制裁。但另一方面，這次國際封鎖委員會會議對制裁措施本身卻沒有硬性規定。委員會認為，國聯會員國可以自己決定是否參與報復性**戰爭行動**，並自行決定這是否讓它們進入與侵略國的**戰爭狀態**。[23]這樣的區別讓英法都感到很滿意。它讓巴黎可以將經濟制裁體制化成和平時期的管治措施；與此同時，倫敦也不必重建戰時封鎖機構，可以用它強大的海軍力量進行嚇阻。個別政府可以自行

國際封鎖委員會於 1921 年 8 月底在日內瓦召開會議。與會代表從左到右分別是：尚顧（法國）、阿奎洛（古巴）、芬雷（英國）、艾奇法里亞（西班牙）、胡伯（瑞士）、史培爾（挪威）與岡實（日本）。照片由聯合國檔案處提供。

判定制裁是否意味著戰爭狀態的規定也對中立國有利，因為它們可以採取比較輕微的措施，同時繼續保持中立國的身分。為消除某些疑慮，封鎖委員會還說，儘管戰爭與和平時期經濟施壓的意義引發了許多辯論，《國聯盟約》第十六條「本質上是經濟的」。[24]至於在誰有權決定制裁的問題上，委員會將絕對決定權交給國聯理事會。

除了這些正式與程序性的議題以外，國際封鎖委員會還討論了一個更深層的問題：經濟武器應該如何校準。如果不必採取威懾措施就能化解一場國際危機，當然最好；但國聯的制裁行動究竟應該多強、多快，才能有最大嚇阻效應？芬雷與他在英國外交部的上司都知道，最有效的嚇阻未必是程度最大的嚇阻。[25]如果制裁行動立即造成嚴重的後果，它們可能因威力太大而不能輕易使用；時間一久，人們就會愈來愈懷疑這樣的經濟武器是否真有被使用的一天。反之，如果制裁過於軟弱，制裁行動可能遲遲不見成效，或許還會引發理事會有意升高衝突的疑慮。

戰時封鎖造成的問題與脫序亂象，讓許多中立國印象深刻。在中立國代表的堅持下，國際封鎖委員會規定，食物禁運是僅次於戰爭、只有在用盡其他一切手段都無效的情況下，才能使用的最後手段。但這不是輿論塑造經濟武器的唯一方式。國際封鎖委員會認為，制裁是否能收嚇阻之效，「公開」是關鍵。也就是說，只有在委員會公開宣布制裁決定，讓全世界都聽到的情況下，制裁才有效果。國際封鎖委員會認為，在收到制裁即將實行的消息後，「經宣告為盟約破壞國的國家，國內輿情將沸騰，或許這個國家就會因此採取新的政治導向，使情勢回歸正軌。如此一來，不必真的實施制裁也能化解衝突」。[26]

這種強調制裁對輿論影響的說法，將民主運作與維護和平的動機結合在一起，很有說服力。但這個說法有一項核心前提：如果侵略國國內有著一貫且及時的輿論，影響這輿論的最主要因素是經濟因素。那麼引發輿論壓力，迫使政府收斂侵略行為的，便是擔心財物將因此受損，而不是道德上的污點。對國際封鎖委員會那些資產階級官員而言，輿論與重要的商務動機掛勾，無疑很有說服力。再怎麼說，民眾對生活水準降低的恐懼能維護和平的說法，都讓人心動。但經貿往來的「商業文明化」理想，總是能夠戰勝鼓動民族主義與侵略的自尊自大嗎？在這個大戰過後、深度猜忌與分裂的世界，許多時事評論者皆表示懷疑。就連二十世紀初最著名的商業文明化論者安吉爾，也在那一年總結道：「我們在最近的歷史中看到的，不是憑道德良心與經濟代價做出的、審慎選擇的結果。我們看到……整個大陸陷入一種仇恨與報復的狂熱，沉浸在自我毀滅的激情中……沒有比這更嚴重的、對人類理性的控訴了。」[27]

《凡爾賽條約》的制裁

在關於日內瓦制裁的這些討論進行的同時，另一種根據《凡爾賽條約》、為迫使德國賠款的制裁正在實施。協約國賠款委員會（Allied Reparations Commission）將在一九二一年五月宣布德國應該支付的賠款總額，但在那之前，柏林在金錢與商品兩方面的賠償紀錄都不佳。三月三日，英國首相勞合喬治在聖詹姆斯宮發表了一場在歐洲各地廣為流傳的演說。他在演說中警告，除非德國接受協約國的付款建議，或給出一個與之相當的提案，協約國將對德國發動經濟制裁。

法國政府考慮了幾項制裁方案。第一案，協約國對萊茵地區的占領終止期，延長到目前預定的一九三四年之後；[28]第二案，協約國占領更多德國土地；第三案，對萊茵河的貨運交通，以及對鐵路、礦產與森林等資產徵稅，實施「關稅制裁」。[29]將第二案與第三案結合似乎是最理想的做法。法國占領當局知道，杜伊斯堡（Duisburg）、魯爾區（Ruhrort）與杜塞道夫（Düsseldorf）的港口是魯爾地區大多數煤產外銷的經濟樞紐——每年有相當於法國年產量三分之二以上的兩千萬噸煤從這裡出口。[30]如果能在這幾座港口設立海關，在貨輪裝煤的源頭對出口煤徵稅，就可以讓那些富有的德國實業家承擔責任（法國當局認為，德國不履行賠款承諾是這些實業家的問題）。更重要的是，法國可以用這些出口稅收緩解國家的財政狀況。

八月八日清晨，法軍占領杜塞道夫、杜伊斯堡與魯爾區。天主教中間黨籍德國總理費倫巴赫（Constantin Fehrenbach）宣布：「協約國政府已經決定，並且已經採取……所謂的制裁行動。我要先向德國人說明這個字的意思。它們根本就是暴力行動。可貴的法律概念與這些行動毫無關係。」費倫巴赫接著呼籲德國人民，就像之前在戰時面對封鎖一樣，勇敢面對這些制裁，「德國人民需要發揮至高韌性、無比耐心與堅忍……證明堅決的精神統治著現在受到威脅的土地……這將振奮我們的心志。」[31]整個德國政壇都對這項制裁嚴加批評，但批評的理由隨政黨的理念而異：有的說這是國聯帝國主義鎮壓階級鬥爭的工具（社會主義政黨）；有的說這是對德國工人的攻擊、摧毀了不同國家人民之間的共識（社會民主派政黨）；有的說這是阻礙商業與經濟復甦需求的經濟行動

（中間自由派政黨）；有的說這是破壞法律、禮貌和國與國之間行為準則的惡行（中間黨）；還有的說這是以和平時期經濟隔離的名義，對德國人民全體健康的不法攻擊（右派民族主義政黨）。[32]

但德國政界對制裁的一致批判，並不表示所有的反對聲音都支持政府。左派痛斥費倫巴赫要德國人民勒緊褲帶的呼籲，說這是階級政治，只要中上層階級在面對制裁時不願自我犧牲，費倫巴赫的這些訴求就都是騙人的。前醫生、獨立社會民主黨副黨魁摩斯（Julius Moses）說，德國菁英是利用制裁掩飾自己失敗的「詐騙集團」（Schieberokratie）。在賠款問題上，德國政府參與了一場「外交大戲」，以此作為不能為德國人民提供應有的公共服務與生活水準的藉口。右派政客也譴責制裁對德國人民健康的危害，但政府卻不肯撥出必要的公共支出濟助弱勢族群。[33]

德國要求日內瓦擋下法軍對萊茵河港口的占領。柏林主張，協約國的制裁違反盟約保障的國際和平。德國不是國聯會員國，無法全面參與國聯事務，但根據盟約第十七條，即使是非會員國，只要暫時願意負起會員國責任，仍能享有國際仲裁之利。德國外交部長西蒙斯（Walter Simons）發照會給國聯祕書長德拉蒙德，要求啟動盟約第十七條的調解程序，「以立即解除協約國採取的暴力措施」。法國官員聞訊大怒，認為德國不是會員，竟敢要求召開理事會會議。[34]瑟杜寫了一份照會，為法國的制裁辯解：「和平占領一塊土地，用債務國的海關收益抵付債款或一定金額的應付欠款，是國家海關長久以來一直使用奉行的做法……目的是要迫使違約國執行義務或承諾。」[35]瑟杜說的沒錯，此類措施確實是過去數十年一直採行的做法，但他這樣的邏輯等於公然將炮艦外交的適用範圍從半殖民地周圍延伸到歐洲本身。

這種將德國「鄂圖曼化」的欲望，絕非法國（德國在歐洲長年以來的對手）的專利。即使是一些小國，雖然國與國之間正式平等權的保護對它們而言至關重要，但如果經濟施壓能為小國帶來好處，小國也樂得接受經濟壓力使用過程中出現的帝國等級次序。丹麥保守派要求占領北德的什列斯威省（Schleswig），包括連接北海與波羅的海的基爾運河。他們說，這舉動會獲得斯堪地那維亞半島諸國廣泛支持，並且讓德國的債權國控制一條重要的航道，就像英法管理埃及蘇伊士運河的運作一樣。[36]比利時外交部長雅斯帕（Henri Jaspar）也提議封鎖德國重要海港漢堡，沒收其海關收入作為抵押。[37]關於占領漢堡的傳言在一九二一年春天甚囂塵上，捷克人甚至要求法國總理白里安（Aristide Briand），請他在管理漢堡港時，至少別忘了照顧內陸國捷克的商業利益。[38]這波不平等制裁的熱潮，顯示出一種驚人的翻轉。在一九〇二到一九〇三年間，德國曾參與對委內瑞拉的平時封鎖。不到二十年後，德國自己也可能淪為一模一樣的不平等制裁的目標。[39]

為了讓德國政府合作，協約國於一九二一年八月決定停止對魯爾港的占領與海關設施。但這決定有一個條件：柏林必須正式接受原先制裁措施的合法性。無論在國聯內還是外，無論現在或未來，德國不得以過去任何有關領土占領的情事為由反對協約國。此結果成為日後孤立、徵稅、沒收資產與軍事占領等和平時期經濟制裁手段合法性的先例。不過由於國聯制裁成功，國際主義者對經濟嚇阻的信心似乎有其道理，制裁行動所造成的緊張，也或多或少煙消雲散了。

拯救阿爾巴尼亞

國聯第二屆大會於一九二一年九月召開時，一場因阿爾巴尼亞獨立而引發的政治危機正在醞釀。阿爾巴尼亞是歐洲列強在一九一二到一九一三年間巴爾幹戰爭過後創建的小國，為了統治這個由遜尼派穆斯林、羅馬天主教徒與東正教基督徒組成的複雜國度，列強選了一名日耳曼親王維德（Wilhelm of Wied）擔任它的統治者。在一九一四年三月加冕成為阿爾巴尼亞維德一世親王之後僅僅七個月，他便離開阿爾巴尼亞到東線作戰。[40]阿爾巴尼亞在戰後沿分治線解體，在巴黎和會期間差點遭到義大利、希臘與南斯拉夫瓜分，是威爾遜總統在最後一刻介入才逃過一劫。[41]

阿爾巴尼亞的獨立不只因內部動盪而受到威脅，塞爾維亞人掌權的北方鄰國南斯拉夫的擴張野心也是一大外患。造成這個情況的部分原因是一九一三年展開的、與南斯拉夫的北疆定界談判因大戰爆發而中斷，一直沒能完成。[42]塞爾維亞部隊利用這種不確定性在北阿爾巴尼亞派系製造分裂，藉機控制大片阿國土地。甚至到一九二〇年十二月，阿國加入國際聯盟後，關於塞爾維亞人在北阿爾巴尼亞暴行的報導仍不斷增加。布儒瓦的一位仲裁論者友人寫信告訴他：「阿爾巴尼亞種族的滅絕……不過是讓大戰爆發以來出現的眾多重大罪行再添一筆，不過這罪行是在列強共謀下犯的……歷史不會原諒。」[43]一九二一年七月，天主教派系首領喬尼（Marka Gjoni）在北阿爾巴尼亞宣布成立自治的「米迪塔共和國」（Republic of Mirdita），加劇當地衝突。喬尼派遣一千兩百名戰士，以及由南斯拉夫資助與裝備的俄羅斯與塞爾維亞傭兵進入阿爾巴尼亞，聲稱是為了保衛基督徒自由，對抗據他所說控制地拉那（Tirana，阿爾巴尼亞首都）的「土耳其代理人」、「布爾什維克分子」與「凱末爾主義者」。[44]到了九月，南斯拉夫發動同步地面攻勢，「士氣高漲地使用絕佳的作戰手段」，摧毀一百五十七座村落，阿爾巴尼亞陷入滅國危機。[45]

另一場巴爾幹戰爭即將爆發成為國際媒體爭相報導的主題，國聯大會聽取來自雙方代表的陳述。[46]英國支持阿爾巴尼亞總理伊凡吉利（Pandeli Evangjeli）的政府，強調對阿國獨立的承諾。十一月八日，勞合喬治發了一則電報給德拉蒙德，言明南斯拉夫的侵略威脅和平；如果首相帕西（Nikola Pašić）的政府拒絕日內瓦的調停，他將建議實施經濟制裁。[47]白廳於是提出使用《國聯盟約》

阿爾巴尼亞北部，與南斯拉夫的邊界附近，1921 年。取自蘭恩（Rose Wilder Lane）所著之《沙拉之峰》（*Peaks of Shala*），1923 年。圖片來源：維吉尼亞大學。

第十六條制裁對付南斯拉夫的可能性，[48]勞合喬治還將下一次理事會會議提前兩天，以增加對貝爾格勒（南斯拉夫首都）的壓力。他告訴下議院，「如果這些攻擊與屠殺不立即停止」，南斯拉夫將面對皇家海軍對亞得里亞海的封鎖與外交關係的中止。[49]就在南斯拉夫軍隊推進的同時，英國這項威脅也傳遍歐洲與美國。[50]在十一月十七日向大眾開放、記者得以出席的理事會會議中，英國大使費雪（Herbert Fisher）正式表明勞合喬治的經濟制裁威脅。[51]這些公開聲明爭取到外交運作所需要的時間，來自芬蘭、盧森堡與挪威的專家組成了一個國聯調查委員會，到十一月中便確定了北部疆界，劍拔弩張的情勢也逐漸緩和下來。[52]但在國土邊界模糊不清的情況下，嚴格來說很難主張南斯拉夫的出兵是對阿爾巴尼亞領土完整的侵略。一直在巴黎密切注意著這場危機的布儒瓦，為避免這種法律上的尷尬，曾私下表示最好能夠不動用到《國聯盟約》第十六條制裁。[53]但他的擔心是多慮了。十一月還沒結束，南斯拉夫政府就打了退堂鼓，將軍隊撤到新國界後方。

南斯拉夫與阿爾巴尼亞一九二一年的危機，說明國聯對不斷升高的衝突進行干預如何能維繫和平。這次事件使得阿爾巴尼亞原先搖搖欲墜的國家地位變得穩固：一個國家被入侵時，其他國家會懲罰入侵國，證明了它確實是一個真正的主權國家。[54]更重要的是，它證實了國際主義者的期待，經濟武器果然威力強大，能夠收到實質效果。經濟切斷的威脅的確緩和了緊張的情勢。國聯副祕書長華德士（Frank Paul Walters）便寫道：「毫無疑問，有賴國際聯盟的行動……以及來自倫敦、讓人始料未及的制裁威脅，阿爾巴尼亞才能夠以獨立國家的身分存活下來。倫敦的威脅確實在法理上存有疑義，但它完全有效。」[55]在戰間期那幾年，《經濟學人》總編輯雷頓（Walter Layton）與日內瓦國際主義者圈子關係密切，雷頓主導下的《經濟學人》形容，這次事件是「國聯特殊武器——經濟封鎖——的初試啼聲」。[56]儘管擁有龐大兵力，帕西政府仍然「以一種不成比例的方式向經濟制裁低頭。僅僅是國聯將有所行動的風聲，就讓南斯拉夫貨幣匯率在倫敦市場暴跌，這就是為什麼南斯拉夫政府這麼快收兵」。[57]

此經濟分析對於南斯拉夫認知到自己經不起又一場戰爭的觀點沒錯，但封鎖的威脅也讓貝爾格勒無法釋懷。南斯拉夫駐國聯理事會代表包斯柯維克（Bošković）說：「揚言用《國聯盟約》第十六條對付塞爾維亞人、克羅埃西亞人與斯拉夫人這件事，對他的國家自尊是特別痛苦的傷害。」[58]經濟武器能讓一個國家理性評估它的經濟利益，同樣也能影響這個國家對它的政治前景的想像。經濟武器能讓巴爾幹半島的一個小國屈服，因為這個小國自知不是大國的對手。但如果面對一個中型國家、二級強國，經濟武器還會有效嗎？一個充滿侵略性的獨裁者會向制裁的威脅屈服嗎？這個問題來得比嚇阻論者預期的快上許多。

魯爾與科孚

如果說協約國的戰時封鎖是一種帶有軍事目的的經濟行動，一九二三年占領魯爾則正好相反：它是一種帶有經濟目的的軍事行動。[59]作為索取賠償的終極手段，它在付諸行動以前，已經考慮了幾年。勞合喬治曾於一九二〇年在沮喪之際，提出這項建議；[60]絕非反德強硬派的瑟杜，也曾告訴同事「真正的制裁，我們自一九二〇年一月起就一直在思考的制裁，是占領魯爾」。[61]在一九二一年八月的一次巴黎會議中，法國總理白里安向勞合喬治與義大利總理包努米（Ivanoe Bonomi）明白表示，若不是因為德國在最後一刻接受最後通牒，他早就下令占領魯爾。[62]到了一九二二年四月，英國駐科隆（Cologne）領事館察覺到萊茵地區的民眾擔憂著法軍即將入侵。[63]這樣的劇烈行動無疑會造成與英美關係的緊張，不過在協約國賠款委員會，法國擁有比利時與義大利的支持，兩國都跟法國一樣渴望得到更多資源，以投入戰後重建。

法國外交部於一九二二年春天首度考慮將經濟制裁當成執法手段。它的跨部會小組委員會經過考慮，決定不以占據領土的方式執行經濟制裁。跨部會小組委員會指出：「除非是對付無力自保的國家，否則和平時期的占領從來就沒有效果……因此大多數的情況都無法採用這類措施。」[64]不僅如此，由於盟約第十條保護所有國聯會員國的領土完整，占領他國的城市與土地在法理上站不住腳。不過，基於兩個理由，德國可以被視為例外。第一個理由是，德國不是國聯會員國，而且已經非軍事化；德國不在盟約保護之列，也沒有一支大得足以自衛的軍隊。第二個理由是，如同瑟杜先前已經指出的，《凡爾賽條約》明文規定如果德國不支付賠款，可以對德國採取報復行動。根據《凡爾賽條約》第八部分附件二第十八項有關賠款的規定，協約國可以採取「經濟和金融禁制與報復行動，以及一般來說相關政府依據情況所需，認為有必要的其他類似措施」。以占領方式進行經濟制裁，就是以第十八項為法律依據。[65]

白里安內閣下令準備進軍魯爾，以奪取獲利甚豐的經濟資產，其組成主要是煤礦與鋼鐵廠，但也包含染料場、國有森林與萊茵河畔的海關設施，[66]而福煦元帥麾下法軍早在一九二一年五月便已完成相關戰備。[67]十八個月後，白里安的繼任人普恩加萊（Raymond Poincaré）最後一次嘗試爭取英國對經濟制裁計畫的支持，[68]但白廳拒絕了這項提議。然而占領魯爾並非單方面的作為。法國在展開占領行動作為制裁以前，因為德國沒有依約運交煤礦與木材，已經先在協約國賠款委員會取得三票對一票的優勢。一九二三年一月十一日，一支六萬人的比利時與法國聯軍開始越界進入魯爾。[69]很快地，法國軍事當局已經就德國實業家交付煤產的問題，與柏林政府展開拉鋸戰。結果工人階級並沒有支持法國，對付魯爾的資本家們。相反地，這次的占領激發了德國民族主義情緒，讓更多百姓團結一致、挺身而出，響應保護祖國的號召。[70]

大多數英國時事評論員都知道，法國占領魯爾的武力展示是要表達自己的決心。在英國外交部與財政部，僅有少數有洞察力的分析師發現，這項行動其實有一個不可告人的經濟目標。占領魯爾的首要目的，就是從魯爾地區強制獲取大量煤礦、鋼鐵、商品與海關收益，作為德國拖欠賠款的抵償。一九二二年夏天，普恩加萊告訴法國國會議員，由於軍事制裁不能帶來任何錢財，法國面臨的挑戰就是「找出最好的制裁」——也就是能得到最多金錢報酬的制裁。[71]主要目標是錢而不是懲罰。第二個目的是提高德國不順從的成本，柏林應停止使用通膨與規避手段破壞賠款。英國駐柏林大使館參事向英國外相寇松（George Curzon）解釋：「擺在我們面前的真正問題不是一個道德問題，只需要考慮占領……能不能把他們打得痛到只要我們住手，讓他們幹什麼都行。」[72]

法國認為他們的多邊行動只是在執行和平時期的索賠權。[73]這次占領是將某種經濟理性的邏輯發揮到極致的結果。一旦這種強索資源、稅收與利益的做法成立，加強力道的誘惑便始終如影隨形：如果德國不順從，就表示占領的壓力不夠強，還不足以迫使德國改變行為。隨著反抗占領的力量增長，這種加強力道的心態也變得愈來愈危險。就連自由派的《經濟學人》也表示：「享樂主義的算計並非人性的全部。如果德國面對如此壓力能完全保持冷靜跟理智，它應該會放棄抵抗，以免情勢變得更糟。但所有來自德國的消息都指出，德國人變得愈來愈團結，怒氣更是迅速高漲。歷史告訴我們，當一個社群被逼到超越特定的極限時，它會不計損失反擊到底。」[74]《經濟學人》此一承認經濟嚇阻效果有限的說法，站在法國政策的對立面；但基於跟法國政府大致上相同的構想，英國政府也希望經濟武器能像壓制南斯拉夫一樣，嚇阻其他的侵略者。

占領魯爾在歐洲引發的緊張情勢，因出現在地中海的另一項頗具帝國主義色彩的占領行為而進一步升溫。一九二三年八月，阿爾巴尼亞南疆劃界代表團團長、義大利將軍提里尼（Enrico Tellini）遭希臘西北部的伊庇魯斯（Epirus）地區的匪徒殺害。墨索里尼除了要求道歉、賠償損失並以完整軍禮安葬提里尼之外，還要求希臘政府對事件進行徹底調查。希臘同意部分要求，但沒有照單全收，墨索里尼於是決定親自解決問題，派遣一支義大利艦隊公然入侵希臘水域。八月三十一日，義大利艦艇炮轟科孚，打死二十名平民、傷及數十人，並派出一支五千人的部隊登上愛奧尼亞島（Ionian island）。[75]

墨索里尼的懲罰性遠征行動發生之時，正值國聯在日內瓦召開第四屆大會期間，但義大利駐理事會大使薩蘭德拉（Antonio Salandra）拒絕討論這個議題，因此這場義大利與希臘的衝突便交由大使會議討論。大使會議由跨協約國組成的「最高戰爭理事會」（Supreme War Council）衍生而來，是個規模較小的外交論壇，由英國、法國、義大利與日本代表組成，美國則以觀察員身分與會。法國為了不讓自己占領魯爾的行動遭到國際審查，支持將爭議交給大使會議解決的做法，以免事情進到國聯大會以後引發公眾關注。

英國政府對義大利升高緊張情勢的做法特別不快。白廳立刻像兩年前南斯拉夫與阿爾巴尼亞戰爭期間那樣，開始調查根據《國聯盟約》第十六條實施制裁的可行性。英國內閣與民眾都有至少採取若干制裁的強烈意願。《泰晤士報》寫道：「擁有重要海外商業利益、許多必需品仰賴外貿與外資的國家，在讓自己陷入懲罰如此嚴厲的險境以前，一定會冷靜三思。」[76]塞西爾則主張全面封鎖義大利，《每日郵報》（*Daily Mail*）因此稱他是「戰爭販子」。[77]但負責制裁工作的機構比較猶豫。財政部認為，要切斷義大利與國際金融市場與商務的連繫，唯一的方法就是重建戰時封鎖建立的管制與監督體制，而只有在民意堅決支持嚴懲義大利的情況下，才有這樣做的可能。[78]海軍部則提醒內閣，除非先壓制義大利海軍，否則無法真正有效進行封鎖，但想壓制義大利海軍就得發動攻勢，引發大戰。[79]不過真正的問題在於完整性。只要美國不加入貿易禁運，義大利便仍然可以進出世界市場。[80]美國的一些報紙也對義大利嚴詞譴責，但整體而言，美國人對干預墨索里尼一事沒什麼興趣。[81]

墨索里尼賭的是，只要不對希臘宣戰，他就可以占領科孚卻免受制裁。法國與比利時在魯爾的政策讓墨索里尼認為可以用軍事占領作為威懾手段，除了根據國際法過去的慣例——國家在受辱時可以訴諸所謂的報復行動——以外，墨索里尼沒有可資援引的條約權利。他強調義大利不想發動戰爭，但英國報界有關第十六條制裁措施的討論，仍讓義大利人膽戰心驚。薩蘭德拉在日內瓦聽到傳言，說一個反義大利同盟在挪威國際主義者南森（Fridtjof Nansen）領導下，正在大會醞釀成形。[82]義大利海軍開始考慮一旦與獲得英國支持的希臘和南斯拉夫開戰，可能面對的狀況。[83]

所幸大使會議透過談判解決了科孚危機，沒有啟動經濟制裁或海軍行動。希臘道歉，同意義大利提出的大多數要求，包括給予五千萬里拉的損害賠償，讓墨索里尼可以宣稱為義大利的榮譽拿下了這場勝利。然而這次事件顯示，即使是像英國這樣的海洋霸主，也無法全憑一己之力完成政策協調，有效實施經濟制裁。在美國沒有參與國聯行動的情況下，英國的制裁可能迫使自己阻撓世界最大經濟體的外貿。在一九二一年，國際聯盟用制裁南斯拉夫的威脅化解了一場危機；但在一九二三年面對義大利時，事實證明如法炮製不僅太難，風險也太大。

由於法國與英國就魯爾占領議題爭執不下，制裁警告始終沒有發出，這或許是一件好事。民主管控同盟的史旺威克便認為：「如果就科孚事件發出制裁威脅，會使已經很糟的情勢更加惡化。」[84]如同義爾伍（Peter Yearwood）所說，這次事件證明「盟約的制裁條款效力不彰，至少在法國與英國不能達成協議的情況下是如此」。[85]英國戰略分析人員在科孚事件結束後做出的結論是要做到有效的平時封鎖非常難，無論是美國或蘇聯都不大可能介入，而且執行封鎖的船艦會面對規模遠比它們大得多的民營商船。[86]一戰期間經濟武器之所以有效，端賴對其有利的地緣政治結盟，但在一九二〇年代情況已大不相同。

由於義大利是協約國賠款委員會的關鍵搖擺票，而委員會批准了根據《凡爾賽條約》占領魯爾的制裁行動，墨索里尼因此認為法國會有所回報，也會支持他占領科孚以報復希臘的作為。他的想法不只是法西斯主義的自吹自擂而已。在義大利官員眼中，他們的國家是由全世界帝國強權組成之核心集團的一員，而這種觀點並非毫無根據。義大利是國聯四大常任理事國之一，向國聯轄下各機構提供專業人員，還是擁有非洲的利比亞、伊利垂亞與索馬利蘭的殖民帝國。[87]義大利並透過一九二三年的《洛桑條約》（Treaty of Lausanne）得到希臘人居住的「多德肯尼斯群島」（Dodecanese Islands）的控制權，派遣總督實施殖民式統治。[88]

義大利與希臘人居住地區既然擁有如此深刻的帝國主義淵源，也就不難理解義大利人認為他們有權展示炮艦外交、奪取科孚島的心態。義大利菁英與輿論認為，為報復國家遭受的創傷，炮擊並占領一個希臘島嶼完全合情合理。義大利人企圖運用盟約對戰爭的狹窄定義，避免啟動第十六條。[89]墨索里尼還以英法對清朝統治下的臺灣（一八八五年）與暹羅（一八九三年）的報復行動，以及國際封鎖克里特島（一八九七年）、委內瑞拉（一九〇二到一九〇三年）與蒙特內哥羅（一九一三年）的事件為例，證明自己行動的正當性。[90]誠如英國法學家波洛克（Frederick Pollock）在科孚危機期間的觀察，「如果墨索里尼想找的是確切先例」，英國自己過去的做法「對他來說已經綽綽有餘了」。[91]美國的一位法學家也指出英國在魯爾問題上立場不一，白廳這次反對為了執行《凡爾賽條約》實施制裁，但「英國曾經多次施行制裁」。[92]儘管國際聯盟宣稱權力政治的野蠻世界已經走入歷史，但科孚與魯爾事件仍然勾起人們對過去帝國主義經濟威懾的不愉快回憶。

※ ※ ※

經濟制裁武器的構築，涉及官僚、經濟專家、軍官與法學家的準備工作：首先得找出經濟施壓的目標，接著擬定要運用的政策手段。此外，還得確定遭制裁的**對象**——國家、國民、社會階級或運動——擁有可以得到預期效益的正確特質。一九二一到一九二三年間根據《凡爾賽條約》實施的制裁在實際運用上碰到的問題，與國際封鎖委員會碰到的理論問題一樣：如何讓人民以適切的方式回應制裁？不是所有人民與社會都是與生俱來的現實主義者，都會向經濟制裁低頭。所以說建立制裁機制不僅要設計出有效的手段，還要想辦法讓制裁對象按自己的意思行事。被制裁的民眾會不會因為對經濟條件備感震撼而改變他們的集體行為？一旦他們拒絕向外力屈服，制裁主義者總是難掩沮喪之情，請求繼續探索其他辦法。以德國賠款問題引發的事件為例，《每日電訊報》總結道：「德國人的心理真奇怪，對自尊心較強的人民影響應該更大的『制裁』，對他們似乎沒什麼效果。即使蒙受眼睜睜看著本國城鎮與省份被外國軍隊占領的恥辱，他們似乎也不為所動。協約國政府得設計出對這群特定國民來說無法忽視的經濟利益訴求，然後交付福煦元帥與他的憲兵隊實施。」[93]要使經濟武器成為一種可以塑造國家行為、執行規範並保障安全的措施，就得付出心力打造、設計出一種針對特定民族經濟利益的訴求，無論這個民族是蘇俄人、匈牙利人、南斯拉夫人、德國人或義大利人都是如此。但在使用五年之後，制裁似乎會激發民族主義，就像它能促進國際團結一樣。事實證明，在建立制裁的龐大制約實驗中，如何正確調整壓力以達到預期效果非常困難。

不確定因素不只是被制裁國的反應而已，經濟武器也允許使用者最大程度地利用戰爭與和平之間的灰色地帶。在一九二〇年代，制裁究竟屬於何種程度的武力，各家解釋大不相同，也模糊了兩者之間的界線。對於這個問題，巴黎和會與國際封鎖委員會的裁決都傾向交由主事國自己決定，造成巨大的政治後果。從此以後直到二戰爆發以前，大部分制裁都出自英法兩個軍事強國，而它們可以自行決定其為戰時或平時措施。法國根據科孚危機得出結論，只要用意不是戰爭行為，就可以運用嚇阻措施；[94]英國根據同一場危機，得出正好相反的結論：只有動用戰時權力，才能擁有完全封鎖所需的機構與法律。在如何使用制裁的問題上，兩個歐洲最強民主國家的觀點始終南轅北轍，使國際聯盟更難達成它維護和平的目標。

第五章　日內瓦世界警察　1924—1927

在相互依存的世界經濟中，只有在幾乎所有國家都參與、成為全球體系之一環的情況下，制裁才能提供安全保障。在國聯成立初期，兩個先天的缺陷使它無法發展出這種近乎普及的規模。第一個缺陷是美國放棄了這個組織，世界最大經濟體就此缺席維護《國聯盟約》第十六條的國家群體；第二個議題是德國賠款問題造成的歐洲緊張情勢。但到了一九二四年，國際事務逐漸風平浪靜。運用美國金融力量安定德國經濟的「道斯計畫」（Dawes Plan）推出以後，歐洲的政治衝突逐漸趨緩。英國、法國與義大利最後甚至同意讓德國於一九二六年加入國際聯盟，種種因素都令人們於一九二〇年代中期萌生日內瓦將成為全球制裁主義安全秩序總部的期待。

然而歐美的外交官與國際主義者對於這個制裁體制應該多緊密，以及應該由哪些國家負責執行制裁的問題意見紛歧。[1]這段時期的第一項重要倡議，即所謂的《日內瓦議定書》（The Geneva Protocol），目的是結合經濟制裁與法律仲裁和軍備規範，以強化盟約。[2]最熱切支持此議定書的人們期待建立跨大西洋的安全秩序，利用法國陸軍的兵力、皇家海軍的艦隊與華爾街的貸款作為環環相扣的保安工具。對英國保守黨內閣與美國共和黨政府而言，這種想法太過極端，《日內瓦議定書》的計畫也就以失敗告終。

英國與法國可以毫無顧忌地發展自己的經濟武器做法。法國政府繼續主張強制制裁程序；如果不能建立這種程序，他們就要建立一個更強的機制，為侵略受害者提供援助。英國戰時貿易與封鎖顧問委員會（以下簡稱貿易與封鎖顧委會）的決策者，選擇了另一個方向。他們降低封鎖技術的嚴厲程度，不再將封鎖視為戰時舉措，而是把它當成叫做「經濟施壓」的新政策類型。

一九二五年十月，國聯用制裁警告化解了希臘與保加利亞之間一場短暫的邊界戰，僅憑制裁威脅就確保和平的事件再添一例。英國與法國官員也考慮用經濟封鎖對付土耳其、中國和蘇聯，以加速條約談判、鎮壓民族主義暴動與報復外交爭端。這些計畫顯示，想運用多邊手段解決與其他大國的爭議很難，單方面利用經濟壓力迫使較小的歐亞國家屈服容易得多。在這方面，制裁主義者面對身為中立國卻以改變國際秩序為目標的德國，碰到一個問題。德國於一九二六年獲准加入國聯，成為新的常任理事國，但不得參與對付其他國家的制裁程序。雖然國聯規模擴大，但隨著放話的制裁威脅與經濟壓力的實際運用兩者之間的鴻溝愈來愈大，官方承諾與有效政策的差距也不斷增長。

《日內瓦議定書》

《日內瓦議定書》起源自國際封鎖委員會在一九二一年對制裁做出的妥協裁決引發愈來愈強烈的不滿。委員會的決議讓是否制裁成為一種選擇、制裁屬於平時或交戰性質也交由各國自行裁量，並以漸進的方式執行。這些決議使會員國在實施制裁時不必大費周章，但它們充滿變通餘地的性質與《國聯盟約》大相逕庭，盟約對於使用經濟武器的規範比這更加有力與強硬得多。增強國聯保安功能的機會在一九二四年初出現，當時英國和法國都出現更具進步主義色彩的內政新氣象。一月，蘇格蘭工會領導人麥克唐納（Ramsay MacDonald）成為英國史上第一位工黨首相；不久之後，社會主義者赫里歐（Edouard Herriot）成為法國總理。赫里歐全心全意支持國際聯盟，提倡「保安國際化」。[3]到了夏天，一群熱切支持國聯的美國重要人士訪歐，包括卡內基基金會的蕭威爾（James Shotwell）、布里斯（Tasker Bliss）將軍和威爾遜的前法律顧問米勒，國際主義復興前景一片看好。他們聯手提出一項「美國計畫」，[4]此計畫的核心是一種對付侵略的新做法。蕭威爾等人主張，與其為「侵略」一詞下定義，不如把是否屬於侵略的問題交給國聯理事會表決，經多數同意就是侵略。

將麥克唐納與赫里歐有關仲裁的構想與蕭威爾的計畫結合成日後的《日內瓦議定書》的工作，落在兩位歐洲人身上：捷克外交部長貝奈斯（Edvard Beneš）與法學家出身的希臘外交官波里提斯（Nikolaos Politis）。貝奈斯擬出一份有著二十一項條款的議定書，其中第十一條規定了一套強制制裁程序。這份議定書納入《國聯盟約》第十六條所有制裁內容，包括經濟、金融、運輸、通訊與旅行禁令等，但首次確切說明第三項保證的援助指的是什麼。簽署國要「提供各式各樣的原物料與補給，開放貸款、運輸與交通」支援被攻擊的國家。此外，《日內瓦議定書》第十二條還寫道，國聯的「經濟與金融組織」（Economic and Financial Organization）應該協助研究並擬定日內瓦制裁。在此之前，經濟與金融組織一直是提供經濟分析、為國家政府獻策與監督戰後金融重建狀況的專業機構，而貝奈斯與波里提斯建議，它應該負責訂定「對侵略國實施經濟與金融制裁的行動計畫」。[5]

經濟與金融組織內部也有主張他們應在制裁實施過程中扮演更積極角色的聲音。前跨協約國運輸事務主管沙爾特，於一九一九年成為該組織負責人時就指出經濟武器仰賴精確情報；他當時建議成立一個特別的「封鎖情報理事會」，以找出個別國家的弱點，並監督制裁效益。[6]沙爾特的一名部屬、蘇格蘭統計學者樂夫戴（Alexander Loveday）後來繼續投入這種對「不同國家商業相互依存的相關情報」的研究。他認為情報之所以重要，是因為制裁不只要評估對目標國家造成的影響，還得「找出封鎖障礙的可能弱點」。樂夫戴是金融封鎖的先驅，他相信在一九二〇年代互相連通的世界經濟中，制裁期的長短取決於「被封鎖國對外國銀行貸款的依賴程度」，因此封鎖情報理事會「必須仰賴從全球各大金融中心蒐集的即時情報」。[7]

如同一位歷史學者說的，《日內瓦議定書》統一了「同一類型的集體制裁，並以美國對侵略的定義為引線」。[8]這項改變意義重大，因為這意味著極力維護經濟武器自主權的英國也必須做出強而有力的安全承諾。此時正是英國海軍大出風頭之際，在一九二三到一九二四年舉世矚目的「帝國巡弋」（Empire Cruise）行動中，八艘皇家海軍戰鬥巡洋艦與輕巡洋艦花了十個月的時間繞行全球。[9]如果《日內瓦議定書》能把這股力量交到國聯手中執行制裁，將是國際主義的莫大勝利。

然而英國海軍部主要基於戰略目標考量，對《日內瓦議定書》存有疑慮。在一九二〇年代，皇家海軍對自己可以打敗除了美國以外所有的海權大國很有信心，但一旦扮演國聯警察的角色，它就得承擔比競爭對手更多的義務。海軍部認為，《日內瓦議定書》意味著他們要「承擔重責大任……讓維繫帝國安全的艦隊面臨極高的風險」。[10]維護貿易與大英帝國海上通訊線路的安全仍是首要任務。[11]海軍部面臨嚴重的兩難：它可以捨棄國際主義，換得與不斷成長的美國海軍並駕齊驅的實力；或是成為日內瓦的封鎖司令，但失去戰略自主權。整個戰間期，海軍長期戰略與英國的國際主義承諾之間的軍事緊張始終存在。

一九二四年十月，麥克唐納輸給了以鮑德溫（Stanley Baldwin）為首的保守黨，接下來五年皆由鮑德溫執掌大權。保守黨遠比工黨不願意做出有損帝國利益的妥協。《日內瓦議定書》才剛擬訂不到一個月，就在倫敦遭遇強大的政治阻力。外交部一名高階外交官抱怨說，第十六條原文害英國承擔過多承諾；盟約當時未經充分討論便草草通過，就像「密涅瓦女神（Minerva，古羅馬神話的智慧與藝術之神）從朱比特（Jupiter，古羅馬神話眾神之神）腦中憑空竄出一樣」，而現在議定書又要使舊事重演。[12]但身為英國內閣國際主義代表的塞西爾奮力駁斥，他指出第十六條的經濟制裁是「所有歐陸國家心目中的靠山」，「外交部若不夠認真看待我們根據盟約應該承擔的義務……將會釀成災難」。[13]塞西爾試圖說服抱持懷疑態度的人們，為了填補英美一九一九年否決國聯建軍所造成的安全真空，《日內瓦議定書》是一項合理的舉措。[14]

這時擔任法國外交部長的白里安也對英國當局展開遊說。他表示英法兩國都對「結合法國陸軍和英國海軍兩大要素」很有興趣，它們如果合作，將建立強大的雙頭政治，足以對付「地球上所有地區可能出現的衝突」，[15]但法國政府認為「相互援助的形式比制裁的形式」更能突顯國聯的經濟影響力。[16]法國政府於是強調以供應為主的正面經濟武器有幾項優點：它可以避免負面制裁必定導致的與華府的爭端；同時激發美國出口公司與銀行的商業本能，將其引導至受困的國家；最後，相較於派兵進行干預、讓國家軍隊涉險，相互援助顯得更具有吸引力。這便是沙爾特在經濟與金融組織的祕書費爾金（Elliott Felkin）向凱因斯諮詢後，所達成的結論。費爾金在與凱因斯會談後相信金融援助機制很能打動英國菁英，他想：「承擔這樣的義務，或許會讓英國至少必須負擔兩千萬或三千萬英鎊。但為了維護總體安全與福祉，冒著損失這一筆錢的風險，比起承擔義務、派遣海軍前往有一定機率被捲入戰端之地區執行平時或準平時封鎖，要好得太多。」[17]

然而英國最高戰略決策機構帝國防衛委員會對《日內瓦議定書》的疑慮，比法國和經濟與金融組織強烈許多。它建議鮑德溫內閣放棄整個計畫：在任何情況下，英國都不應該被迫攔截美國的外貿。帝國防衛委員會認為「任何代表國聯中斷美國公民與他國公民之間金融、商業與私人關係的立場，都不該延續」，[18]這樣的對抗可能造成嚴重的外交損害。[19]此外，英國戰略家也擔心《日內瓦議定書》可能讓經濟與金融組織成為「總參謀部的經濟與金融處」，讓英國在戰略決策上綁手綁腳，因此無法接受。[20]法國與其他支持《日內瓦議定書》的歐陸國家，認為英國的路線不平衡、不一致，也不可信賴。對法國軍方而言，「英國人的想法……可以歸納為以下幾點：『一點點封鎖，盡可能少的經濟援助，完全沒有軍事援助，以及大量裁軍』」。[21]貝奈斯與波里提斯措辭更強硬，表示唯一能嚇阻侵略者的事情，就是要與整個國聯開戰。在威爾遜和米勒將「根據事實本身的戰爭概念」從盟約去除五年後，強制對侵略者宣戰的問題又浮現在檯面上。

在強制宣戰這一點上，蕭威爾的「美國計畫」並沒有像支持他的歐洲人理解的那麼有幫助。一旦使用經濟制裁，對侵略者有差別待遇，便偏離了美國傳統的中立。[22]但為了讓華府政治菁英接受它們，蕭威爾使制裁成為一種選項（他的措辭是「任意的方案」）。他完全翻轉了法國強制制裁的論點，認為正是因為「不清楚其他國家會採取什麼行動，侵略國才不敢公然發動戰爭。充滿不確定性的威脅具有嚇阻的效用」；[23]米勒也為「任意」制裁辯護，認為這種做法變幻莫測，因此更有成效。[24]蕭威爾與米勒的制裁背後的嚇阻理論，因而與英國、法國與日內瓦國際主義者設想的理論大不相同。他們認為，模糊不清的制裁比一清二楚的制裁更具嚇阻力，因為意圖侵略者不知道一旦發動侵略會遭遇什麼樣的反制，無法預做準備。[25]

嚇阻的問題也引發了國聯與女權組織之間的分歧。當議定書第十一條確定會將糧食運輸納入制裁的範疇時，國際婦女和平與自由聯盟的巴爾奇（Emily Balch）寫信給經濟與金融組織，表示眼見「飢餓封鎖成為國際管控體系可能運用的一項新武器」，令她非常驚恐。她相信專家們可以設計出一種金融施壓的方式，用錢包，而不是用胃來進行管控。在她看來，如此的政策擁有「更穩固的道德基礎」。但巴爾奇不只從一般道德角度反對糧食封鎖，她也認為對平民的制裁不會有效，根本改變不了好戰政府的行為。「發動戰爭的人完全不把老弱婦孺與貧困人家是否挨餓當一回事。」巴爾奇寫道，「就算封鎖造成饑荒，有錢人、掌權者與軍隊還是能吃得飽飽的。」[26]

巴爾奇的反對讓國聯官員、尤其是費爾金困擾不已。費爾金反對限制國聯的糧食禁運經濟制裁權，認為國際封鎖委員會在決議中將糧食封鎖列為「最後手段」是個錯誤。他說，「從表面上看，這麼做比較人道」，但「到最後，停止一切進口的做法才更人道」。以封鎖作為止戰措施的想法是一種全面性的邏輯。費爾金認為「普通百姓、特別是窮苦人家的挨餓，才有可能在侵略國造成事端，迫使它放棄侵略」。激起群眾反叛，無論是輿論或食物暴動的形式，正是制裁的要點所在。巴爾奇覺得有權有勢的人不會挨餓的論點，反過來說同樣有理：既然進入被封鎖國的糧食無論如何都會使那些有錢有勢的人受益，那麼全面糧食封鎖就比平民特免的封鎖更有意義。最後，費爾金堅持，如果要以制裁作為維護和平的嚇阻手段，就必須不留情面：

> 我個人的意見是，我們應盡最大的努力讓制裁之於侵略國的整個政府、戰鬥軍力和平民百姓變得強制又可怖，而不用訴諸武力，或捲入中立國反對導致制裁體制瓦解的麻煩中。我認為，生活在現代民主國家的我們，讓侵略國的男女百姓生活過得愈艱難，就愈可能擊潰違約國的抵抗，甚至阻止潛在侵略者成為違約國。[27]

巴爾奇的批判沒能改變國聯政策，但它讓國際主義者的信念——唯有全面制裁才是有效的嚇阻方式——背後的邏輯清楚地被表述出來。

在英法兩國制裁論者遭到本國公民社會基於人道主義的反對之際，反對《日內瓦議定書》的美國人也提出基於種族與地緣政治的反對理由。《日內瓦議定書》有一項由日本提出的修正條款，准許國聯在一九二〇年建立的常設國際法院裁定「內政問題」。由於美國國會才剛通過惡名昭彰、又被稱為《排亞法》的《一九二四年移民法》（Immigration Act of 1924），許多人擔心美國會因這項種族歧視的法案而被告上國際法院。[28]此「內政問題」條款成為美國民眾矚目的焦點，美國駐日內瓦頭號高官史威哲就觀察到「美國人對議定書的評價幾乎與事實正好相反……七十五%的美國人關心有關日本與移民等事務的內政問題；二〇%的美國人關心顯然與美國傳統政策背道而馳的制裁問題；還有約五%注意的是強制仲裁與和平解決爭議的問題」。[29]議定書將警察權擴及各大洲會員國的做法，也威脅到華府對西半球優勢的歷史主張——門羅主義。歐洲巡洋艦在拉丁美洲執行國聯制裁任務的可能性，讓美國國務卿休斯（Charles Evans Hughes）大為反感。[30]聽貝奈斯說明完議定書中所訂之仲裁與制裁的義務對美國在拉美地區的干預行動可能造成的影響之後，休斯對議定書的疑慮更深了。當被問到議定書是否容許類似一九一四到一九一六年對墨西哥的平時封鎖、占領與突擊行動，貝奈斯坦然答道，身為國聯會員國的墨西哥有權向日內瓦上訴；如果已經發生侵略行為，理事會可以對美國實施經濟制裁。[31]毫不意外地，柯立芝（Coolidge）政府斷然拒絕了這項議定書。

十九個國家在一九二四年十月到一九二五年九月之間簽署了《日內瓦議定書》，[32]有三十五個國聯會員國沒有簽署。一九二五年三月，理事會的一次會議暴露大國之間的嚴重分歧。法國的白里安慷慨陳詞，要求各國接受議定書，但英國外相奧斯丁．張伯倫（Austen Chamberlain，日後著名英國首相張伯倫之兄）詳述英國「不可克服」的反對。義大利加入英國，表示不接受，日本則延後決議。《日內瓦議定書》一直未獲批准。儘管國聯幕僚、法國與一群歐洲國家竭盡全力，到了一九二五年中，對經濟制裁的寬鬆限制與其可選擇性，仍與一九二一年一樣。

德國與國聯制裁

如前文所述，制裁是《凡爾賽條約》賠款機制的一部分。因此，要使德國以正式的對等身分重新融入歐洲秩序，需要採取一個正式步驟，就是除去這個強制執行的不平等結構。德國於一九二四年八月同意「道斯計畫」時，同意接受協約國監督，以換取美國資金，以及不會遭受像占領魯爾這樣嚴厲制裁的保護。[33]只有在德國「公然違反」《凡爾賽條約》的情況下，才有動用制裁的可能，不過「公然違反」的條件定義得十分嚴格，柏林幾乎不可能觸犯。[34]道斯計畫同時也開啟了德國加入國聯之路。[35]自一九二四年九月起，成為國聯會員國就成為德國外交政策不變的目標。[36]

然而德國並不想要無條件加入這個一戰戰勝國的國際主義組織。[37]在一九二三年短暫出任總理、之後擔任外交部長直到一九二九年去世的民族自由主義者施特雷澤曼（Gustav Stresemann），致力於恢復德國在歐陸舊有的政治與經濟力量，但施特雷澤曼採取比較柔軟、避免公開對抗的修正路線；他偏好透過國際組織達成目的，而不是與它們唱反調。[38]在經濟制裁問題上，德國設法在國聯內部爭取到自己的一席之地。由於有望成為常任理事國，德國可以決定運用第十六條進行制裁的時機，但柏林提出了一項加入國聯的條件：國聯不得要求德國參與制裁。因為《凡爾賽條約》限制了德軍的規模，對於位在歐洲核心地帶的德國而言，參與禁運卻沒有軍隊太過危險。

要瞭解這個矛盾——參與國際聯盟，卻不參與它的集體安全機制——就必須理解德國對國聯制裁運作的看法。[39]在許多威瑪共和菁英眼中，國際聯盟基本上是一個政治「聯邦」（Bund）。現代德國的前身——維也納會議建立的日耳曼聯邦（一八一五到一八六六年）與短命的北日耳曼聯邦（一八六六到一八七〇年）——都採取了這種形式。國聯是由一群國家組成的鬆散同盟，同盟內各國不得以兵戎相向，因此國聯在功能上，也與神聖羅馬帝國——從查理曼（Charlemagne）到拿破崙，在中歐延續了一千年的基督教憲制超聯邦——極其相似。[40]事實上，放眼全世界的國內憲制歷史、特別是制裁程序的部分，與國聯最為相像的國家，就是德國自己。如同《國聯盟約》譴責侵略，由理事會制定衝突解方；根據帝國憲法，神聖羅馬帝國皇帝也有維護所謂的「土地永久和平」（Ewiger Landfrieden）之責。帝國內任何一個國家或統治者，若對另一國發動戰爭、破壞這種和平，就得遭受人稱「帝國行刑」（Reichsexekution）的懲罰，帝國內部的其他國家會出兵組成聯軍，進行干預。[41]

此帝國干預的傳統對德國關於第十六條的思考有深遠的影響；在二戰爆發以前，德國總是將國際聯盟的制裁程序當成一種「國聯行刑」（Bundesexekution）。[42]施特雷澤曼就曾親身經歷威瑪共和的聯邦干預程序，他因為在一九二三年十月鎮壓薩克森的左派州政府而失去總理大位。[43]頗具反諷意味的是，現在他要讓德國加入國聯，將德國納入一個更高的權威之下，而這個權威能用類似的威懾手段威脅他的國家。儘管道斯計畫網開一面，讓德國可以從《凡爾賽條約》制裁的掌控中脫身，但德國卻必須面對一個更大的挑戰：它該怎麼做才能以和平手段重建過去的權勢，同時避開日內瓦根據第十六條實施的「國聯行刑」？

在一九二五年初《羅加諾公約》（Locarno Treaties）的締約談判過程中，德國外交官向他們的英法同僚指出，他們不能一面保持中立，一面又為制裁效力。由於參與經濟制裁意味著在衝突中選邊站，加入禁運的行列可能招致攻擊。但施特雷澤曼同時也希望維持威瑪德國與蘇聯的關係，因為它是德國製造業、信貸與軍事顧問的出口市場。談到國聯未來時，施特雷澤曼說：「身為務實的政治人物，我首先要考慮的不是國際聯盟會不會正式免除對德國使用第十六條的問題。」[44]保護與莫斯科的關係是對舊有條約承諾的尊重，此條約在德國加入國聯之前，就已經存在。不僅如此，一名德國外交官還寫道：「德國會……一直抱持這種立場，不只拒絕參與國聯對俄羅斯的行刑，大體上還會讓這類的國聯行刑行不通。」[45]畢竟啟動第十六條的程序需要一致同意，而身為常任理事國的德國，可以否決這樣的行動。

即使是這樣，但對德國來說，更有建設性的做法是運用它的影響力，塑造國聯現有與未來的制裁手段。施特雷澤曼的兩個重要顧問、外交官布勞（Bernhard von Bülow）與高斯（Friedrich Gaus）都強調，國聯的制裁還沒有發展完全，因此既是德國的束縛，同時也帶來可趁之機。[46]一九二五年十月，在瑞士湖濱城市羅加諾的談判中，施特雷澤曼如願以償：《羅加諾公約》在附件F中免去了德國參與制裁的義務。[47]英國、法國與義大利雖然沒有正式支持德國保持中立的可能性，但讓柏林能夠根據一個條款不參與制裁。這足以使施特雷澤曼說服社會民主黨與民族主義政黨「國家人民黨」的溫和派支持《羅加諾公約》；[48]他也以此為基礎，為《羅加諾公約》辯護，回應共和國內極右派民族主義分子的抨擊。[49]

德國部分豁免的特殊立場也為其他國聯會員國接受。以法國政界人士邦庫（Joseph Paul-

Boncour）為例，邦庫是布儒瓦團結論的信徒，極力支持第十六條的集體安全與經濟援助。對他來說，將德國納入盟約，意味著國聯又向全球性組織邁進了一步。「從此以後，一旦發生衝突，會員國裡面將不再有中立國。」邦庫寫道，「只有俄羅斯仍是一處缺口……（《羅加諾公約》）用強制力將所有圍在可能侵略者周邊的、有生產力的國家，除了俄羅斯以外，都團結在一起——就連俄羅斯遲早有一天也會加盟。」[50]中立國也對附件F表示滿意，因為它創下一個不必參與國聯經濟制裁的先例。例如丹麥人就對德國人感謝不已，因為「會員國參與國聯行刑與國聯制裁的義務，絕對因此放寬了」。[51]

然而國聯對侵略的態度基本上是反中立的，德國以中立國之姿加入這樣的組織，難免顯得格格不入。一名德國評論員便寫道：「就算德國走運，能逃過行刑的斯庫拉（Scylla），也難逃行刑的卡律布狄斯（Charybdis）毒手。」[52]（斯庫拉是希臘神話裡的女海妖，會吞食水手；卡律布狄斯是與斯庫拉比鄰而居、長得像大漩渦的海怪，能吞噬海船。）威瑪共和對國聯制裁態度的模稜兩可，因施特雷澤曼的東歐外交政策而變得更加複雜。他的務實政治第一步是在一九二六年四月締結一份新條約，重申與蘇聯的同盟關係。此柏林條約明文禁止德國與蘇聯相互使用經濟制裁或封鎖，進一步腐蝕了德國身為國聯會員國的制裁職責。[53]英法國際主義者注意到德國對日內瓦與莫斯科做了相互矛盾的承諾。福斯特呼籲德國公民投向理事會的多數立場、支持制裁，但沒有成功。[54]不過由於沒有出現考驗德國承諾的危機，這個議題也就不了了之。一九二六年，德國成為國聯會員國，效期七年（到一九三三年），不必參與經濟制裁，而且可以根據與蘇聯的協議保持中立。

大戰略與貿易與封鎖顧委會

一戰結束後，英法決策者想方設法，希望不必開啟戰端就能有效孤立違約犯行的國家。[55]以法律觀點而言，全面封鎖意味著開戰，但制裁的要旨就在於避免戰爭。除非能將經濟壓力調整得非常精確，否則發動制裁不可能不開啟戰端，這個戰略議題讓各種政治意識形態的政府都苦惱不已。在一九二四到一九二九年間，鮑德溫的保守黨政府依賴塞西爾與福斯特這些戰時國際封鎖先驅的經驗，因此這些外人眼中堅定的國際主義者，同時也是英國「戰爭政府」的老練圈內人。[56]

就武力使用這個議題來說，英國自由派國際主義者與帝國單邊主義者之間的差距，比一般以為的小得多。經濟武器讓帝國防衛委員會可以重新思考大英帝國如何運用經濟力量對付潛在對手，[57]主席漢奇（Maurice Hankey）則將這項特定任務交給一九二三年建立的貿易與封鎖顧委會。[58]這類「大戰略」的目的是要管理國力的式微，而不是企圖扭轉它，塞西爾與漢奇保持密切聯繫以面對這個現實。[59]他們之間的主要歧見在於怎麼做最能保衛英國自由文明。塞西爾主張結合國際組織和海軍勢力，再加上普遍裁軍；漢奇則強調維持一定的「尚武精神」，以遏制民眾的衰頹傾向。「就像我們會感到納悶，為什麼當年義大利各城市擠滿靠救濟金過活的人，羅馬卻得靠徵召野蠻人入伍才能填滿軍營一樣，」漢奇在給塞西爾的信中寫道，「在今日軍隊兵員不足的同時，卻有一百萬名男性領取失業補助的現象，也將讓未來的歷史學者大惑不解。」[60]在這個英國當局為打擊他國人民道德凝聚力而開發新的武力形式的時刻，菁英們開始擔心起本國社會的尚武精神，自然不足為奇。

大英帝國的施政優先順序在戰間期深受政治經濟問題左右。金融與商業實力是陸、海、空軍資金與兵力維護仰仗的骨幹，[61]為強化這方面的實力，英國政府減緩通膨，並於一九二五年恢復金本位制，同時大幅刪減預算，營造出有利民營企業成長茁壯的市場條件。[62]貿易與封鎖顧委會就是在這種整頓軍備與經濟調整同時進行的條件下運作。一九二六年初，漢奇代表首相鮑德溫要求塞西爾擔任貿易與封鎖顧委會主席。英國最著名的國聯支持者，就這樣擔負起這個獨一無二的、橫跨眾部會與各軍種，協調統一文武官員的規劃工作。[63]如同財政部首席經濟專家哈特雷（Ralph G. Hawtrey）於一九二六年五月所說的，「這個封鎖組織其實是第四個作戰軍種」，因此「另外找一位政治人物負責可能是明智的決定」。[64]

哈特雷參與貿易與封鎖顧委會的事務顯示，經濟專家在戰間期的制裁政策中扮演愈來愈重要的角色。哈特雷是著名的信用貨幣與貿易理論家，他在財政部任職的四十三年間，跟倫敦市的銀行家和商人始終關係緊密。[65]在貿易與封鎖顧委會工作期間，他經常與海外貿易部主計長克勞（Edward Crowe）爵士聯手。[66]哈特雷與克勞從實作觀點分析經濟武器以及它運作的國際經濟環境，因此自然經常認為金錢是最能使英國發揮影響力的利器，例如他們就曾於一九二四年斷言「金融可能是我們最好的武器」。[67]但他們身為文官也深知在國家財政緊縮的時刻，利用英國經濟的民間網路打造經濟武器引發的緊張關係。克勞認為自己「幹的是沒有人願意幹的苦差事，一方面要代表一個力求強化國家貿易的部會，另一方面卻身為一個委員會的一員，該委員會的宗旨是要設計出盡可能完美的、執行戰時封鎖措施的機器」。[68]

事實上，由於貿易與封鎖顧委會的工作過於繁雜，必須再分成幾個小組委員會。它的法律小組委員會成員包括赫斯特（Cecil Hurst）與劍橋大學魏威爾國際法講座教授希金斯（A. Pearce Higgins），赫斯特是外交部法律顧問，可能是在一九一二年使用「經濟武器」一詞的第一人。[69]高階軍官也參與委員會的工作，至少一名皇家海軍代表、通常由海軍部計畫處處長擔任，會以首席情報官的身分出席委員會提供意見。海軍部和貿易部聯手成立了一個「儲煤庫管控常務委員會」（Standing Committee on Bunker Control），檢驗日後的燃煤供應措施。在對全球各地約兩百二十處港口儲煤庫進行調查之後，這個常務委員會達成結論說，由於使用燃油成為全球海商運輸新趨勢，儲煤庫管控「在未來戰爭中的價值微乎其微」。[70]

在一九二〇年代，貿易與封鎖顧委會的決策者開始區分經濟嚇阻與公開衝突。為了反駁海軍部認為封鎖會導致戰爭的反對意見，委員會設計了兩種不一樣的經濟武器模式。一個是具備各式各樣海軍與法律要件的典型封鎖武器；另一個日後被稱為「經濟施壓」，有時也被稱作「商業封鎖」。在為這項工具辯護時，塞西爾強調以一種直接而實際的方式使用武力跟以間接方式施壓兩者之間的差異。間接的壓力可以從遠方操作，且是虛擬而不是實體的；它影響的不是人的身體，而是人們周遭的社會與經濟世界：市場流動性、商業與消費者信心、物價水準、社會風氣與社區凝聚力等等。塞西爾宣稱，他領導的戰時封鎖「主要透過經濟施壓的方式進行，由海軍部以實體措施執行的」不超過二〇%。[71]

不過「硬」實體與「軟」經濟施壓措施兩者的差異，在某種程度上是人為的區分。對一個遭到封鎖的國家來說，英國的法定貿易限制，與一艘攔截貨物的皇家海軍巡洋艦造成的效果並無不同：兩者都能阻止資源交到敵國人民手中，引發人為匱乏。所以「實體」與「經濟」措施之間的差異，主要是對制裁政策主事者而不是他們的目標有意義。討論「經濟施壓」讓文官可以將封鎖納入**他們**的政策領域。在他們心目中，制裁在本質上是經濟、非暴力、和平與文明的，與實體、暴力、兵戎相見的軍事措施不同。制裁是一種政治而非軍事手段，可以與外交工作整合，並交給技術官僚而不是職業軍人管理。[72]身為貿易與封鎖顧委會主席的塞西爾承認：「在上一場大戰，我們施加經濟壓力的措施有很大一部分是非法的，或者應該說是法外的。」[73]塞西爾明白表示，他正在塑造的政策工具，超越既有的英國政府內部分工與國際法。

福斯特宣揚的制裁理念也在日內瓦與倫敦找到聽眾。在經濟與金融組織，費爾金在討論《日內瓦議定書》時固定會諮詢他的意見。福斯特之所以被視為經濟武器專家，不僅源自他實踐英國戰時措施的個人經驗，也因為他對制裁衍生的法律後果，包括國內法與國際法，都非常清楚。在他看來，一九一四年的《英國與敵國貿易法》足以作為國內立法的合適範本。這項法律讓英國可以立即扣押敵人資產，取消與敵國人民的所有合約以及他們在國內法庭的個人權利。這種做法的優勢在於它只是暫停而不是移除資產與合約權益，一旦危機過去便可以迅速回復正常。[74]有效的國內法必須迅速，一視同仁地作用在社會各界，於非戰爭狀態下也能實施，能夠逐漸加強力道，並且「暫時中止而非破壞商務」。[75]國際法也為制裁創新帶來大好良機。由於英國與法國在大戰期間打破了封鎖法規長久以來的原則，卻沒有訂定取而代之的新規則，一個規範漏洞於焉誕生，誰能根據什麼理由、在什麼條件下、在經濟上孤立誰的問題都沒有明確的規定。福斯特在向「皇家聯合軍種研究所」（Royal United Services Institution）與智庫「查塔姆研究所」（Chatham House，正式名稱為皇家國際事務研究所）發表的演說中便提到這點。[76]制裁主義必須把握出現在眼前的一切可能性。

東方的封鎖與制裁

貿易與封鎖顧委會在戰間期不僅為了設計出英國與國聯的經濟制裁花費大量心血，在緊急危機發生時還得應內閣的要求處理。在一九二〇年代，這些事件主要發生在大英帝國與蘇聯勢力交錯的歐亞大陸交界處。[77]它們促成對土耳其、中國與蘇聯施加經濟壓力的相關研究，為英國有關制裁的思考提供了重要的見解。

協約國於一九一八年解除對鄂圖曼帝國的封鎖之後，土耳其仍然是經濟武器對付的目標。在一九二〇年代初的希土戰爭期間，英法決策者曾考慮，為了回應「這個亞洲問題」，是否應該使土耳其民族主義者承受經濟方面的痛苦，也相當公開地對報界表達這類想法。「人們不會想到動武，」一家法國共和派報紙寫道，「但會想到在小亞細亞海岸實施封鎖的可能性。」[78]英國官員在瑞士洛桑針對新成立之土耳其共和國的國界劃定進行談判的過程中，始終沒有放棄實施封鎖的選項，特別是當談判於一九二三年初短暫破局的時候。[79]土耳其代表團夾在三股勢力之間步步為營，分別是英國在石油資源豐富的伊拉克摩蘇爾（Mosul）省巨大的領土利益；法國則渴望收回他們戰前在鄂圖曼的債務投資，這些國債有六成是他們的資金；以及安卡拉那些反對與西方達成任何「殖民地和平」的民族主義強硬派分子。[80]

雖然《洛桑條約》讓土耳其恢復獨立，法國也終於在鄂圖曼債務問題上達成協議，但還有摩蘇爾省的爭議需交由理事會仲裁。[81]對英國政府來說，如果安卡拉不肯放棄對摩蘇爾的領土主張，用經濟制裁對安卡拉施壓是明顯的解決之道。《經濟學人》將這起土耳其的爭議與兩年前南斯拉夫的情況做比較：「這種經濟武器就算全力施為，能不能在土耳其人身上產生同樣效用，令人不無疑問。當然，就像任何其他國家，土耳其也希望在類似於西方的標準上重建他們的經濟生活，但或許他們更重視他們的領土目標，或許他們寧可見到安納托利亞的經濟沉淪至跟阿富汗或衣索比亞一樣，也不願放棄這塊土地。他們如果不怕國聯的經濟制裁，對國聯的道德權威就更加無感了。」[82]換句話說，制裁效益與國家對自由主義的接受程度有關。

一九二五年十二月，貝爾福要求貿易與封鎖顧委會分析對土耳其發動經濟制裁的前景。[83]鮑德溫內閣擔心的是，或許常設國際法院在做出有利於英屬伊拉克的判決，而土耳其拒絕接受這項判決之後，摩蘇爾爭議將引發一場英土戰爭。研究過土耳其的經濟後，委員會的結論很悲觀。由於土耳其有很長的陸地邊界，相對而言不容易遭到海洋封鎖；此外，它的強勢貨幣營收只有很小一部分依靠海上貿易。因此，國聯的制裁「充其量只會造成煩惱與不便，或許還能讓土耳其知道這個世界在跟它作對，對它的士氣造成一些影響」。[84]儘管如此，外相奧斯丁．張伯倫仍然小心翼翼地暗示，只需稍加推動，理事會的三個歐洲國家會實施經濟制裁。這個策略顯然有效，土耳其決定不違抗國聯裁決，英國則同意付給土耳其摩蘇爾地區的石油開採費，為期二十五年，摩蘇爾爭議遂於一九二六年四月解決。[85]

一九二五年夏天，上海公共租界發生的警察屠殺事件引爆中國人對西方租借區內治外法權與開放港口積怨已久的不滿，釀成動亂，大英帝國在亞洲的勢力遭遇嚴重危機。[86]這場在中國國民黨與共產黨的聯俄容共政策下進行協調，接受蘇聯資助與顧問協助的群眾暴動，以六月展開的廣州與香港全面罷工為主軸。[87]因為地方勞工組織的高度發展，海員與電車工人工會領導的廣州與香港罷工委員會，很快就組成了一個大同盟。租借區的碼頭工人、輪船修理工、建築工人、木匠、鐵匠、修鞋匠、屠夫、雜貨店員、餐館與茶樓服務員、廚子、裁縫、針線女工、僕傭、洗衣店工人、理髮師與家庭女傭全都加入了罷工的行列。到了七月，香港六十萬人口中約有二十五萬勞工加入罷工。[88]公用事業、運輸與工業生產停擺，市場交易與船運活動暴減。香港總督司徒拔（Reginald Stubbs）為懲罰支持罷工的廣東人，下令禁止糧食與黃金向廣東鄉間出口，罷工委員會隨即發動對香港的全面抵制。[89]這起事件重創了歐洲商務。英國政府在十月為港府提供三百萬英鎊的緊急貸款，以免發生嚴重的流動性危機。借法國作家馬樂侯（André Malraux）的話來說，這是「一場嶄新的戰爭……由華南地區的無政府主義勢力發動，對付英國在亞洲霸權的最佳代表，即經過強化的帝國據以環視它的子民的那座軍事堡壘」。[90]

廣州與香港的全面罷工讓英法當局非常擔憂。[91]在帝國防衛委員會，漢奇認為這是俄國共產黨發動的一場紅色野蠻運動，目的是要征服歐亞大陸。他認為，中國「幾乎陷於混亂。每一天都會爆發必須立即干預、不能延誤的事端——廣州或北京發生屠殺事件，或是又有公使館被圍。過去一個世紀，中國每隔二十年或二十五年就會爆發排外運動。一直都需要武力來穩住局面」。[92]漢奇的第一直覺就是用封鎖解決這場罷工，外交部便聯繫法國政府討論對中國國民黨進行經濟制裁。由於廣州的英法租界位於一個島上，外交部與海軍部考慮用海軍將島團團圍住，進行封鎖。法國外交部的瑟杜與尚顧才剛穩住歐洲情勢，結束魯爾的撤軍，原先無意在東亞開啟戰端。但他們認為，國聯處理科孚危機的方式提供了一個可以利用的法律先例，經濟反制措施只要不是直接針對另一國，就可以視為合法的報復形式。他們說：「英國艦艇對廣州港的封鎖，似乎未必構成戰爭行為；這是一種嚇阻措施，目的在改變或剷除妨礙英國商務的規範（例如中國的抵制）。」[93]反制革命的維和行動因此得以包裝成執行不歧視原則的措施。[94]

隨著罷工持續，封鎖問題變得愈來愈緊迫。一九二六年三月，塞西爾主持貿易與封鎖顧委會特別會議，討論對廣州實施封鎖的可能性。[95]廣東鄉間只進口一些外來必需品，例如燃料補給、照明物、脂肪與油脂等，切斷這些物資的供應會產生影響。但當地居民可能轉而使用地方生產的稻米與柴火，而這些物資的供應取決於收成品質，不是皇家海軍。前總督司徒拔認為，一切取決於中國商人階級能不能影響國民黨領導層。由於商人是為國民黨納稅、支持國民黨進行武裝抗爭與罷工的階層，「商人現有的立場——包括政治與金融立場——可能成為影響封鎖效應的關鍵因素」。相反地，司徒拔覺得「就算遭到封鎖，勞工階級仍有辦法挺過去……加在他們身上的苦難只會使他們更憤怒」。[96]

貿易與封鎖顧委會面對的問題核心，在於經濟武器的社會目標。司徒拔與委員會其他成員都同意，經濟制裁的理想施行對象是以盈虧為行為指導原則的商業代理人，然而勞工階級勢力成為這種行為主義邏輯的一大阻礙。如果廣東商人真能掌控局面，經濟壓力可以讓此商人階級促使國民黨妥協；但如果勞工階級控制罷工，經濟制裁很可能反而加深他們的決心，整起事件也可能會升級成反抗外國帝國主義的全民戰爭。

一九二六年春天，罷工逐漸解體，干預的緊迫性隨之降低。國民黨內部的領導權鬥爭導致蔣介石逮捕罷工委員會；此外，對香港與廈門的嚴厲抵制也讓地方上的商人、農民與工人愈來愈不滿。[97]雖然造成這些後果，但這場大罷工仍然展示了它強大的威力。《經濟學人》表示：「中國境內的日本人與英國人都有理由相信，這是最有效的經濟武器。」[98]在歷時十四個月的罷工中，香港的貿易重挫八〇%，營收損失約一億英鎊。[99]相反地，廣州的貿易額大增，國民黨比過去更強大也更富有。[100]

許多英國人認為是蘇聯在背後操控這起中國的動亂，莫斯科正對大英帝國發動一場影子戰爭。[101]一九二七年五月，英國警方突擊檢查蘇聯貿易代表團倫敦辦事處與「全俄合作社」（英國與蘇聯貿易主要的代理機構），導致兩國斷交。[102]奧斯丁・張伯倫承認「在此時此刻斷交是一個意外」，但它加深蘇聯苦難的效果來得「正是時候」。[103]這次事件讓史達林相信帝國主義強權已經聯合起來，對蘇聯進行「資本主義包圍」，要用「金融封鎖」使蘇聯感到窒息。[104]雖然英國政府當時並沒有真正採取這樣的政策，但貿易與封鎖顧委會於十一月研究一旦蘇聯入侵阿富汗該如何因應的時候，確實考慮過這個選項。[105]從內戰與饑荒復甦之後，蘇聯在糧食方面已經可以自給自足，並迅速奪回它過去在穀物、礦物、亞麻、木材與石油等原物料方面的出口地位。這讓蘇聯可以完全不受商品切斷的影響，重要的進口物資可以輕鬆自鄰國取得。蘇聯仰賴外資推動工業化雖然是一個可以鎖定的施力點，但如果只有英國施壓，很難達成明顯效果，特別是在德國與美國有可能繼續為蘇聯提供資金的情況下。基於這些理由，塞西爾與哈特雷認定「封鎖極不可能造成決定性的打擊」。[106]

凱因斯的友人、於一九二七年十一月訪問莫斯科的德國銀行家梅修爾（Carl Melchior）也認同這項判斷。梅修爾向經濟與金融組織報告說：「如果可以……聯合資本主義列強對俄羅斯進行經濟與金融封鎖……這樣的行動將使俄羅斯陷入經濟與金融的極端困境，但在我看來，這還不足以導致現有政府垮臺。如果情勢持續，處於這種困境的俄羅斯人民會把褲帶繫緊一點。」[107]儘管曾經有過許多經濟威懾的計畫和嘗試，歐亞大陸上的人民仍然是經濟武器難以對付的對象。

虛擬與真實的經濟武器

由於國聯在一九二〇年代沒有實施經濟制裁，很容易讓人做出這項工具微不足道的結論。外交史學者史坦納（Zara Steiner）也曾表示，既然一九二〇年代的國際爭議沒有一件「涉及制裁的使用……國聯的安全體系從未經過考驗」。[108]但只看實際施行的例子，會錯失經濟武器史的一個重要層面。如前文所述，戰間期國際主義者的主要制裁概念，起初是要透過揚言制裁的威脅，以明示

（如一九二一年對南斯拉夫）或暗示（如一九二五年對土耳其）的方式達成嚇阻的效果。狹義地定義「使用」，不計入經濟制裁的威懾嚇阻，便無法掌握經濟制裁對一九二〇年代國際政治影響力的全貌。

一九二五年十月，希臘與保加利亞的邊界衝突在升級成兩個國聯成員國之間的戰爭以前被成功化解，經濟武器虛擬層面的重要性再次獲得印證。[109]這起又被稱作「迷途狗戰爭」（War of the Stray Dog）的事件，由於解決得十分圓滿，成為了國聯促成和平的歷史上轟動一時的佳話。根據史坦納的記述，列強「合力向希臘施壓就已經足夠，不必啟動第十六條……之所以能得到這個結果，靠的是大國團結，而不是制裁武器」。[110]「迷途狗戰爭」的和平落幕自然毫無爭議，但日內瓦在衝突過程中扮演的角色卻遭到此番樂觀記述的忽視。在危機期間，日內瓦不僅擬定、討論了一份對希臘的制裁方案，還將方案告知雅典政府，對化解這場危機起到關鍵作用。

十月十九日這天，在保加利亞瑟雷斯（Thrace）邊界城鎮派特里奇（Petrich）究竟確切發生了什麼事頗有爭議；根據最可信的說法，一名希臘軍人在追他的狗時闖入保加利亞邊界，遭保加利亞邊防軍射殺，導致兩軍交火。當時的希臘統治者潘加洛斯是一名嚴厲又好戰的將軍，於一九二五年六月的政變中掌權，建立了一個墨索里尼式的政權。[111]潘加洛斯是狂熱的希臘民族主義者，派特里奇事件對他來說是一個加強岌岌可危聲望的大好良機，尤其巴黎和會將保加利亞的軍隊削減到只剩兩萬人，而且索非亞政府的大國盟友很少。到了十月二十二日，數營的希臘軍隊已經沿著一條三十公里寬的戰線進入保加利亞境內十公里，開始轟炸派特里奇。[112]

在雙方都展開動員備戰之際，保加利亞要求國聯調停。德拉蒙德與白里安在日內瓦達成共識，將於十月二十六日在巴黎舉行理事會會議，討論化解這場危機之道。但國聯祕書處的許多官員擔心在那之前情勢便已升高，為了避免發生這樣的狀況，祕書處官員致電保加利亞與希臘政府，呼籲雙方在理事會做出決定以前不要採取軍事行動。[113]這幾通電報果然有效，沙爾特日後在關於這場危機的報告中寫道，希臘原定於十月二十四日早上對派特里奇發動的猛烈攻勢「在千鈞一髮之際」叫停。[114]

在巴黎的理事會會議召開前那幾天，德拉蒙德與沙爾特忙著設計制裁，一旦潘加洛斯不肯撤軍便可以派上用場。沙爾特擬了一份照會發給英國、法國與義大利政府，請它們遣派戰艦前往雅典外海演習，為「理事會可能根據第十六條，提出實施經濟制裁的建議」做準備。德拉蒙德沒有選擇低調處理這項武力展示，而是問道，不知「這些戰艦的出現……是否能達成足夠的效果？」[115]沙爾特明白表示，這項海軍演習「既是為經濟施壓做準備，同時也是一項明確的警告：認真且實際的制裁步驟將逐步

希臘獨裁者席潘加洛斯在1925年政變後留影。圖片來源：維基百科公版團片。

實施……直到最終整條海岸線被完全封鎖為止」。[116]

雖然艦隊示威是第一步，經濟與金融組織還是研究了經濟制裁。沙爾特曾經在一九二四年籌措國聯對希臘的一千兩百三十萬英鎊難民安置貸款，因此對希臘的經濟情況瞭若指掌。[117]自一八九〇年代遭遇一場金融危機以來，希臘的金融狀況一直在西方債權人的密切監控下，所以要實施金融封鎖就得暫時拋開這些債權人的利益。另一方面，希臘對進口食物的依賴，使它很容易受制於商業封鎖。[118]在這件事情上，沙爾特、德拉蒙德與他們的同事不認為美國的中立商船運輸會對制裁實施構成大問題；因為相關的貿易流通量很小，而且他們認為美國民意會站在他們這一邊。[119]

希臘是較有可能成為制裁目標的國家，但不是唯一可能的國家。為了避免保加利亞總理桑柯夫（Aleksandar Tsankov）領導的索非亞政府拒絕遵照國聯指示解決這場危機，或將事件升高為戰爭，沙爾特也請經濟與金融組織研究保加利亞的經濟弱點。保加利亞已將大多數國內收入抵押到外國，極度仰賴外國債權人。[120]對它的貿易進行制裁會讓保加利亞關稅收入見底，使得索非亞債務違約。但除了這種對「交易情況的心理基礎」造成的微小效應以外，保加利亞似乎很經得起外來壓力。經濟與金融組織觀察到，保加利亞是「一個非常貧窮、非常原始而且自給自足的國家」，進出口總額只有七千六百萬美元（希臘的進出口總額為兩億零四百萬美元）；每年人均進口額只有八美元。除了立陶宛與愛沙尼亞以外，沒有一個歐洲國家與外界的貿易少到這種程度。貿易依賴度極低的研究結果顯然讓日內瓦的分析師們大感意外，他們原本以為，這場希臘邊界事故之所以爆發，一定是因為保加利亞穀物收成太豐，保加利亞人民「養成夏天工作，秋天就打仗的習慣」。[121]

同時，十月二十六與二十七日的理事會會議在巴黎按照計畫進行。奧斯丁・張伯倫、白里安與義大利代表夏洛亞（Vittorio Scialoja）就一項漸進式制裁方案達成協議，並將方案內容告知希臘政府：如果希臘軍隊不在六十小時內撤離保加利亞領土，英國、法國和義大利將與希臘斷交，接著展開艦隊演習；如果潘加洛斯到最後仍然不肯屈服，將實施全面制裁。到了十月二十八日早上，雅典決定屈服。[122]情勢穩定以後，理事會派員進行調查，於十二月初解決了這場邊界爭議。這次成功的制裁威脅不僅讓潘加洛斯退縮，也讓理事會聲望大增，幾個月後，理事會公開放話，要對土耳其進行制裁，迫使土耳其讓步，和平化解了摩蘇爾爭議。

這些涉及嚇阻的危機迫使國聯官員評估如何在國際法內運用制裁的問題。國聯法律部負責人、荷蘭人范哈梅爾（Joost Adriaan Van Hamel），因為這次希臘與保加利亞的事件寫了一篇很長的報告，說明國聯的維和行動如何以一種不開戰的威懾形式發揮功效。范哈梅爾是進步自由派的阿姆斯特丹法學教授，也是荷蘭與英國密切結盟的倡議者，他認為國聯在這場危機中的國際主義作為創造了屬於自己的法律典範。[123]在一戰以前，國際法認為，沒有正式宣戰就不可能進入戰爭狀態。但根據他的觀點，「如果認為國聯的行動應該受到這類技術性概念侷限，就大錯特錯了……在國際聯盟的體制下，各式各樣的法律名詞都代表著與過去不同的意義，由尚待擬定的新規則寫明……（例如）在國聯組織的集體行動中實施所謂『戰爭規則』。國聯運用經濟武器的方式也應該像這樣，未必要遵守現有關於封鎖的舊規則」。[124]

范哈梅爾認為，去除法律限制可以加強國聯經濟制裁的嚇阻效果。「經濟武器是一種備而不用更能發揮功效的武器。」他寫道，「在大多數案例中，國聯的行動都應該避免使用它或導向必須使用它的情境，從而暴露它的弱點。另一方面，它也應該給人一種隨時可以動用的感覺，從來不會有人懷疑其付諸實行的可能性。」[125]國聯官員由此提出了一種強而有力抽象武器的制裁概念。他們認為，將制裁作為一種抽象工具加以運用，比實際施行更有效果，但這種依賴潛在殺傷力進行嚇阻的做法的風險就是：侵略者可能認為國聯是在虛張聲勢。

※ ※ ※

一九二〇年代中期有關經濟制裁的討論充滿張力。一方面，某些解釋性問題仍未解決，大多數國家沒有實施制裁的國內法；另一方面，將經濟制裁推向全球安全核心的宣傳工作造成它們在政界、公眾辯論和商界的地位超過其實質效用。事實證明經濟制裁的嚇阻理論確實有效，但或許**太**有效了。如果威脅得太超過，國家可能會選擇自我防衛，對抗制裁。到了一九二〇年代晚期，國際情勢因關稅、移民與海軍軍備問題愈來愈緊張，國聯官員也開始發現經濟武器對「咆哮的二〇年代」（Roaring Twenties）造成的巨大陰影。經濟與金融組織負責人費爾金認為：「如今的當務之急不是增加制裁，而是用盡一切可能的辦法，讓我們不必執行《國聯盟約》第十六條的嚴厲制裁。」[126]制裁的修辭不只是表達戰間期的新政治現實，更在日積月累之下影響了這樣的現實。

第六章 制裁與中立的衝突 1927—1931

一名德國外交官說，《國聯盟約》第十六條的要點在於發動一場「全球反戰的戰爭」，[1]經濟武器負有穩定戰後秩序的政治任務；但在許多國際主義者眼中，它還有一項道德與法律宗旨：懲罰侵略罪行。盟約雖然提到侵略，但直到一九二七年召開第八屆大會時，國聯才正式譴責侵略戰爭。[2]當時他們正在進行一項國際條約的談判，準備將戰爭視為非法的國家政策工具。這項名為《巴黎非戰公約》（The Paris Peace Pact）或《凱洛格—白里安公約》（Kellogg-Briand Pact）的協定於一九二八年八月簽署，[3]完成當年《日內瓦議定書》未竟之功，眼看又往國際和平的理想邁進了一步。它唯一的缺點是欠缺明確的執行手段。一九二〇年代末的國際主義者於是設法調和國聯與《巴黎非戰公約》，用前者的制裁維護後者的非戰禁令。塞西爾與福斯特期待日內瓦與華盛頓聯手，可以成為如同「國際民兵團」的存在。[4]

不過，這項結合兩種不同體制的計畫要成功，首先得解決幾個重大問題。第一個問題是，英美兩個海權大國必須達成協議。除非能對公海自由的意義取得共識，華府可能拒絕參與對侵略國的經濟制裁，繼續與遭到制裁的國家進行貿易。一旦發生這種狀況，英國將陷入進退兩難的困境：接受美國的中立地位，就會削弱經濟武器的效力；或者徹底執行制裁，限制美國外貿，必要時使用武力。英國封鎖與美國中立權之間的衝突在一戰期間就已經是一項重大爭議，而雙方在戰間期因這個議題——安吉爾口中的「邪惡事故」——重啟爭端的可能性始終存在。[5]其次，經濟制裁可以切斷對平民百姓的糧食供應到什麼程度的問題仍未解決，人道主義者要求保護非戰鬥人員不受飢餓封鎖之害。但誠如美國國際主義者蕭威爾所言，經濟制裁有一種本質上的不確定性，人們不知道「對付一個向世界開戰的國家會採取什麼樣的威懾行動」。[6]第三，由於國際商務與金融在「咆哮的二〇年代」欣欣向榮，民營業者同樣關心保護資產、合約與投資決策不受制裁波及。[7]兩位德國作家甚至建議將《巴黎非戰公約》擴大到國際商務領域，建立「一個私有資產的凱洛格公約」。[8]制裁主義開始不只是影響地緣政治與戰爭倫理，也影響著全球資本主義的穩定。

本章討論調和《國聯盟約》與《巴黎非戰公約》的計畫如何成功解決一些問題，又如何在其他問題上碰壁。整體而言，制裁主義者的主要成就不是打造出一個自成一格、功能完備的宏大體制，而是壓制與擊敗了其他避免制裁或限制它們效果的國際秩序願景，特別是主張貿易與投資去政治化的中立論。別種方案揭示出制裁行動可能帶來的風險；制裁主義者則使用自由主義的語言，重新定義了發動戰爭與維持和平的概念。他們的關鍵創新之一是創造出「公共」與「私人」戰爭的區別。「公共戰爭」是以國際法為後盾，為對付侵略而發動的聯合戰爭；反之，單一國家在未經授權的情況下使用武力的任何行動都是「私人戰爭」，現在都屬非法，並被認定是侵略的一種形式。

制裁主義者借助自由主義的傳統二分法區分出公共與私人，塑造一種他們是自由派、他們的敵人是反自由派的印象。但事實上，制裁主義與中立論的鬥爭主要不是自由主義與非自由主義，而是政治化與去政治化之間的競爭。許多制裁主義者是左傾人士，想把政治帶到新的領域。英國的自由黨與工黨人士、法國的激進分子與共和主義者，還有美國的改革派人士與新政擁護者（New Dealers），都反對政治與經濟分離的想法。[9]個人與個人、公司與公司之間的民間經濟關係，都是合法干預的目標，國內（透過稅法與規章）與國外（以關稅和制裁的方式）皆然。相反地，某些最狂熱的、反對制裁的中立主義者是早期的新自由主義思想家，試圖從根本上區隔出私有財產的範圍與國家主權的領域，以避免資本主義遭到干預。[10]

制裁主義者將國際經濟政治化到新的程度。憑藉著對侵略的新定義，他們打破了許多舊有的規範，將平民與非戰鬥人員、國有資產與私人資產，以及中立國與交戰國之間的區隔描繪成打擊邪惡的障礙。的確，根據制裁主義者的看法，在二十世紀初期全球化的環境下，**所有**形式的貿易、運輸與金融都能強化國家的經濟力量，從而增進侵略者發動戰爭、抵抗國際規範的能力。對付這樣的敵人，唯有無限制的經濟戰才有意義。這種自由主義觀念的重大改變，從塞西爾與福斯特等英國統治階級核心人士，到了一九二九年已經開始大談「什麼是『私人』資產？」作為廢除此戰時概念的論點便可見一斑。[11]同時，制裁自由主義野心十足的干預方案，因依賴金本位與撙節預算等保守經濟而大打折扣。經濟武器的發展突顯出戰間期自由主義內部根深蒂固的緊張關係，這樣的分裂清楚地表現在國聯為防止戰爭所制定之金融計畫的走向上。

《財經援助公約》

正面經濟武器有被納入《國聯盟約》第十六條第三項，該項保證會員國會「在金融與經濟措施上彼此相互援助」。法國決策者一直強調，經濟武器的集體支援面向與它的制裁面向同樣重要。[12] 人們在一九二〇年代面臨的問題是，一戰時的後勤動員結構有多少可以在國聯的規範內重建，作為對付侵略者的制裁程序的一部分。

凱因斯是這項政策的早期倡議者之一。他在一戰期間曾為財政部協調協約國之間的金融事宜，戰後則於巴黎和會擔任塞西爾的顧問。一九一九年春，在最高經濟理事會工作的他堅決反對繼續封鎖，認為英國決策者「因為愛封鎖而封鎖」。[13] 一九二四年，當祕書處與經濟與金融組織設法通過《日內瓦議定書》時，費爾金曾徵詢他對制裁的觀點。[14] 凱因斯對切斷供應的負面措施抱持懷疑態度，他寫道，「考慮得愈周詳，我們愈應該依賴對受害方提供的正面援助，而不是對侵略者進行的報復」，因為「一旦時機到來，正面措施會比負面行動讓人印象深刻得多，後者永遠得冒（一）成效不足與（二）難以與戰爭行為區分的風險」。[15] 凱因斯堅信經濟武器應該聚焦於供應，而不是剝奪。費爾金贊同他的觀點，但議定書以失敗收場，他們的意見一時間也無法伸張。

國聯內部有三個國家支持正面經濟武器，希望它建立起較強的安全與供應功能：法國、芬蘭和波蘭。布儒瓦於一九二五年去世後，國聯法國代表團延續了他的團結主義精神，力主為遭到侵略的國家提供經濟援助。法國的最高國防委員會於一九二六年指出，儘管《羅加諾公約》朝改善國際安全邁進了一步，但還未盡完善。現在最需要的，是「保證能迅速指名侵略者的實用工具，以及根據《國聯盟約》第十六條提供援助措施的效益」。[16]法國對於強化財務援助武器的熱衷，與它的國家作戰策略、所謂的「海外經濟行動戰略」相吻合。[17]第三共和計劃利用從倫敦借來的資金，從自己的殖民地取得補給與原物料，也要取用大英帝國的資源維持陸地與海上行動。[18]法國戰略家希望建立「處理所有制裁或國際合作的理事會諮商機構……例如金融諮商委員會、糧食諮商委員會和航行諮商委員會等」。[19]在巴黎看來，國聯應該防範的長期威脅是德國軍事力量在西歐的復甦；對於一九一八年經歷了一場短暫卻血腥的內戰後從俄羅斯獨立的芬蘭而言，蘇聯是主要威脅；對與蘇聯和德國接壤的波蘭來說，蘇聯整軍與德國兵力恢復是同樣重大的顧慮。

對波蘭人與芬蘭人而言，問題是如何在遭到強大鄰國攻擊時迅速取得有效的援助。[20]波蘭在一九二〇年代就與法國與捷克締結軍事同盟，並建立起自己的小型軍事工業，但能否生存仍得仰仗西方協助。[21]芬蘭距離能夠保護它、讓它免遭攻擊的工業化民主國家太遠，而且軍事裝備、彈藥與原物料都得依靠進口。有鑑於這些劣勢，芬蘭代表艾立克（Rafael Erich）與郝斯提（Rudolf Holsti）於一九二六年九月向國聯提出一項計畫。[22]艾立克和郝斯提建議，遭到攻擊的國家應該獲得武器採購的短期津貼與長期緊急貸款，以在國際採取行動、對抗侵略之際，維持其經濟與自衛能力。如同另一名芬蘭官員所說，這個機制提供了一張「戰爭保險」的保單。[23]

在芬蘭提出這項建議的同時，幾個歐洲小國也試圖更為全面地提升國聯的安全架構。十二月，比利時政治家布魯克里（Henri de Brouckère）發表一篇報告，嚴謹重估了迄今為止發展經濟制裁的一切作為。[24]布魯克里覺得國際封鎖委員會一九二一年決議所提供的藍本，對於會員國根據第十六條執行制裁的責任問題，觀點過於寬容。國聯為什麼要坐等侵略罪行發生？他認為，盟約的整體精神很顯然允許日內瓦為了避免衝突，採取一切必要的措施。[25]必須將理事會採取**預防性**嚇阻措施的權力建構得無所不包，使平時封鎖、海軍演習與漸進式經濟施壓都成為可以使用的手段。布魯克里概述了強化經濟制裁的三項改革：首先，第十六條第三項的財務援助措施，應該像芬蘭人建議的那樣體制化；其次，因為「必須擁有大量有關國與國之間經濟與金融關係的精確資訊，才能有效實施經濟封鎖」，經濟與金融組織應該蒐集制裁情報；[26]第三，國聯應該拋開一切對於它的法律權力的疑慮，全面切斷侵略國與世界經濟的關係。國聯應該擁有在和平時期動用武力的最大免責權——實際上是重新回到十九世紀平時封鎖的做法。有了這三項措施，經濟制裁可以透過援助為受害國提供更多助益；可以透過情報優勢，立即對侵略國產生制裁效果；還可以透過全面性的法律免責，讓非國聯會員國不能對經濟制裁進行追究。

布魯克里的提議讓日內瓦的法國外交官雀躍不已，看到他們的團結主義制裁方案獲得比利時、荷蘭、捷克、波蘭、羅馬尼亞與希臘的支持，讓他們很開心。[27]但另一方面，德國外交官才剛在國聯制裁措施會很軟弱的前提下，引領德國加入國聯。在他們看來，布魯克里提出的這些改革建議萬萬不能成真。在德國外交部，施特雷澤曼的顧問布勞懷疑這個援助組織不過是為了「掩護法國的軍事與經濟目的」，[28]並擔心它有一天可能成為「國際聯盟經濟動員」同盟。[29]

除了德國反對以外，正面援助機制還得面對許多實際挑戰。由於國聯沒有自己的財政儲備，所以無法採取直接補助受害國的做法。[30]在戰間期的金本位制度下，國家可以建立外匯存底以供緊急採購之用，但這種自我保險的方式所費不貲。不僅如此，相比於富有的出口國，弱小的開發中經濟體想用這種做法累積資金，難度要高上許多。況且即便一個直接遭到攻擊的國家擁有足夠儲備，這些儲備能不能迅速轉換成流動資金仍是個問題。事實上，一旦發生這類危機，小國家在金融市場原來就已經相當薄弱的信用很可能進一步重挫。最後，金本位本身也可能干預緊急的戰爭金融，一九一四年八月發生的事足為例證；在面臨戰爭壓力的時候，各國中央銀行會被迫提高利率以遏止黃金外流，因此讓貨幣的匯率上漲，但此時的經濟動員與國防開支正需要便宜而充裕的貨幣。

經濟與金融組織的金融委員會研究完芬蘭的備忘錄之後，提出了另一個解決辦法。委員會的成員都是歐洲著名的財經專家，包括穆蘭（Carel ter Meulen）、史崔考奇（Henry Strakosch）與梅修爾（Carl Melchior）等投資銀行家，以及奈梅耶（Otto Niemeyer）與夏蘭達（André de Chalendar）等財政部顧問，其中許多人曾經在一九二二到一九二六年間擔任國聯對奧地利的金融重建計畫的顧問。[31]根據奧地利的經驗，他們擬出了一項在緊急狀況時支援國家公債的方案。一個國家成為侵略行動的受害者時得自行借貸，但可以透過與更強大國家的信用相「連結」提高自己的信用。對一國借貸提供國際擔保的總額，會根據保證國的經濟分量劃分成特定份額。這種共同持有的債務，作用就像對抗侵略的共同財務承諾，以「全球參與形成一股強大的道德嚇阻力」。財經專家們建議的初步保證金最高金額為五千萬英鎊。[32]財力最強大的會員國可以提供第二層的「超級保證金」，構築另一道防線。金融委員會提出的這項解決辦法，目的是讓國聯成為私有資金的管道，為受害國提供經濟援助，同時也讓國聯成為受害國的終極保證人。[33]這項計畫被稱為《財經援助公約》（Convention on Financial Assistance）。

一九二七年也討論了其他一些更具野心的金融方案。芬蘭一開始的建議中，提到可以立即支付的補助，但芬蘭中央銀行主席萊提（Risto Ryti）也承認，國聯要累積這樣的基金，就得從全球市場提取大量黃金，置國際金本位的可行性於險境。[34]基於這個理由，萊提支持英國財政部顧問奈梅耶提出的構想：國聯會員國要貢獻本國主權債券給一個特別的「制裁基金」，此基金由一個可靠的中央銀行設立，例如瑞士國家銀行，一旦發生入侵事件，這些優質資產便可以出售變現，或作為貸款的抵押。梅修爾的構想比奈梅耶更進一步，主張建立具有獨特法律地位與特殊目的的機構「國際聯盟金融所」（League of Nations Financial Institute），發行自己的債務工具，避免金融市場對弱小國家的投機買賣。[35]波蘭代表甚至建議將《財經援助公約》向非會員國開放，以吸引華爾街加入這場反侵略的金融行動。[36]

對金融援助武器的支持持續增長。但布魯克里的第二項改革——經濟與金融組織應蒐集制裁相關情資——遭遇較多阻力。只有法國財政部官員夏蘭達表示支持，[37]大多數經濟與金融委員會官員都是主張放任的正統自由主義者，反對經濟與金融組織在處理全球經濟問題時「睜一隻眼蒐集情報，以備日後啟動第十六條程序之用」。金融委員會向德拉蒙德表達他們的堅持，認為蒐集制裁情報會讓經濟與金融組織例行性的金融與商務統計資料收集蒙上一層邪惡的陰影。[38]如果用蒐集來的資料設計更有效的制裁，國聯就是以科學研究為幌子，參與地緣政治計畫。如果會員國提供的經濟資料有一天可能用來對會員國進行更有效的打擊，會員國還會同意共享這些資料嗎？財經專家擔心國聯作為中立之技術官僚機構的誠信將因此受損。經濟委員會主席、法國語言學者與商務專家瑟路易（Daniel Serruys）——又一位參與戰時封鎖的資深官僚——告訴德拉蒙德：「除了已經掌握的資料以外，不宜考慮任何進一步的情資蒐集。」[39]在國聯的財經部門，支持自由交易、較為放任的經濟態度仍是主流，與大多數人主張干預的祕書處形成對比。[40]瑟路易認為，危機是政客惹出來的，不是經濟專家造成的，要經濟與金融組織肩負解決危機的工作只會加重它的負擔，更無法收到效果。[41]此般對於經濟顧問處理安全問題的強烈反彈聲浪，就這樣終結了經濟與金融組織成為制裁規劃總部的可能性。所以英國人對於歐陸官僚會把經濟與金融組織變成「經濟總參謀部」的疑慮並無根據：日內瓦的商務專家就跟英國人一樣，反對他們的組織扮演這種政治角色。

儘管制裁情報蒐集的構想遭拒，仍然有愈來愈多人支持《財經援助公約》。在金融委員會中，最熱切支持這項公約的人是史崔考奇。身為一名移民英國的奧地利猶太人，他是成功的銀行家與南非礦業主管，也是享譽大英帝國與國聯各會員國的金融顧問。[42]史崔考奇與凱因斯是好友，儘管兩人對金本位的看法不一，而跟凱因斯一樣，史崔考奇也認為對付侵略的經濟武器應該在正面與負面之間取得平衡。國聯的目標應該是「對侵略國關閉外國市場，對受害國則開放它們」。由於一個為生存而戰的國家，在最迫切需要援助時可能因信用度下降而瀕臨崩潰邊緣，首要任務就是建立一個「世界主要金融中心的投資大眾能夠接受的」國際緊急貸款。[43]

所以由史崔考奇所設計的《財經援助公約》有三層保證。首先，需要援助的國家可以發行任何它們需要發行的公債，以其財政收入為抵押金。為這筆貸款背書的民營銀行，會將籌得金額的一半轉交給一家受託人，以國聯來說，這個受託人就是瑞士國家銀行。這些交付信託的錢是一筆儲備金，用來付給投資人貸款的本金與利息。如果金額足以付清，這個計畫就跟單純的、由單一國家操作的主權債務一樣；但如果這個舉債的國家陷於困境，無力支付利息或有違約之虞，參與《財經援助公約》的國家將形成第二道防線。這些所謂的「保證國」會將貸款分成幾個部分，發行特別保證債券給受託中央銀行，一旦借貸國無力償債時便由它們來償還債務。史崔考奇指出，年息支付的成本由國聯數十個保證國分攤之後，個別國家就算真有要出錢，需付的金額也非常低。《財經援助公約》將年度貸款保證金總額定為四百萬英鎊；以當時一般為六％到七％的年息計算，這表示在任何一年中，《財經援助公約》可以提供約五千七百萬到六千七百萬英鎊的國際貸款。對小國家來說，這是一筆非常龐大的數目。但如果這樣少的負擔對借貸國而言仍然太重，《財經援助公約》還有第三道防線：由英國、法國、德國與日本等財力非常雄厚的一小群國家組成的「超級保證國」。如果原保證國無力償債，這些國家保證償還債務。

凱因斯認為這整個方案「盡善盡美，完全符合需求」。他唯一擔心的是速度；他認為，一旦保證國存入債券，「一切事物就應該非常迅速地往前推進，不再瞻前顧後」，這一點至關重要。[44] 史崔考奇也說，這項公約能「將國聯的影響力發揮得淋漓盡致，比組織任何國際陸軍或空軍，或對侵略國發動任何類型的封鎖方案都要強得太多。它的聲勢更加浩大，也更加實用」。[45] 史崔考奇利用他身為《經濟學人》董事長的身分向倫敦市的金融家與英國民眾廣泛宣傳這項公約。[46] 在英法領衝下，國聯大會於一九三〇年九月接受這項公約。到了隔年底，共有三十個國家簽字加入。[47]不過由於公約的生效與一項國際裁軍條約的成功通過綁在一起，這項措施最後難逃無疾而終的厄運。一九三三年，當期待已久的世界裁軍會議在國際合作大崩盤的情況下宣告失敗，《財經援助公約》也隨之煙消雲散。自此之後直到二戰爆發，國聯始終無法將它的戰時金融經驗與有關貸款計畫的知識轉換成一種正面的金融武器。

《巴黎非戰公約》與公海自由原則

一九二八年簽署的《巴黎非戰公約》，規定不得以戰爭作為實行國家政策的工具，[48]但英國、法國與美國都在提出重要但書與保留之後才在公約上簽了字。舉例來說，美國國務卿凱洛格（Frank Kellogg）就明白表示，自衛仍是訴諸武力的正當理由，而自衛權的行使由國家自行決定，適用範圍不僅包括對美國本土的攻擊，也包含對美國在全球各地利益的攻擊。[49]英國政府也很明確地保留了自己的這項權利，為了保衛對大英帝國具有「特殊與重大利益」的地區，英國保有「行動自由」，可以訴諸戰爭手段。[50]在行使自衛權的門檻降低之後，簽字放棄戰爭權也變得簡單多了。[51]然而這項禁令的問題不只是不完整而已，它還有一個內在問題。根據《巴黎非戰公約》，國聯可以參與對違約侵略國的集體作戰。這種「公共戰爭」具有同盟性質，但美國不是會員國，國聯的決定對它來說不具有約束力，它會不會尊重日內瓦的制裁便不得而知。美國商人與船隻確實很有可能以中立國的名義破壞禁運，這種情況一旦發生，國聯的封鎖主事者就必須在允許這樣的規避行為與向美國宣戰之間做選擇。[52]

凱洛格將「正在戰爭狀態」與採取封鎖的戰爭行動做出區隔，後者並不意味著前者。但一旦國聯或國際社會對侵略國發動經濟戰，美國會不會容忍英國執行擴大封鎖的問題讓白廳愈來愈擔心。[53]由於對封鎖議題的憂慮，鮑德溫的保守黨內閣決定不再支持任何擴大國聯制裁的意圖。「除非美國是參與制裁行動的一員，」外相奧斯丁・張伯倫一九二七年秋天在日內瓦宣布，「否則這麼做的合理結果就是與美國開戰——用這種方式維護世界和平真是好極了。」[54]

歐洲與美國對制裁的立場這時來到叉路口。美國與國聯因制裁問題發生衝突的可能性，使大西洋兩岸的國際主義運動都陷入困境。《經濟學人》於一九二八年初發表評論：「事情給人的感覺是，讓一場國際危機升高到必須運用制裁的地步，就是承認失敗——更不用說還有另一個懸而未決的問題：如何對國聯會員國進行經濟制裁，又不會因為此舉對於美國貿易無可避免的干預，而與美國發生衝突。」[55]那年談成的《巴黎非戰公約》促使國際主義者試圖就制裁的執行措施，協商出一項跨大西洋的宏大協議。

《巴黎非戰公約》擬議的制裁方案，以一個最古老的世界秩序與國際法概念為軸心：公海自由原則。本質上來說，新的公海自由原則十年前就已經被制定出來。美國總統威爾遜在他的「十四點和平原則」中的第二點說：「除非為執行國際規約，國際行動將相關海道全面或部分關閉，無論平時與戰時，公海的航行應享有絕對的自由。」一九一八年，威爾遜的顧問豪斯上校曾催促英國接受這項方案，但沒有成效；甚至當豪斯揚言除非倫敦接受威爾遜的公海自由原則，否則將與德國另締個別和約，勞合喬治仍然不為所動。「我們感到很抱歉，」這位英國首相說，「但封鎖是我們賴以生存的力量，我們不能放棄。」[56]在威爾遜於一九二一年去世後，改良版的公海自由原則繼續在國際主義者之間流傳。有鑑於《巴黎非戰公約》與《國聯盟約》發生衝突的可能性，主張經濟制裁的英國人士，包括英國的塞西爾與福斯特，以及日內瓦的沙爾特與費爾金，開始致力於推動一項交換條件的基本協議：只要美國支持國聯授權的「公共」戰爭與封鎖，英國保證只在這類國際制裁中使用它的海軍力量。一九二八年春天，沙爾特找上外交事務專家布藹爾（Raymond Buell），爭取美國對這項計畫的支持。布藹爾曾以美軍的身分參與一次大戰，戰後拿到普林斯頓博士學位，在哈佛大學教授政府學，並於三十二歲時成為「外交政策協會」（Foreign Policy Association）研究總監。外交政策協會是一個利益團體，以督促美國政府朝更積極的國際主義方向前進為宗旨。布藹爾在一九二八年春天連續發表了數篇洞察力敏銳的報告，認為美國應遵守國聯制裁，從而引起歐洲制裁主義者的注意。

沙爾特建議為了維護世界和平，應該舉行一場會議制訂海洋法。他設法區分出「私人」（private）戰爭與「公共」（public）戰爭（他同時也將公共戰爭稱為「警察」或「國際」戰爭）。過往的封鎖與違禁品規則適用於私人戰爭：只有武器與彈藥運輸會被限制。但沙爾特寫道：「在一場『公共』戰爭中，封鎖權的適用範圍應該盡可能擴大——至少與任何交戰國在過往戰爭中主張的一樣大，或更大——此外，在這樣一種、而且也只有在這樣一種具有國際警察性質的行動中，平時封鎖應該像正式戰爭的封鎖一樣，對中立國造成完全相等的後果。」[57]沙爾特認為公共封鎖應該盡可能不受侷限，它應該在和平時期全面部署，並適用於所有國家，包括中立國。

沙爾特以美國國內法的施行為例，告訴布藹爾，華府就算不加入國聯的行動，也不應該「堅持為侵略者提供資源，幫助侵略者……在這種情況下，軍火走私至少應該像酒品走私一樣，被視為不法勾當」。[58]當時禁酒令仍未廢除，此般類比的重點十分明顯：禁酒同時是法律與道德行動，涉及許多深入美國家庭的新型態管控、監督與執法措施；[59]而要使對付侵略的經濟制裁成為國際規範，便需要對此前一直屬於私法管轄的領域——全球商務與金融——進行類似的道德化。

福斯特很快就在更公開的平臺上宣揚沙爾特的建議。福斯特希望「為國聯爭取最大範圍的行動權，但讓私人的經濟施壓愈來愈困難；警察可以擁有的權力不能交到徒手犯案的攔路強盜手上」。[60]在一篇與塞西爾一同執筆、在查塔姆研究所宣讀的報告中，福斯特以發展得更完整的形式提出這個構想。英國應該放棄它在私人戰爭的交戰權，換取在公共戰爭中無限制使用經濟嚇阻的權利。他同時也在撰寫工黨對制裁的官方政策，為一九二九年的五月大選做最後準備。[61]福斯特指出，英國左派應該支持「全面放棄私人戰爭權……徹底接受新的公海自由原則，即為了執行國際盟約而通過的國際協議有權關閉公海」。[62]在美國這邊，布藹爾與米勒支持美國政府採納這項原則，以之作為美國在國際義務上的指導方針，而不必加入國聯。如果國會議員認為，經國聯理事會指名犯下侵略行為的國家同時也違反《巴黎非戰公約》，美國就有足夠理由不再保護與該侵略國的私人商務，也不會阻礙國聯的制裁。[63]米勒認為，《巴黎非戰公約》「將美國與國際聯盟連繫在一起，就像個和平守護者一樣」。[64]如果能在《巴黎非戰公約》與《國聯盟約》間達成這樣的一致，將有效移除世界上主要強權的中立選項。

然而還有一個內政上的障礙。美國政府沒有以差別待遇方式施加外在經濟壓力的法律機制——也就是說，美國政府不能在一場衝突中只對其中一方，而不對另外一方施壓。蕭威爾與米勒一行人於是忙著處理這項立法上的疏漏。為解決這個問題，他們找上兩名國會議員求助：眾議員波特（Stephen Porter，賓州共和黨）與參議員卡波（Arthur Capper，堪薩斯州民主黨）。一九二九年二月十一日，波特與卡波同時在眾議院與參議院提出法案，主張「禁止對違反和平公約的國家運送武器」。卡波決議案的內容有很大一部分是根據蕭威爾撰寫的草案。[65]兩項決議案都主張發動武器禁運，波特決議案的觸發條件是當總統發現一個國家涉及戰爭時，卡波決議案的則是當一個國家被宣布違反《巴黎非戰公約》的時候。因此，卡波決議案是較具差別待遇色彩的經濟制裁法案，它明文規定美國可以懲罰違反非戰禁令的交戰國，如此一來便有機會統一國聯與美國對於侵略採取的舉措。[66]

美國國際主義者熱切支持卡波決議案，例如哥倫比亞大學校長巴特勒（Nicholas Murray Butler）就是公開發聲的早期倡議人。但在美國武器製造商全力阻撓之下，眾議院擱置了這項法案。[67]法國駐華盛頓大使克勞岱爾（Paul Claudel）說，美國軍火商反對禁運法案就跟「當年工匠與企業主反對鍋爐工一樣，因為鍋爐工從盤子裡偷了他們的麵包」。[68]武器製造廠商確實很有理由反對出口管制。[69]遠在蘇聯的《消息報》（*Izvestia*），也針對這次事件撰文說，「依照參議員卡波的構想，更依照波特的構想，是否制裁的問題一定得由美國總統決定」，但國聯制裁「控制在英法集團手上。這是國際聯盟的制度，以及由一群美國政客根據《巴黎非戰公約》提出的制度之間的根本差異」。[70]另一項難以克服的障礙是，歐洲海軍至上者仍然反對一切自由航行的國際保證。舉例來說，法國海軍就認為讓那些惹是生非的國家可以任意自行補給非常危險。「毫無疑問，一個躍躍欲試、意圖侵略的國家，在發動戰爭之前會採取一切防範措施。」法國海軍分析師寫道，「在現在的條件下，它可以充分利用從海外取得的原物料。」法國戰略家因此認定，自由航行權幾乎一定會導向「有利於侵略國的可觀優勢，嚴重危害到被攻擊的國家」。[71]

英國的海軍將領們也堅決反對一切公海自由原則，就連威爾遜在一九一八年提出的、帶有國際主義色彩的版本也不例外。二十世紀初英國最重要的海軍戰略家柯白（Julian Corbett），曾經在「菲利摩委員會」（Phillimore Committee）工作，該委員會起草了英國建立國聯的第一份藍圖。柯白反對公海自由的主要理由是，這麼做會剝奪民主的海洋國家用制裁迫使侵略國就範的權力。「當整個世界已經成為這麼大的一個共同生命體，當每一個國家的生命，都或多或少透過它的貿易管道與其他所有國家的生命連在一起時，」他寫道，「全面海上禁令或許已經成為最強大的制裁方式。」重新回到一九一四年以前公海自由的世界令人嚮往，在那個年代「人們尚未瞭解海權對保衛和平與自由，以及對懲罰國際罪行的真正意義」，但這種想法在政治與戰略上都太過天真。[72]柯白認為，小國應該支持讓國際聯盟成為一個真正的集體安全體系，不要抱著中立與自由航行的老習慣不放。在巴黎和會十年之後，英國海軍部已經充斥著對公海自由的一片撻伐之聲，認為它是一項危險的原則，「較弱海權國家過去發出的一聲戰吼……英國永遠不能接受；如果她接受，她會立刻放棄她在世界的權力」。[73]

到了一九二〇年代晚期，公海自由的議題已經造成大西洋兩岸民主國家的分裂：英國與法國反對，美國與荷蘭、挪威和瑞典這類重貿易的歐洲小國贊成。後者的立場顯示，儘管制裁主義的計畫獲得愈來愈多支持，卻仍然遭到中立主義自由國家反對。這些中立主義自由國家心目中的秩序由什麼構成？後面將會談到，中立主義建立了一個自成一格的道德與法律世界，在這個世界裡，戰爭是一種需要遏止的敵對狀態。這個中立世界有一項特質：社會、經濟與基礎建設都盡可能地被隔絕於政府的嚇阻措施之外。

中立的侵蝕

要理解為何經濟制裁會與中立性相衝突，關鍵是認知到歐洲中立國共有的外交導向源自一種共同的經濟模式。瑞士、荷蘭、瑞典、挪威與丹麥都是高度開放的出口經濟體，瑞士與荷蘭還擁有規模相當龐大、提供海外放款服務的金融業。這些經濟體都堅定致力於維護公海自由、中立、相對自由的貿易與金本位制度。它們為避免軍事糾纏，締結了一些策略性盟約，其中最有名的就是《奧斯陸公約》（Convention of Oslo），一份聯合芬諾斯堪地亞國家與低陸諸國、具有相當政治意味的七國自由貿易協議，簽定於一九三〇年代。[74]

制裁主義者認為中立是一種過時的體制。在一個生產鏈與金流已經因經濟全球化而交織在一起的世界，貿易的道德後果無可否認。如果私人商務造成資源流入敵國，為私人商務提供任何掩護都是無稽之談。[75]英國第一位「大戰略」理論家富勒（John Frederick Charles Fuller）少將，曾經痛斥中立國的戰時作為是「盡情享用戰場上鮮血的吸血鬼……國際法的內容若允許中立國進行貿易，像食屍鬼吸取交戰者的鮮血一樣，國際法就是不道德的，毀掉它將是一項義舉。姑息這樣的國際法不僅是獎勵貪婪與怯懦，也是在倡導道德賣淫」。[76]

富勒因這種好鬥的觀點而成為英國政界激進右派人物。他在一九三〇年代踏入莫斯利（Oswald Mosley）的英國法西斯同盟的圈子，但自由派與進步派英國國際主義者也同樣反對中立。在歐陸，為中立辯解的人亦遍及各政治光譜，情勢因此變得更加混淆。挪威記者摩根斯（Victor Mogens）說，在公海自由與保障私有財產成為普世信條，以及「一個國家無法運用可怕的飢餓武器，對非戰鬥人員、另一個國家的和平民眾與老弱婦孺發動戰爭」以前，世界不可能和平。[77]摩根斯這番言論似乎是一個斯堪地那維亞小國發出的人道呼聲，不過他是個堅定的保守派，後來成為右翼民族主義「祖國聯盟」（Fatherland League）的領導人。對於摩根斯言論最強烈的批判來自工黨領導人福斯特。福斯特認為，根本無法區分出對國家與對平民百姓的補給。「任何將封鎖武器分成兩半的企圖只會以失敗收場，因為分隔的依據並不真正存在。」他引用魯登道夫的觀點說，世界大戰帶來的教訓就是「軍隊與國家是一體的」。[78]中立能讓民族主義者看起來像和平主義者、讓自由派的言論聽起來像魯登道夫發言的事實顯示，影響對此議題立場的因素，不只有法律與道德原則而已，還包括地緣政治與經濟偏好。

福斯特早已清楚瞭解，以差別方式制裁侵略會有什麼結果：不是交戰狀態消失，因為所有執法行動都成為對付侵略國的維和行動；就是必須廢除中立狀態，讓公共戰爭成為舉世參與的事件，沒有不選邊站的旁觀者。一九二五年，他在皇家聯合軍種研究所發表演說指出：「與其費神耗力，再一次設法解決交戰與中立利益兩者之間不可能調和的舊有衝突，不如努力建立一個沒有交戰狀態，或沒有實質上的中立的國際聯盟還好得多。」[79]但由於國聯行動可能必須比制裁更進一步，升級成真正的戰爭，最可能被捨棄的不是交戰狀態，而是中立。最終，每一個國家都得選擇要加入國聯陣營，或是與侵略者站在同一陣線，沒有第三個選項。

基於經濟上互相依賴造成不可避免連繫的理由，反對中立的人也提出強而有力的道德論點。一名當代法學家斷言，中立就是「與人民團結的理念無法共存」。[80]一次大戰結束後，大國以暴力征服弱小鄰國的情況不再是區域性事件。拜新聞媒體的國際性質與形成的輿論之賜，殘酷暴行以及對少數族裔的虐待，逐漸成為國聯會員國國民的關注焦點。在這樣全球一體的世界，許多人認為，袖手旁觀世界上出現的戰端，不只是政治的失敗，還是道德的淪喪。[81]

一九二〇年代晚期，選邊站與中立之爭的前線在中歐與（南）東歐。這個地區的政治圍繞著蘇聯與德國之間小國的同盟——即所謂的「周邊國家的政策」（Randstaatenpolitik）——以及兩者之中誰能組織國聯制裁對付誰的問題展開。[82]指名一個國家為侵略國會促使國際同盟成形。芬蘭根據《國聯盟約》第十六條要求財政援助，作為一旦與蘇聯開戰的資金。熱切希望維護德蘇關係的德國外交官，對芬蘭的立場表示失望，施特雷澤曼的顧問布勞認為：「芬蘭在日內瓦表現出來的樣子，不再像是一個中立的北歐小國，而是極端與目標導向的安全與制裁支持者的嘴臉。」[83]

對威瑪共和時期的德國而言，《凡爾賽條約》對軍備的限制使得要置身戰爭之外，借助中立是唯一途徑。《凡爾賽條約》第二百一十三條規定，協約國有權視察德國工廠與軍事設施，以防德國違反裁軍規定，這表示柏林遭到制裁的可能性依然存在。在一九三〇年一月的海牙會談中，法國總理達迪奧（André Tardieu）與英國財政大臣史諾登（Philip Snowden）向德國外交部長柯帝斯（Julius Curtius）明白表示，協約國仍握有經濟與金融壓力的籌碼。[84]儘管柯帝斯堅持德國在幾乎每一項國際議題上都保持中立，但他擔心法國打算「組織國際聯盟制裁戰對付德國」。[85]有很長一段時間，美國在財政上對德國表現得很慷慨，也經常引發英法的不滿；但到了一九三〇年，德國決策者認為美國政府的中立性已經名存實亡。布勞認為，日內瓦終究得仰賴一群影響力愈來愈大、渴望用制裁解決一切問題的美國國際主義者。卡波與波特決議案顯示，美國正逐漸放棄中立，很快就會開始在經濟壓力的使用上選邊站。他預期，一旦「華盛頓圈子」同意，國聯的制裁體制就會對歐洲國家實施封鎖。布勞認為「日內瓦將明顯暴露出對華盛頓的依賴」，但「在這種狀況下，當它展開封鎖與制裁，將擁有強力的支持」。[86]就算布勞高估了英、法、美的合作，他這番全球自由派制裁主義集團即將成形的判斷，無疑讓德國這些過去一直暴露在經濟壓力下的國家膽戰心驚。

事實上，在英美關係上，制裁是製造緊張而非協合一致的因素。工黨在一九二九年五月贏得英國大選，麥克唐納重新掌權，讓英國的自由派國際主義者雀躍不已。麥克唐納重建與蘇聯的外交關係，並於一九二九年十月訪問美國，成為第一位訪美的英國首相。[87]當時的白宮主人是於一九二八年十一月當選共和黨總統的胡佛，他同時也可能是全世界最著名的人道國際主義者。

胡佛支持麥克唐納推動裁軍與財政公正，但對以經濟封鎖為基礎的全球警察計畫表示憂心。[88]在一戰結束十一週年的一九二九年「休戰日」，胡佛提出一項反提案：運輸糧食的船隻應該享有豁免權，可以通過封鎖線。「根據痛苦的個人經驗，」胡佛說，「我堅信運輸糧食的船隻在戰時應該不受任何干預，所有純屬糧食運補的船隻應該享有與醫護船同等的待遇。我們該剷除使婦女和兒童挨餓的戰爭武器選項了。」他告訴英、法、日本、義大利與其他較小型海權國家的政治人物，提供這樣的保護有助於裁軍，因為「無論是對進口國還是出口國來說，害怕海上糧食補給被切斷都是發展海軍的強大誘因」。[89]

胡佛這項將糧食補給與全球權力政治分開的提案獲得中立國熱烈響應。一家瑞士報紙寫道：「想瞭解這個構想的重要意義，就應該想到它代表的是對國際聯盟的根基多麼強大的反對。」伯恩的德國代表團興高采烈地說，國聯使用「包含飢餓封鎖的經濟戰」，但胡佛的構想意味著「讓敵國平民挨餓的惡行，從今以後不再是一項戰爭武器」。[90]但美國的提案一直沒能獲得國聯理事會的支持，裡頭的歐洲大國很快就公開表示反對。[91]英國一口回絕了這個構想；[92]法國政府則認為糧食補給船豁免是披上「人道主義外衣」的戰略陰謀，實際上「毫無疑問只是英美海軍競爭的表現」。[93]雖然「倫敦海軍會議」（London Naval Conference）成功就軍備限制問題達成協議，但胡佛的提案無疾而終。

整個一九二〇年代，制裁主義者有意識地違反人道主義，計劃讓英美海權主義成為世界秩序的基石。調和《國聯盟約》與《巴黎非戰公約》的努力雖然未能完全如意，但基於人道理由限制飢餓封鎖作為威脅與武器的敵對方案顯然遭他們成功封殺。胡佛糧食補給船提案的失敗意味著直到二〇年代結束時，制裁主義者的勢力仍然比中立主義者強大。法國駐華盛頓大使向巴黎報告，用制裁來執行《巴黎非戰公約》的前景「充滿問題且鬼影幢幢……就算幽靈已經被驅離現實，它也仍然在可能性的領域伺機而動」。[94]

※ ※ ※

對費爾金而言，一九二九年秋天是一段歡快的時光。這位經濟與金融組織第二號人物代表美國商會訪問了巴塞隆納國際博覽會，在白天的工作結束後，晚上他就跟其他與會人士一起登上「維多利亞．尤金妮號」（Victoria Eugenia）遊輪享用填餡雞、鵝肝與龍蝦。身為「商業文明化」信徒的這群人認為，金本位的恢復，以及工業、貿易與金融的成長都是走向繁榮未來的象徵。在費爾金這一夥國際主義者享受歡樂時光的同時，一名德國教授抵達巴塞隆納，在「歐洲文化聯盟」（European Federation of Culture）大會發表演說。他嚴詞抨擊國際主義者對放任式經濟整合的信心，認為僅憑消費與財富累積就能促進政治安定的樂觀想法不僅是幻想，而且很危險。[95]這名德國教授表示，在國聯的政治之下，戰勝國已經剝奪了戰敗國的主權。[96]制裁是自由主義的黑暗面，是一種表面中立，實則暗藏古老權力政治的工具。

這名德國教授是施密特（Carl Schmitt），一位反對威瑪共和並支持納粹崛起，因而惡名昭彰的反自由主義法學家。他對戰間期體制簡潔有力的分析，對當年以及之後的反自由主義人士來說很有說服力。[97]不過，施密特在大罵自由主義的同時，卻扭曲了時代進程。一九二〇年代晚期的世界秩序不是國聯策劃的自由主義邪惡陰謀的產物，而是政治法律秩序不斷移轉的綜合結果。新的集體安全與國聯制裁「公共」體制，與舊有的有限戰爭、中立與人道主義法律「私人」體制互相較勁。一九二七到一九三一年間的政局之所以如此混亂，正是因為這兩種典型相互傾軋，難以共存。但這並非如施密特所說，是自由主義與反自由或非自由選項的鬥爭；以施密特對過去分離體制的偏好而言，他事實上與許多古典自由主義者與未來的新自由主義者站在同一陣線。[98]制裁主義與中立之間的分歧，表露的不是自由主義與其敵對觀點的衝突，而是自由主義本身**內部**兩種對立典型之間的矛盾。

施密特有關意識形態衝突的論述也錯了。戰間期的制裁，絕不是英美強加於原本和諧的歐洲秩序之上的殘酷懲罰，它們有著來自歐陸本身、強大的知識與意識形態根源。由於美國拒絕《凡爾賽條約》，在戰間期的幾十年間，經濟武器主要屬於歐洲的、特別是英法的計畫，並盡可能透過日內瓦實行，必要時由英法雙方實施。[99]與現代制裁不同的是，這種經濟武器的目的不是要保護民主或自由價值；它最重要的功能，是保衛一九一九年創造的領土秩序。《國聯盟約》第十六條規定的制裁啟動條件是對國聯主權會員國的攻擊，不是人權迫害或自由體制的解體。從這個角度來看，戰間期的制裁體制，與我們今天談到制裁時認定的自由派國際主義原則大不相同。[100]

到了一九三〇年代初期，儘管制裁主義者還沒有建立出一套嚴密的秩序，但他們有辦法阻止使制裁無用武之地、使制裁效果受限或禁止使用經濟嚇阻手段的其他方案。反制裁方只在國聯本身的官僚體系內部，取得一項始料未及的持久勝利：經濟與金融組織拒絕為設計制裁而蒐集經濟情報。

制裁主義與中立之間的矛盾最後終究浮上檯面，原因不只是兩者基本理念互不相容。「咆哮的二〇年代」的資本主義重建根基薄弱，世界經濟局勢很快就開始不穩，早在一九二七到一九二八年，全球商品價格便已開始下挫。就在費爾金與施密特倘佯在巴塞隆納秋陽美景下的同時，華爾街出現大崩盤，「經濟大蕭條」就此揭開序幕。這場全球性風暴不僅對國際經濟關係造成影響，隨著各國紛紛祭出激進手段以求自主，國聯體制與《巴黎非戰公約》也面臨極大壓力。凱因斯與史崔考奇的《財經援助公約》是《國聯盟約》第十六條最具前景的衍生成果，但由於來得太晚而無法實現，因此制裁主義者雖擁有懲罰侵略的負面工具，卻不能為侵略受害國提供多少支援。就這樣，經濟制裁在一九三〇年代碰上前所未有的嚴厲挑戰。

Part III

誕生於戰間期危機的經濟制裁

第七章 集體安全對抗侵略 1931—1935

駐在日內瓦的美國教授波特（Pitman Potter）於一九三二年四月寫道：「今日政府所面對最重要的科學與藝術問題，就是如何在國際政府組織與操作一個制裁體制。」[1]儘管制裁已經問世十餘年，約略在波特寫這段文字時，一個新名詞正出現在制裁體制中：集體安全。「集體安全」成了武裝保衛國際條約與穩定的旗幟，而制裁就是它最重要的武器。[2]這種趨勢的出現有其道理：在軍國主義的日本、納粹主義的德國與法西斯主義的義大利都開始重整軍備、擴張領土並構築帝國大業的情況下，接下來十年從拉丁美洲到非洲、從歐洲到東亞，都可以看到用制裁預防或阻止戰爭的許多嘗試。

戰間期的國際主義者認為經濟施壓能預防和阻止戰爭的想法錯了嗎？許多當代評論員與歷史學者都認為國聯的制裁既軟弱又無效，不過是種維護和平、譴責侵略的表態罷了。[3]歷史學家卡爾（E. H. Carr）的國際關係實用主義經典《二十年的危機》（*The Twenty Years' Crisis*）指出，國聯的制裁判斷錯誤，因為執行這些制裁的國家沒有把訴諸武力當成最終方案並做好準備；[4]經濟史家金德柏格（Charles Kindleberger）認為大蕭條是霸權穩定失敗的結果，主張國聯的制裁是因為「缺乏美國或英國的領導」而「失敗」；[5]外交史家史坦納在她有關戰間期國際史的權威著作中也說，英國政府雖然公開證實支持制裁的立場，但缺乏實際執行的決心。[6]這些判斷的意涵很明顯：在一九三〇年代，能不能預防戰爭取決於制裁的成敗，而事實證明國聯在這方面太過軟弱。這種無能的印象在一九三〇年代的歷史文獻與記憶中隨處可見。國聯用意良善卻太過天真的形象，成為映襯一九四五年後成形之現代國際秩序的背景，整體敘事宛如樂觀與進步式的類成長小說。[7]我們很容易就此認為，聯合國記取國聯缺乏軍事實力的教訓，以武力作為制裁的後盾。[8]

隨後幾章將告訴我們，仔細觀察一九三〇年代的關鍵危機後會發現，制裁的主要問題並不是因為力量有所不足，反而在於其力量可觀卻難以預測的特性。日本在一九三一至一九三二年間入侵滿洲與華北，讓美國、英國、法國與荷蘭決策者就是否對東京實施經濟制裁的問題爭論了將近十年。[9]之所以沒有採取行動，主要是擔心這麼做會激發日本進一步的軍事行動，但也因為滿洲危機，親國聯的國際主義者們決定加大政治力道，盡力促成美國實施制裁以維護和平。在英國，塞西爾成為「國際團結聯盟」（League of Nations Union）名義上的領導人，該聯盟是一個在一九三三年時擁有一百多萬名會員的英國民間團體，儼然成為集體安全強勢政治的代言人。[10]在左派與自由派輿論廣泛支持下，國際團結聯盟抱持的國際主義立場比保守黨更加強硬，保守黨人則認為塞西爾一夥人是「嗜血的和平主義者」。[11]

儘管遭遇挫折，國聯的勢力範圍也多次成功擴張。蘇聯於一九三四年加入國聯成為理事國，激勵了歐洲各地的反法西斯陣營，它們都希望蘇聯能向納粹德國施加經濟壓力。但當蘇聯外交官於翌年春天採取行動，組織起對付納粹重整軍備的制裁陣線時，西方國家反而擔心貿易反彈、損及本國經濟而拒絕參與。不過在一九三五年十月，當墨索里尼領導的義大利入侵衣索比亞時，國聯證明它有能力對義大利實施制裁。我們將在第八章看到，在這個深具開創意義的事件中，世界上大多數的主權國家團結一致，加入史上第一次多邊經濟制裁行動。不過，由於擔心力道過猛會迫使侵略者鋌而走險，釀成全面歐戰，主事者再度採用較和緩的做法，以漸進的方式實行，刻意避免嚴厲措施。

建立成功的制裁同盟得克服許多外交、經濟與技術性的挑戰，但制裁同盟遭遇的問題還有更深層的結構性源頭：一次大戰陰影加上和平時期動武，導致戰爭與和平的分野愈來愈模糊。由於制裁與全面戰爭的關係太過緊密（最初就是作為全面戰爭的一環而誕生），制裁與戰爭幾乎難以區分。對民族主義政府來說如此，對志在壓制這些政府的制裁發起國而言亦然。對前者來說，經濟孤立的可能性使它們加速推動對抗外部世界的全民經濟動員；對後者而言，要實施制裁就得以維護和平為名，引領國家走上準戰爭狀態。誠如一名英國評論員在一九三一年所說：「除非各國政府都能擁有必要權力，否則經濟制裁無法全面實行……目前這一切都還沒完成……代表經濟武器還沒做好啟動準備。」[12]從滿洲到衣索比亞，連續發生的幾場國際危機，更讓制裁的風險上升到新的高度。

滿洲危機與制裁的可能性

一九三〇年二月二十一日，五名顯要人士聚集在紐約市中心的哈佛俱樂部，討論經濟制裁對美國外交政策的意義。其中一名人士認為，《巴黎非戰公約》已經讓「經濟制裁的問題升級成美國政治與經濟生活的真正議題」。美國已經簽署公約，視侵略戰爭為非法舉措，但與國聯會員國承諾信守第十六條不一樣的是，美國沒有承擔任何對抗侵略者的正式責任。美國不是唯一一個可以使制裁更嚴密的非國聯會員國，蘇聯、巴西與墨西哥的角色也不容忽視。這四個國家擁有重要的金融市場、龐大的糧食與製成品出口貿易、世界上大部分的石油供應，以及大量的關鍵戰爭物資：巴西產橡膠、墨西哥產石油、美國產銅礦與棉花、蘇聯產錳礦與鉑礦。[13]

哈佛俱樂部的聚會促成了一項由「二十世紀基金會」（Twentieth Century Fund）出資的倡議。二十世紀基金會是費林（Edward Filene）於一九一九年成立的智庫組織，他是波士頓百貨公司老闆，在一九一五至一九一八年間一直是執行和平聯盟的重要贊助人。他的二十世紀基金會結合了威爾遜派國際主義者與仲裁主義人士，以及重要的美國律師、商人與政府官員。一九三一年八月，費林邀請哥倫比亞大學校長巴特勒擔任「經濟制裁委員會」（Committee on Economic Sanctions）主席，[14]相關的研究準備工作也已經交由法學家惠登（John Whitton）與經濟專家崔昂（Frederick Tryon）完成。二十世紀基金會計劃在一九三二年春天，世界裁軍會議於日內瓦舉行的時候發表它的報告。儘管經濟與金融危機不斷加劇，擴及中歐各地，一九三一年九月的國聯大會仍然在一片祥和的氣氛下召開。塞西爾甚至告訴日內瓦的與會人士「綜觀世界歷史，戰爭爆發的可能性幾乎從來沒有像今天這麼低過」。[15]

八天後的九月十八日星期五，日軍以嫁禍的方式發動九一八事變，炮轟南滿鐵路，準備進兵滿洲，塞西爾的說法不攻自破。同一個週末，蘇格蘭皇家海軍發生兵變，引起倫敦股市與貨幣市場的恐慌，迫使英國政府於九月二十一日星期一將英鎊退出金本位。就在一個週末之間，國際政治與經濟秩序雙雙重挫。日本在九一八事變後入侵滿洲，引發了一場「遠東危機」；[16]國聯還沒來得及行動，中國學生已經開始組織抵制日貨的群眾運動。[17]這場拒買日貨的民眾運動效果驚人，到了十一月，在日本入侵僅僅兩個月後，日本對滿洲的出口量以一九三〇年的數字來看暴跌了六十八％；對華北、華中與華南的出口量也分別跌落二十四％、十七％與十％。[18]一名美國駐華記者形容這場群眾抵制運動是一項「強大的經濟武器……動員整個民族的精神力量進行兇猛的戰爭」。[19]

西方國家的決策者們立即面對的問題是，無論是日本還是中國政府，內部都有重大分歧。蔣介石的南京政府面臨來自廣州的國民黨敵對派系的重大挑戰，兩派人馬在如何應對日本人的問題上無法達成共識。[20]日本方面，滿洲境內的軍方強硬派不理會東京的溫和派文人內閣，自行在國內動員民眾、爭取支持。日本外相幣原喜重郎曾在一九三〇年倫敦海軍會議中與西方合作，頗獲西方同僚、特別是美國時任國務卿史汀生（Henry Stimson）的尊重，但就連許多日本自由主義者也對西方國家的關稅規定、移民限額與和平條約施加的限制感到遲疑，喜重郎的地位也愈來愈不穩固。[21]極端民族主義軍官單在一九三一年就兩度企圖政變，不斷壓縮喜重郎等日本溫和派運籌帷幄的空間。日本與中國政治菁英內部的這些分裂，讓人很難判斷這兩個國家的真正掌權者是誰，以及應該更看重哪一方對經濟壓力的反應。

由於情勢渾沌不明，國聯對這次事件的調查獲得美國總統胡佛、法國總理拉瓦爾（Pierre Laval），以及英國首相麥克唐納與外相西蒙（John Simon）的廣泛支持。塞西爾與沙爾特認為國聯應該採取更嚴厲的行動：宣布日本為侵略國，考慮根據《國聯盟約》第十六條進行制裁。[22]但國聯起初沒有積極介入，因為各方領導人都認為這起糾紛很快就能透過談判解決；此外，無論是中國還是日本都不承認這次的衝突是一場「戰爭」。[23]還有一個障礙是，美國派駐日內瓦與巴黎的代表似乎對國際合作興趣缺缺。擔任理事會主席的白里安一再要求美國大使道斯（Charles Dawes）出席，但這位前將軍與金融家認為沒有必要跨越塞納河。史威哲形容一九三一年十一月到十二月的這些失敗會議是「外交史上最離譜的荒謬劇」。[24]

美國人反對制裁的情形很複雜。多年來一直反對封鎖的胡佛認為，制裁是一種戰爭行為。[25]身為一個商業導向的保守派國際主義者，他不希望商業界受到政治干預。史汀生比較傾向於對日本施壓，但他的國務院在制裁議題上意見分歧。曾經擔任駐日大使的國務次卿卡斯爾（William Castle）支持胡佛的觀點，認為制裁是一種激進的戰爭行為；[26]以遠東事務處處長霍恩貝克（Stanley Hornbeck）為首的另一群外交官則主張制裁。霍恩貝克於一九三一年十二月研究美國對日本制裁的可能性，成為這麼做的第一位美國決策者。制裁對霍恩貝克的吸引力來自美日貿易關係的極度失衡。日本的外貿有四成銷往美國，美國市場對東京的重要性，遠勝於日本市場對華府；美國對日輸出僅占出口總額的四％。霍恩貝克認為，不出三個月，制裁就能造成嚴重的經濟損害；半年之內，日本帝國政府就會被迫與中國和西方談判。日本的出口工業與船運「會因經濟抵制而立即毀壞」。[27]

貿易是對於滿洲事件之制裁的討論重心，原因也不難理解。到了一九三二年初，大蕭條的情況變得愈來愈嚴重，造成世界貿易極速緊縮。美國經濟體以二十三億七千萬美元的貿易額，成為全球最大出口國，領先德國（二十一億九千萬美元）、英國（二十億七千萬美元）與法國（十一億九千萬美元）。[28]但美國工業利益強烈反對禁運或抵制，因為這樣做會進一步減少它們的出口。工黨經濟學者索爾（George Soule）也認為，目前對日本的經濟與人口限制所造成的影響一直被低估，美國一旦發動抵制將激起它的暴力回應。索爾認為，東京可能「像一名崩潰的乞丐面對警察的棍棒一樣」屈服，「但像日本人這樣驕傲的民族，在面對來自全球的敵意時，可能會更加認定他們現在必須成為一個堅不可摧的偉大東方帝國，否則就會淪為充滿恥辱的二流國家」。[29]他警告，一旦被迫在屈辱與為生存而戰間做選擇時，制裁會使日本強硬派更加得勢。在英國，貿易與封鎖顧委會的第一份有關日本經濟弱點的報告，也下了類似的結論：在美國與蘇聯參與的情況下，進、出口與金融限制的聯合施壓可能產生顯著效果，但不能排除「制裁逼得日本發動公開戰爭」的可能性。[30]

雖然仍有不少政治與經濟方面的疑慮，女性主義者對經濟壓力的觀點確實因為滿洲危機而出現重大改變。塞西爾與國際婦女和平與自由聯盟合作，要日本為一九三二年一月以後侵占中國領土的罪行負責。在美國，巴爾奇建議發起一次民間和平抵制日貨運動，迫使商界重新考慮對侵略的支持，但避免讓平民百姓承受飢餓封鎖之苦。巴爾奇在與史汀生助理的一次會議中建議發動「志願抵制」，認為許多關心世界和平、積極參與政治的女性會支持這樣的行動。[31]一次大戰剛結束時，女權政治組織絕大多數都反對經濟制裁。但到了一九三一到一九三二年間，女權組織逐漸開始像美國的「國際聯盟協會」（League of Nations Association）與英國的「國際團結聯盟」等親國際聯盟的國際主義團體一樣，採取更大膽的立場。[32]但巴爾奇等人支持抵制有一個條件，就是抵制不能「激發一場帶有群眾仇恨與好戰精神的運動」，國際婦女和平與自由聯盟美國分會會長戴澤（Dorothy Detzer）便向巴爾奇保證「不會有與日本開戰的危險」。[33]戴澤是在一九三〇年代的國會山莊推動武器禁運法案的和平主義重要說客，與她抱持同樣看法的人還有俄羅斯移民迪恩（Vera Micheles Dean）。迪恩是政治學者，曾為皮藹爾的「外交政策協會」編輯制裁新聞簡報。[34]

這些民間團體於一九三二年聯手創立美國抵制協會（American Boycott Association）。該協會透過社運人士、社群領導者、教會團體進行新聞傳播與公共活動等密集的全國性運動，掀起了一股向日本施壓的浪潮，從而逆轉一次大戰後民主與經濟壓力相互對抗的政治走向。在一九一八至一九二一年漫長的「和平戰爭」期間，群眾運動風起雲湧，反對反蘇聯的封鎖，協約國菁英則主張維持封鎖。十年後，英美國內反戰組織發起聲勢浩大的民眾運動，轉向支持抵制與制裁，而保守派執政菁英則反對這項政策。造成這個變化的部分原因是國際政治環境的轉變：到了一九三〇年代初期，問題不再是如何結束一場世界大戰，而是如何防止小規模戰爭的情勢惡化。與全面戰爭時空距離的不斷增加，讓許多自由主義者、左派與女權主義者重新評估武力使用的問題：商業施壓與戰爭截然不同，最好能用商業施壓取代戰爭。另一方面，套用一名保守派人士的話，社會動盪讓保守派更加深信「全民抵制就其本身而言便是戰爭……或許追根究柢，抵制的構想其實只是戰爭藝術的改良、它的最新發展而已」。[35]

在討論開展的過程中，巴特勒主持的經濟制裁委員會於一九三二年四月發表報告《抵制與和平》（*Boycotts and Peace*）。[36]這份報告是當時對於美國參與國際制裁之情形最完整的紀錄，委員會關於經濟武器的想法，則受到過去十年歐洲相關討論的影響。從一九二一年的國際封鎖委員會決議，到一九二四年蕭威爾與米勒的計畫，再到福斯特、塞西爾與費爾金於整個一九二〇年代提出的理念，在在可以看到嚇阻理論構成了制裁的根基。同樣的邏輯也是巴特勒委員會報告的基礎，《抵制與和平》指出：「對於任何一個考慮採取侵略行動的國家，此行為可能導致全球經濟制裁的恐懼，一定會讓該國的一切商業與工業利益有所動作；而它們在國內直接而全面的影響力，在許多案例中都足以扭轉局面，讓該國放棄侵略。」[37]這份報告在美國公共領域激起關於經濟制裁的熱烈辯論，[38]巴特勒明確表示此報告的論點也適用於抵制日本，試圖說服胡佛政府改變反對制裁的立場。[39]

《抵制與和平》同時也引發皮藹爾與著名的進步主義哲學家、當時在哥倫比亞大學任教的杜威（John Dewey）之間的一場辯論，他們爭辯的問題是「制裁是國際組織的必要工作嗎？」[40]皮藹爾覺得，制裁是任何國際秩序體制的必然結果，而建立嚇阻力量是關鍵所在。他認為日本人眼見西方國家對一九二五到一九二七年的反帝國反抗事件反應軟弱，便認定他們在中國的作為不會引發國際制裁。如果當年能夠嚴厲實施制裁，日本實業家們會立即阻止軍方，不讓軍方在滿洲有任何進一步的動作。皮藹爾還將這個教訓延伸至一次大戰的爆發：跟塞西爾、安吉爾與史威哲一樣，皮藹爾也認為德國如果知道將遭遇無情封鎖的後果，一定會要奧匈帝國克制，不要在一九一四年七月攻擊塞爾維亞。

但就核心而言，皮藹爾論證的基礎不是歷史經驗，而是國際秩序的新觀念。無法決定性地讓制裁成為世界和平的基礎，「強權即公理」的「戰爭體制」就會繼續。要建立更好的新秩序，需要一種威力像戰爭一樣強大，但沒有戰爭那麼恐怖的事物，僅憑道德壓力不足以成事。皮藹爾接受連帶傷害的風險，但不認為道德上來說，可以「區隔出一個政府與受其統治的個體」。根據他的觀點，一旦遭到制裁，「民眾可以從國際抵制的艱苦中脫身，只要他們讓自己的政府遵從國際義務」。[41]民眾影響政府的機制是否存在是個尚待討論的問題；但無論怎麼說，民眾想改變政府的行為，就得運用一切可行的手段。

杜威對皮藹爾將國家體制類比於國內社群的做法提出質疑。民法規定的懲罰不能就這樣直接套用至國際領域。對杜威而言，只有在關於核心價值的既有協議的基礎上，道德社群才能訂定懲罰措施。但期望這個過程能夠以相反的順序應用在國際政治上，就像把馬車擺在馬的前面一樣。首先必須在歷史與文化的發展之下，形成更具凝聚力的全球道德體系；唯有在這樣的體系出現之後，各國才會接受集體嚇阻措施。在達成這種共識以前發動制裁，只會造成進一步的分裂。杜威認為，道德社群無法強制建立，只能透過互動與交流的方式自然出現。[42]

美國最終沒有在滿洲危機中對日本實施制裁，不過美國對日本扶植的滿洲國採取了不承認的官方政策。日軍於一九三二年一月攻擊上海，華府採納史汀生的建議，拒絕承認日軍以征服手段占領的土地。[43]在日軍占領上海後，胡佛支持「史汀生主義」（Stimson Doctrine，又名不承認主義）以不至於引發戰爭的方式表示美國的譴責。十一月，國聯贊助的「李頓調查團」（Lytton Inquiry）針對九一八事變進行調查後，認定日本為犯罪國。李頓報告將滿洲國視為「日本占領區」而不是獨立國家，建議國聯全體會員國採取不承認的立場。日本因此於一九三三年三月退出國聯，成為第一個這麼做的國聯理事國。[44]

從許多方面來看，這都是始料未及的發展。一九三〇年代初的日本似乎堅決信守國聯的國際主義，當時日本採取自由主義的外交策略，以及限制軍國主義發展的金融政策，經歷著「立憲主義的黃金時代」，儼然有「成為第二個英格蘭」之勢。[45]但早在入侵滿洲以前，許多日本官員已經開始質疑國聯，認為它對他們有根深柢固的偏見。在巴黎和會召開期間，許多日本代表團官員感覺國聯用第十六條制裁日本的可能性，遠比用它對付英美的可能性還大。[46]在一九二一年的國際封鎖委員會會議中，岡實多少沖淡了制裁的嚴厲性。之後幾年，東京曾想方設法，讓外國人更瞭解日本作為亞洲資源貧乏島國的特殊地緣立場，但沒有成功。與此同時，日本因李頓報告而退出日內瓦雖是一項挫敗，但日本並沒有因此無可扭轉地走上與西方開戰之路。[47]日本樞密院強調願意與其他大國維持友好關係，並繼續參與裁軍計畫。日本離開國聯不是因為東京想要不受限制的交戰權，或再次選擇孤立，而是因為許多日本人認為國聯不在乎他們在東亞的利益。[48]

這場遠東危機在西方民主國家引起辯論，讓政界人物、決策者與社會大眾對日後經濟制裁的使用有所準備。到了一九三三年，辯論雙方都精進了他們的論點：主張制裁的一方認為，制裁總比戰爭好，而且可以利用對方的關鍵弱點；反對制裁的一方則認為，制裁難以協調、容易造成反效果，還會因對手的民族主義、貿易轉移與囤貨反制而效用不彰。

國際安全急劇惡化

日本退出國聯的時候，歐洲各國正面對納粹接掌德國的局勢。希特勒在一九三三年一月三十日的掌權，是經濟危機、德國獨裁保守派的政治投機行為，以及軍方希望逃避《凡爾賽條約》軍備限制等危險因素結合的結果。[49]掌權後不到幾週，納粹黨衛軍開始攻擊猶太人擁有的企業，展現他們可怕的反猶太世界觀。德國政府於四月一日正式宣布抵制猶太人。[50]

就像滿洲危機爆發時一樣，各國公民社會在政府有所動作之前就要求對德國的經濟施加壓力。美國的猶太組織很快發起反對歧視的抗議，在說服參議員韋格納（Robert Wagner）與美國勞工聯盟（American Federation of Labor）主席葛林（William Green）等人譴責納粹政策之後，美國猶太人大會（American Jewish Congress）領銜展開一項抵制納粹的運動，[51]但該運動沒能得到政府的官方支持，許多國家的猶太人組織也擔心發動全面抵制會招致納粹更暴力的對待。[52]

希特勒的掌權終結了英法從一九二六到一九三二年對於制裁德國相對溫和的態度。在英國，巴特勒的美國經濟制裁委員會報告，以及皮藹爾與杜威的辯論，引發了新聞記者、外交政策專家與官員間對制裁再一次的熱議。[53]一九三三年春天，查塔姆研究所針對經濟制裁召開一個特別工作小組會議，與會成員包括法學家威廉斯（John Fischer Williams）、裁軍倡導者貝克（Philip Noel-Baker）、自由派政界人士柯爾（Philip Kerr，洛錫安爵士）、長年擔任首相祕書的瓊斯（Thomas Jones），以及國際主義者齊默恩教授。此時「貿易與封鎖顧委會」與「最高國防委員會」這類政府官僚與軍方規劃參謀已經不再壟斷制裁議題，許多專家與評論員團體，特別是官方與民間的智庫或基金會，也開始參與這個領域的討論。[54]在英國的國際主義圈子，許多人希望即將上臺的羅斯福政府會比前任政府更能接受施加經濟壓力的做法。

羅斯福指派的日內瓦世界裁軍會議特使戴維斯（Norman Davis），讓人們更加相信華府風向已經改變。戴維斯於五月二十二日向世人宣布，美國不會阻撓或破壞任何對付侵略者的共同行動。一旦美國同意已經發生侵略事件，便將不再堅持中立權，重挫國聯的封鎖或制裁行動。戴維斯的演說讓主張美國與國聯合作的人士欣喜若狂，法國駐美大使認為這是「極大的進步」，美國的合作本身已經很有價值，但它還能讓巴黎克服英國多年來拒絕強制制裁機制的藉口：動用絕對的經濟武器可能招致與美國開戰的風險。[55]對法國政府而言，納粹德國帶來的政治挑戰愈發嚴峻，大西洋兩岸勢必得在制裁問題上取得共識。

就在同一個月，英國決策者首次研究德國經濟的弱點。麥克唐納指示貿易與封鎖顧問委員會調查如何用經濟壓力阻止德國重整軍備，因為重建軍力雖然違反《凡爾賽條約》的軍事條款，但不構成國際侵略行為，國聯便無法根據《國聯盟約》第十六條啟動全面禁運。因此，貿易與封鎖顧問委員會決策者必須假設，經濟施壓只能在國聯體制外、並且在非戰爭狀態下進行。唯一可能的方式就是有直接利害關係的國家透過國內措施採取行動，所以參與施壓的國家最多只能包含英國、法國、比利時與波蘭，以及捷克、南斯拉夫與羅馬尼亞三國組成的「小協約國」（Little Entente）。這樣的同盟集團無法製造出完全封閉的壓力，德國很可能會藉由改道第三國擺脫限制。出口禁令只會讓德國轉移外銷目標；德國的重要物資進口對這七個歐洲民主國家的依賴程度也不高。在這一切條件限制下，「是否能對德國施加有效的經濟壓力……是個很大的問題」。[56]

在一九三三年，對德國施加經濟壓力有個難題是，早在西方民主國家有能力採取一致行動以前，納粹政權就已經有所預期。對國家社會主義者而言，外國抵制與抗議都源自一種模糊的猶太人世界陰謀，要合力施加外在壓力對付他們。由於德國在外債、外資與原物料進口等經濟層面仍然十分依賴世界上其他國家，這種偏執妄想對德國影響重大。[57]納粹政權於六月宣布停止償還部分外債，同時對它的首要經濟產業發動種族整肅，[58]而為了維護它有限的外匯存底，德國政府開始嚴格限制資金外移並控制國內商會。[59]八月，外匯管制局開始限制德國公民購買外國郵輪船票，以國家權力禁止德國人使用英美海運公司的服務。[60]

一九三三年十月十四日，裁軍談判的失敗讓希特勒怒不可遏，他在怒斥其他國家之時，宣布德國退出裁軍談判與國際聯盟，跨出與凡爾賽秩序絕裂的一大步。德國外交部長紐賴特（Konstantin von Neurath）在致國聯新祕書長、法國人亞文諾（Joseph Avenol）的信函中，證實了這項厚顏無恥的舉動。儘管希特勒的決定並不令人意外，仍讓德國政府內部許多人士措手不及。在一九二〇年代與一九三〇年代初期，許多德國政府官員與軍官都憎惡凡爾賽條約的軍備限制，對國聯也不信任，但他們都同意一件事：國聯的制裁力量絕對不可小覷。

施特雷澤曼的舊顧問布勞長久以來一直擔心國聯的制裁。在德皇主政時代展開外交生涯、於威瑪共和時期升至部長級官位的布勞，在納粹掌權後出現的混亂中成為德國外交部的實際領導人。[61]一九三三年三月，他勾勒出德國面對的地緣政治局勢：由於英國擁有「強大的政治、道德與金融地位」，而法國仍是「目前世界上最強的軍事大國」，德國應該避免挑釁這兩個國家。[62]但德國仍然可以在不惹惱世界強國的情況下，慢慢減少自己的弱點。關鍵是要集中力量建立與東歐、南歐的經濟關係，形成一塊理想的擴張區。多瑙河沿岸的小型經濟體過於依賴對德國的外銷，不會加入對柏林的制裁；此外，一旦爆發戰爭，想用封鎖手段切斷進行這些貿易的陸地與河流交通也非常困難。[63]布勞認為，「目前對外在世界的依賴……無法去除」，但也無須這麼做，因為這將使德國失去對小國「施加政治影響力的最佳機會」。[64]

在這一整年之中，布勞與德國國防部長布隆伯格（Werner von Blomberg）一直試圖避免惹惱國際社會。但希特勒突然在十月退出國聯，迫使德國軍事官員開始準備應對可能的國際報復。[65]十月二十五日，布隆伯格下令陸軍與海軍指揮部以及航空部長準備在「遭到敵意制裁」時採取自衛行動。[66]「國防部決策者預期，德國會面對一場根據《國聯盟約》第十六條的「制裁戰爭」，制裁內容包含經濟限制、封鎖，以及入侵與占領德國領土。德國軍方擔心制裁會引發一場擊潰德國的戰爭，以致於他們高估了國聯的反應。亞文諾與日內瓦國聯祕書處對希特勒的決定驚訝不已，但沒有考慮立即採取懲戒行動，而希特勒也迅速提議與法國重修舊好，以安撫巴黎。[67]不過這項突如其來的絕裂導致軍方備戰，造成深遠的影響。德國軍方將制裁視為一項生死存亡的威脅，必須做出軍事回應，從而開啟一位德國歷史學家所說的「國際安全無止盡的急劇惡化」。[68]

日本與德國的退出，意味著國聯在僅僅七個月內就失去它的五個常任理事國中的兩國。負責維繫凡爾賽秩序的大國只剩下英國、法國與義大利。國聯沒能祭出任何對德國的制裁這件事，讓許多人認為國聯軟弱無力。但納粹退出國聯之後幾個月的發展顯示，國聯的制裁仍是一股不容小覷的威脅。墨索里尼沒有跟著希特勒的腳步退出國聯，而是於一九三四年一月明確呼籲「刪除盟約中的制裁條款」。雖然墨索里尼明顯偏好一個比較軟弱的國際組織，但他設法去除國聯執法機制的事實，說明他對制裁的力量仍然相當忌憚。墨索里尼宣稱，他想將國聯塑造成一個更實際、不那麼全力維護現狀的組織，「因此應該廢除現有的制裁，或用另一種制度取代」。[69]祕書長亞文諾願意與獨裁者公開合作的事實也顯示，日內瓦國際主義正從自由主義轉型為獨裁政府樂見的非政治立場。[70]但法西斯企圖去除而不是忽略國聯制裁的做法說明，儘管表面上充滿自信地大放厥詞，實際上他們對國聯的制裁仍然惶恐不已。

禁運的模稜兩可

想要挑戰國際現狀的國家之所以擔心國聯限制貿易力量，其中一個原因是，在一九三三到一九三四年間，愈來愈多美國菁英明顯開始探討如何跟倫敦、巴黎與日內瓦在這個領域合作。[71]這些美國國際主義者計劃通過法案，對軍備、彈藥與作戰物資的出口實施禁運。

二十世紀初期，美國政府為監督中美洲的革命與內戰而提出門羅主義，賦予總統實施武器禁運的權利。[72]但在一場衝突中，以差別式禁運對付一方或國家的構想，實則來自正義國際主義的威爾遜主義傳統，由當年威爾遜總統的法律顧問米勒與哥倫比亞大學法學教授錢伯倫（Joseph P. Chamberlain）於一九二五到一九二六年間首度提出。[73]錢伯倫表示：「一個國家似乎沒有理由不能使用經濟武器作為糾正手段……傳統國際法沒有規定一個國家一定得與他國貿易，所以使用禁運的國家不能被視為犯法。」[74]早期的禁運提案，是帶有外交政策目標的國內經濟規範；它們規範的對象是美國公司，不是外國貿易商。對付侵略者的差別式禁運，於一九二七年在國會首次提出，但無論是這項法案，還是一九二九年提出、主張以武器禁運執行《巴黎非戰公約》的卡波與波特決議案都沒有通過。在滿洲危機期間，國際主義者對日本發動差別式禁運的企圖，被軍事工業成功擋下。一九三三年三月，民主黨重掌白宮，使歐洲人對美國政策轉向充滿期待。[75]法國外交部希望禁運法案能夠從「國家政策的工具」轉型成「國際合作的手段」。[76]

主張透過武器管制建立集體安全的美國人面對重大難題。眾議員麥克雷諾（Sam McReynolds）支持的一項禁運法案，經過十次嘗試後終於在一九三三年四月於眾議院通過。但一個月後，它的參議院版本經加州參議員強森（Hiram Johnson）修正，變成將無差別地對一場衝突的**所有**交戰方實施禁運。[77]這項微小的修訂完全改變了國家限制對外貿易的意義。對交戰雙方實施武器出口禁運的做法，將原先的差別式禁運轉化成無差別的止戰措施。這其實是中立主義者，而不是制裁主義者的勝利。強森的修正案成為日後一九三五、一九三六與一九三七年規定美國應對交戰各方實施無差別禁運的《中立法案》（the Neutrality Acts）的基石。美國的這些中立法規削弱了國聯對付侵略的經濟武器差別對待的特性。

因此儘管言論振奮人心，在實際作為上美國最多就是個意興闌珊的制裁夥伴，最差還有可能是想從各方面阻撓制裁的對手。隨著全球政治情勢持續惡化，歐洲國家對美國冷漠態度的疑慮也更加深重。一九三四年十一月，英國首相鮑德溫在格拉斯哥的一次演說中保證：「只要我在位主導這個國家的政務，在知道美國怎麼做以前，我絕不會批准英國海軍參與對世上任何一個國家的武裝封鎖。」[78]猶豫不決不僅在外交上令人沮喪，還損及制裁主義者眼中強大經濟武器的真正基礎——嚇阻的整套邏輯。

儘管如此，國際武器禁運仍在這段時期取得重大進展。一九三二年九月，玻利維亞與巴拉圭因「大廈谷」（Gran Chaco）邊界爭議爆發戰爭。在迫切想要外銷軍火的西方武器出口商推波助瀾下，該戰事升級成持久的艱辛行軍、圍城苦戰，以及在灌木叢與塵土飛揚的河床進行的包抄戰，是二十世紀拉丁美洲史上最血腥的國際大戰。[79]英法很早就提出對玻利維亞與巴拉圭的國聯武器禁運案，並於一九三三年二月交付理事會，但由於未能將美國武器製造商納入禁運計畫，理事會遲遲無法定案。[80]到了夏天，玻利維亞與巴拉圭已經動員二十五萬人。美國國際主義者藉助美國當局不願國聯干預拉美事務的態度，與國會裡的中立主義者結盟，[81]主張對這兩個交戰國實施武器禁運，國會於是在一九三四年五月通過《廈谷禁運法》。

這項舉措引發廣泛迴響。英法沒有透過國聯行事，獨自共同合作了一項日內瓦管道以外的國際武器禁運；到了一九三四年十二月，已經有二十七個國家通過立法，禁止對這兩個拉美國家外銷武器。過程中欺騙與規避事件頻傳，但大多數政府最後都能夠迫使它們的武器出口業者遵守這些管制措施。[82]一九三五年一月，廈谷禁運出現意料之外的轉折。國聯主持的停戰談判達成一項停火協議，但只有拉巴斯（La Paz，玻利維亞首都）政府接受這項協議。既然玻利維亞遵守國際規範，國際社會對玻國的武器禁運隨即解除。[83]但對巴拉圭的禁運沒有解除，這讓巴拉圭擔心自己即將成為第十六條制裁程序的目標。[84]對像巴拉圭這樣的內陸小國而言，全球各大工業國發動的國際武器進口限制是一件非常可怕的事。[85]面對武器禁運的外在壓力，巴拉圭效法日本與德國的先例，於二月退出國聯。儘管它在戰場上擊敗玻利維亞軍隊，但巴拉圭的經濟過於耗弱，無力再戰。一九三五年六月，亞松森（Asunción，巴拉圭首都）當局在取得有利條件後結束這場衝突。

廈谷禁運的廣泛迴響鼓舞美國在一九三五年八月通過中立相關法規。[86]國際主義者總是斥責中立主義者，批評他們思想狹隘、擁抱「孤立主義」，[87]但一九三〇年代的武器禁運對經濟治理手段的限制並不是這樣的例子之一。[88]無論是否有意為之，中立主義者對全球最大製造業經濟體實施出口管制的做法，不只對世界貿易，也對地緣政治做出了重大的經濟干預，這種干預削弱了中立主義的力量。羅斯福政府的制裁主義派遭遇短期挫敗，但長遠來看，他們占了上風。一九三五年後，當第二次新政的立法改革與第一項《中立法案》同時施行時，中立主義者只能對政府控制商務的目的而不能對干預本身提出質疑。一旦美國政府應該管制與交戰國的貿易以**避免戰爭**的觀念成立，距離美國必須管制貿易以**中止戰爭**的想法也不遠了。原本為了阻止美國貿易干預而通過的中立立法，最後成為美國對全球進行干預的跳板。

蘇聯與制裁

在這次國際聯合執行的廈谷武器禁運裡，有一個不尋常的參與者：蘇聯。一九三四年，史達林跟他的外交事務負責人李維諾夫決定推動蘇聯外交政策轉向，開始支持集體安全。[89]九月十八日，在參與廈谷武器禁運之後三個月，蘇聯正式加入國聯，成為繼英國、法國與義大利之後的常任理事國。蘇聯的加盟顯示日內瓦沒有因日本與德國前一年的退出而癱瘓；更重要的是，莫斯科決定遵行盟約後，大幅增強了國聯經濟壓力的影響力，蘇聯政府對貿易的壟斷意味著它可以輕鬆克服民間企業對商業限制的抗拒。此外，如同貿易與封鎖顧委會的分析師在德國退出國聯之後達成的結論所說，納粹政權仍有一些可以重點打擊的弱點。[90]對德國出口的制裁可以降低它的外匯收益，讓希特勒缺乏經費重整軍備。顧委會預測，如果德國已經減少的外貿進一步衰退，納粹政權將被迫在花費見底的儲備進口食物與民生必需品，或者將它們用於購買軍需原物料兩者之間做選擇。[91]這項判斷沒錯，到了一九三四年夏天，德國政府持有的強勢貨幣僅夠向外採購一週所需，說明只要禁止德國商品進入主要外銷市場，就能對德國支付進口的能力產生立即影響。

這樣的傷害是否足以拖垮納粹仍有討論的餘地，但它無疑能在納粹鞏固政權的關鍵時刻，嚴重阻礙德國的經濟復甦與軍備重整。布勞當時就擔心「（我們的對手）不必動員任何一名士兵或發射任何一枚槍彈，就能建立起對付我們的、或明或暗的金融與經濟封鎖，讓我們陷入極度困境」。[92]英國當時沒有採取這樣的行動，不只是因為保守黨菁英的政治考量。貿易與封鎖顧問委員會的制裁決策者察覺採取這類行動得冒兩個經濟層面的風險：首先，對德國這樣大的經濟體實施制裁會對英國本身的外貿造成傷害；另一個議題是金融連動。英國的銀行平均持有四千到六千萬英鎊的德國短期債券，德國政府一直按期付息。金融封鎖會造成違約，這些資產就得註銷，損害英國金融機構的收益。金融施壓因此可能在無意間引發倫敦市的償付危機。

德國財政部長兼德國國家銀行主席沙赫特（Hjalmar Schacht）老謀深算，知道此連帶影響的威脅，於是利用英國銀行與德國政府的共同利益，使倫敦對納粹政策在政治上的反對無從施力。沙赫特於一九三四年九月推出「新計畫」（New Plan），進一步強化德國對英國的債務槓桿，並將德國的貿易關係推向雙邊基礎。「新計畫」採取只在價差部分使用貨幣支付的商品交互支付結算制度，減少外匯支出到最低限度。[93]新計畫的本意並非用來對付經濟制裁，但它保住珍貴的財政儲備，降低了納粹當局因為害怕外貿遭受重創而被迫放棄政治目標的風險。當年並非只有德國有這類顧慮：在一九三〇年代，所有投入迅速重整軍備行列的中型國家都面臨國際收支議題，因為它們發現外匯存底數量對它們的外交政策形成了一項經濟層面的限制。制裁決策者逐漸注意到這種普遍存在的外匯弱點，開始想方設法加以利用。

蘇聯在這樣的情勢之下加盟日內瓦，使得反德制裁成為可能。但義大利立場的不斷轉變與不穩定性，威脅著反德的聯合陣線。大蕭條讓法西斯的外交政策變得更加激進。[94]一九三二年秋天，墨索里尼與他的殖民事務部部長博諾（Emilio De Bono）開始計劃征服衣索比亞，這個由皇帝塞拉西（Haile Selassie）領導的東非王國於是成為法西斯帝國主義擴張與殖民方案的主軸。[95]一九三四年二月，義大利領導階層將入侵的日期定在一九三五年秋初雨季結束之時，軍事準備作業必須立即展開。阻止這項進程的不是國聯，而是希特勒。墨索里尼認為奧地利的獨立對義大利的安全至關重要，因此納粹在奧地利的勢力不斷擴張，令他感到憂心忡忡。義大利軍方為此準備了一項名為「三十四號計畫」（Plan 34）的方案，一旦奧地利爆發納粹叛亂，就對這個為阿爾卑斯山橫貫的共和國發動軍事入侵。到了夏天，奧地利可能落入納粹勢力控制的局面果然出現。七月，在一場德國支持的失敗政變事件中，奧地利總理陶爾斐斯（Engelbert Dollfuß）遇刺，墨索里尼隨即在提洛（Tyrol）集結了幾個師，揚言除非奧地利既有政權繼續執政，否則就要入侵，希特勒最終選擇讓步。但出現在阿爾卑斯山脈的這次緊張事件，使得羅馬在非洲發動殖民戰爭的計畫大幅延遲，因為駐在伊利垂亞的義大利增援部隊必須按兵不動，等候歐洲情勢的穩定。[96]直到一九三四年十二月，在義大利軍隊與衣索比亞邊防軍在歐加登沙漠（Ogaden Desert）的瓦瓦（Wal Wal）發生衝突後，墨索里尼才下令繼續為入侵衣索比亞做準備。

當義大利援軍抵達東非，國聯任命委員會調查瓦瓦事件時，希特勒進一步違反了《凡爾賽條約》的規定。一九三五年三月，他恢復徵兵，將德國國防軍兵力從十萬擴充到三十萬人。這時與蘇聯進行互助條約談判正值最後階段的法國政府，於是提議利用這個即將建立的同盟關係，採取針對性制裁，阻止德國重整軍備。巴黎主張避免糧食封鎖，以免納粹宣傳說國聯想「餓死德國人民」。但在軍備生產不可或缺的原物料方面，英國、法國與蘇聯握有強大優勢。這三個國家不僅掌握全球錳礦、鉻礦、鎳礦與碳酸鎂極高比例的產量，也控制著鋁土礦、鎢礦與鉬礦流入德國的管道。[97]

一九三五年四月，法國政府在義大利湖濱城市史崔薩（Stresa）的一次會議中，向英國與義大利提出這項計畫。這項反德制裁計畫的重點是與蘇聯合作的礦產限制，由於德國重整軍備需要蘇聯的原物料，蘇聯在貿易談判中的影響力不斷提升。[98]沒隔多久，德國外交官向英國表示，他們願意考慮簽訂互不侵犯協定。史崔薩同盟會議似乎嚇著了希特勒。「這表示德國願意談判，可能遭到全面經濟抵制讓德國擔心受怕。」《紐約時報》駐莫斯科記者杜蘭提（Walter Duranty）寫道：「德國的大言不慚直到目前為止都很成功，唬住了歐洲其他國家。但史崔薩會議或許能夠針對德國弱點進行打擊，也就是外貿、原物料與金融，讓德國的虛張聲勢破功。」[99]

英法作為歐洲現況守護者握有關鍵決策權，可以決定要將對抗侵略的集體制裁聚焦於何處。[100]它們要在兩個選項中做選擇：防堵德國在歐洲逐步破壞《凡爾賽條約》，或阻止墨索里尼為入侵非洲做好準備。為了遏制納粹重整軍備，自由民主國家需要與義大利維持合作關係，根據第十六條發動制裁需要理事會全體一致通過；也就是說，義大利的常任理事國席次讓墨索里尼在批准制裁希特勒這件事上扮演重要角色。[101]但如果國聯想阻止法西斯侵犯它的非洲會員國衣索比亞，就得將鎮壓羅馬的工作擺在遏制希特勒之前。法國菁英不喜歡第二個選項，因為對他們來說，德國仍是對歐洲和平的最大威脅。在一九二〇年代，法國曾策劃東歐與中歐成立「小協約國」同盟對抗這樣的危險。[102]然而希特勒迅速擴張的權力意味著除非擁有強大的東方盟友，否則任何防堵計畫都行不通。因此，對國聯來說最有效的反侵略同盟就是複製一九〇七到一九一七年的三國協約，只不過現在英法的結盟夥伴不是沙俄，而是蘇聯。[103]

法國在史崔薩提出的礦產制裁計畫，是第一個由西方國家提出的、將蘇聯納入集體安全陣營的提案。李維諾夫已經準備好加入西方民主國家的行列，保衛第十六條，但他還得奮力掙扎，努力克服西方各國首都根深柢固的反共態度；[104]史達林也非常重視德國的威脅，支持跟巴黎與布拉格展開法蘇與捷蘇互助條約談判。[105]有待解決的問題是，英國會不會接受莫斯科，將蘇聯視為真正的夥伴。一九三五年五月，艾登（Anthony Eden）成為第一位訪問蘇聯的英國外相。艾登在克里姆林宮會見史達林時指出，相較於蘇聯遼闊的領土，英國在地圖上儼然是一座小島。「沒錯，英國確實是一個小島國。」史達林答道，「但依賴它的人卻很多。如果這個小島國告訴德國，『我們不會給你們錢、原物料和金屬』，歐洲和平就有保障了。」[106]

在倫敦，蘇聯大使麥斯基（Ivan Maisky）也嘗試推動英、法、蘇聯三國共同制裁行動，趁早遏止納粹勢力的擴張。但又一次，問題出在義大利。墨索里尼一邊在歐洲採取親國聯、對付德國的政策，一邊在東非採取反國聯的政策。身為理事會成員的義大利，不能攻擊另一個主權會員國。但怎麼做才能迫使羅馬的法西斯分子返回歐洲同盟陣營，對抗納粹？麥斯基建議，鮑德溫如果是個聰明的帝國主義者，就應該對義大利明確提出制裁威脅，包括封鎖蘇伊士運河。這麼做能切斷法西斯派駐東非遠征軍的海上運補捷徑，逼得墨索里尼走上談判桌；又或許，可以將法國或英國控制下的一個前德國托管地交給義大利，買通墨索里尼？麥斯基認為，這麼做「不僅可以大幅提升國際聯盟的聲望，還能鞏固英國、法國、義大利與蘇聯對抗德國威脅的聯合陣線，歐洲邁向相對安定之路也就此打通」。[107]

嚇阻的難題

但情勢果真能好轉嗎？在為入侵衣索比亞備戰的過程中，墨索里尼自始至終都對德國抱持高度懷疑。一九三五年五月，當他聽說納粹的騷亂時，墨索里尼寫信給義大利駐慕尼黑領事說：「所有與德國溝通的橋梁都斷了。如果她願意合作、共謀歐洲和平，那當然好；如果不然，我們會將她擊潰，因為今後我們要完全站在西方陣營這一邊。」[108]這番話並非自吹自擂。六月，法國與義大利軍方參謀擬定一旦希特勒兼併奧地利，就越過阿爾卑斯山入侵巴伐利亞（Bavaria）的聯合作戰計畫。[109]在史崔薩，麥克唐納也重申倫敦會跟巴黎與羅馬站在一起，對抗德國，共同守護《凡爾賽條約》與《羅加諾公約》。[110]當時分析師們預期希特勒的下個挑釁動作會出現在奧地利，或是對波蘭的但澤（Danzig）或立陶宛的梅梅爾（Memel）出兵。所有這些行動，都足以引發國聯以英、法、義、蘇四個常任理事國為首、根據《國聯盟約》第十六條採取的制裁。[111]

但私底下，英國菁英對國際主義制裁卻顯得興趣缺缺。為了維護大英帝國的全球霸權，白廳更希望能與德國達成協議，以壓制他國對其地位的威脅，例如義大利對東非的野心。英國參謀長們擔心大英帝國戰備不足，堅持「這個國家在往後幾年內不應該參與戰爭。我們極力呼籲……要把握一切機會避開戰爭的風險」。[112]倫敦也斷然拒絕法蘇對納粹德國的礦物制裁計畫。貿易與封鎖顧委會終於在六月初討論史崔薩制裁方案時，以「無效」為由回絕了這項提案。[113]但它引用的三個拒絕理由——會造成對英國外貿的反撲、投機主義國家成為制裁漏洞，以及倫敦發生金融危機的風險——

說明兵力不足對英國決策者來說不是問題。唯一真正稱得上弱點的是透過第三國逃避制裁，而即便是這個問題也可以藉由外交途徑解決。事實上，擔心商業上遭到反撲與對於倫敦市發生金融災難的顧慮，證明的都是制裁的重大副作用，而不是制裁的弱點。政界人物可能對他們的承諾支吾其詞，但對那些設法利用一九三〇年代相互依存的局勢，考量手中握有的具體選項的人而言，儘管經歷大蕭條，經濟武器顯然依舊具有相當大的威力。然而為了自身利益，法西斯領導人以誇大的言辭，某些他們的民主國家對手以無作為的方式，否認了這項事實。

致力於國聯事務、反對法西斯的國際主義公民社會團體，堅決主張運用經濟制裁。一九三五年春夏兩季，英國國內中間偏左陣營對制裁措施的支持呼聲愈來愈高。在那之前數月，國際團結聯盟動員大約一千一百萬人參與「和平投票」（Peace Ballot），這是一個由民間主辦的、調查人們對日內瓦與其和平計畫支持度的公投。六月二十七日，塞西爾在皇家阿爾伯特音樂廳親自宣布公投結果，就連他本人也對這些結果吃驚不已：絕大多數人支持經濟制裁（一千萬張贊成票，對上六十萬張反對票），而且如果有必要，甚至會支持軍事制裁（六百七十萬人贊成，兩百三十萬人反對）。整體來說，在一千一百萬名參與投票的人當中，八十六．八%的人支持經濟武器，四分之三的人支持軍事行動。

「和平投票」結果公布造成的影響，完全達到塞西爾與國際團結聯盟領導人原先的期待。一夜之間，英國菁英的選舉算計徹底改變。選區內有大量國際主義死忠支持者的保守黨，眼見大多數選民支持經濟施壓，甚至支持動用軍力，於是改變政策方向，開始支持制裁。到了這時候，一個成員立場跨度甚大的左派與自由派集團已經表態，支持立即對備戰中的法西斯義大利實施制裁，有些國會議員甚至呼籲英國關閉蘇伊士運河。[114]英國與法國工會也挺身而出支持制裁，就和第三國際徹底支持莫斯科集體安全路線的共產主義政黨一樣。[115]只有少數左派既反對墨索里尼即將發動的侵略，也反對國聯對墨索里尼實施制裁。千里達馬克思主義者詹姆斯（C. L. R. James）斥責史達林的經濟武器論點是「犯罪的胡扯」。詹姆斯表示，他所屬的工人階級運動「支持衣索比亞，就像列寧支持阿富汗對抗英國一樣，但（這個運動）不會讓自己掉入帝國主義的陷阱」，淪為保衛大英帝國與日內瓦制裁的工具。[116]詹姆斯反對國家主導的制裁，但支持抵制的解放潛力，稱抵制為「工人的制裁」。[117]

※　※　※

考量到制裁義大利問題引發的辯論走向變化多端，一九三五年經濟武器的嚇阻力道究竟是強是弱？根據當年的記述，後人所謂國聯制裁是紙老虎的說法並無實據。在義大利與衣索比亞的戰爭爆發之前幾個月，西方國家用制裁對付墨索里尼的決心愈來愈明顯。受到「和平投票」刺激，英國保守黨開始以更直接的行動阻止這場衝突。七月二十五日，在國聯對瓦瓦事件的調查報告結果發表以前，英國加入法國、瑞士、比利時與捷克的陣營，對出口至義大利與衣索比亞的武器實施禁運。[118]鮑德溫是謹慎的保守黨帝國主義者，他對集體安全懷抱的戒心遠大於塞西爾周遭的國際主義者，但在當時令人興奮的氛圍之下，他也開始大肆宣揚起經濟武器。五月重回首相府以後，鮑德溫證實，威脅國際和平的國家將面對英美結合在一起的力量：「這種全面封鎖產生的立即威力，以及無法貿易或借貸帶來的後果，是世界上任何一個國家都不敢面對的制裁。」[119]在維也納的經濟新聞記者博蘭尼，對國際社會反侵略警覺意識的逐步提升，有著十分貼切的描述：「在盎格魯撒克遜世界，一種和平制裁主義信念正廣為流傳……它主張為和平而戰，但不為維持現狀而戰。它代表保守派的勃勃生氣。」[120]

第八章 現代史上最偉大的實驗 1935—1936

義大利入侵衣索比亞，導致國聯首度全面動用經濟武器。由於邊界衝突及義大利在東非增兵，早在幾個月以前，許多人已經預期國聯將制裁墨索里尼。到了一九三五年九月，世界各國都認定戰爭如果爆發，日內瓦會採取行動。他們預測如果《國聯盟約》第十六條制裁程序啟動，目標就會是羅馬的法西斯政權，事實也果然如此。九月十一日的年度大會中，法國總理拉瓦爾（Laval）與英國國聯事務部部長艾登都公開宣布，如果墨索里尼發動攻擊，他們會實施制裁。[1]在墨索里尼於十月三日入侵衣索比亞之後，國聯立即認定義大利為侵略者，迅速訂定一套六週以後生效的制裁方案。國聯副祕書長、愛爾蘭人李斯特（Sean Lester）形容這形容開啟了「現代史上最偉大的實驗」。[2]

國聯的制裁沒能迫使義大利停止侵略戰爭，也沒能保住塞拉西皇帝的政府或衣索比亞的獨立。一九三六年春末，義大利已經全面征服衣索比亞。在一片叫罵與失望聲中，最後的制裁措施在七月解除。根據傳統解釋，對義大利實施制裁是一場災難，敲響了國聯的喪鐘，導致整個集體安全體系隨之瓦解。[3]歷史學家泰勒（A. J. P. Taylor）的說法尤其激烈：「國聯的真正死亡出現在一九三五年十二月，而不是一九三九或一九四五年。」[4]國聯未能遏阻侵略雖是不爭的事實，這件事帶來的後果卻更加複雜。在戰間期的制裁史上，這次事件突顯出三個特定的意義。首先，和平時期經濟制裁的實際運用，改變了人們對經濟武器威力的想法，開啟了制裁發展的新階段。一次大戰結束後的十年間，無須採取實際行動，想像中的經濟孤立威脅便足以確保和平。這種嚇阻方式在一九二一年對南斯拉夫與一九二五年對希臘都收到效果。一九三五年的情況則有所不同，這一次的制裁對象，是在意識形態與經濟兩方面，都大舉投入軍國主義與殖民征服的、相對大型的工業國家，迫使制裁脫離虛擬範疇，進入實際施行的領域。

其次，基於化理論為實際的需求，經濟施壓的方式得重新設計。國聯制裁策劃者曾建議對義大利發動石油禁運，但這項措施一直沒能實施。[5]墨索里尼自然害怕國聯這麼做。即使這項政策不確定能立即收到效果，但墨索里尼似乎很相信國聯的石油禁運將迫使他結束在非洲的行動。[6]然而，以可能發生的能源封鎖為標準評斷制裁，忽略了英法決策者所期待的實際效果：聚焦於金融而非奠基於資源的制裁。這種制裁模式的背後推手是經濟學者而不是海軍將領。他們的「財務制裁論」（Treasury theory），目的在打擊侵略者最弱的所在：他們的外匯存底。經濟大蕭條導致的貿易崩潰造成強勢貨幣供應短缺，阻斷法西斯向世界市場的外銷能讓義大利的外匯存底更加不足。財務制裁論的重點是對國際收支施壓，它的創新之處因為讓人想到比較傳統的「海軍制裁論」（Admiralty theory，阻擋對手關鍵性商品的進口）而一直遭到忽視。但正如經濟史學者表明的，在一九三〇年代艱困的世界經濟環境中，外匯存底確實是一種關鍵商品。[7]使用耗盡對方貨幣的方式制裁的好處是，發動這種制裁的國家比較不費力，對制裁目標的也沒有那麼挑釁。但這種漸進式做法也是財務制裁論的主要弱點：出口禁制只能逐步壓縮軍費預算，無法立即止住戰端，墨索里尼以及之後的侵略者於是甘願冒著高風險發動殘酷戰爭，不肯調整他們對外擴張的目標。

義大利與衣索比亞制裁的第三個重要面向是它們對義大利、納粹德國與日本這種修正主義國家所面對的戰略情勢造成的影響。聯盟的制裁不但沒有被譏為無效，還讓這些國家充滿憂慮。經濟大蕭條的衝擊是這些國家走上經濟自足之路的原因，但制裁促使它們在這條路上加速前進。就算執行得有瑕疵，國聯的制裁顯示，國際主義者聯手可以迅速組織起作用範圍十分廣泛的經濟壓力，讓人害怕一九一四到一九一八年間的封鎖會再度重演。

這三個重點說明義大利與衣索比亞的戰爭並沒有終結集體安全，而是開啟了它發展的新頁。英法於一九三五到一九三六年間沒有擬訂出新的經濟武器方案，但當羅斯福政府嘗試修改中立法律時，兩國差點就可以將經濟武器橫向擴展。另一個失之交臂的機會是組織對衣索比亞的金融與後勤支援，深化反侵略措施。這兩個選項堪稱是之後十年間出現的新式國際主義聯盟作戰的先聲。[8] 消耗式的制裁未能阻止義大利征服衣索比亞，但它們重創了義大利經濟，迫使法西斯政權做出艱難選擇，也塑造了德國與日本菁英經濟自足的政策方向。一九三五年以後，德日展開戰時動員，在西班牙與中國作戰，愈來愈迫切地想要擺脫它們的經濟弱點。[9]

相互依存與經濟大蕭條

要瞭解一九三〇年代經濟制裁的政治，我們首先得理解經濟大蕭條對當時世界經濟的影響。這場令人震驚、翻天覆地的全球性大衰退，是現代經濟史上的重大分水嶺。隨著商品價格暴跌，農民與公司破產；股市因投資人恐慌而重挫，銀行倒閉，內閣也搖搖欲墜。為了因應這樣的情況，各國政府紛紛提高關稅壁壘、拖欠債務、退出金本位、進行資本與外匯管制並展開匯率戰。這些戲劇性的震撼事件終結了自十九世紀中葉以來建立的自由經濟秩序。但經濟大蕭條沒有終結大型工業經濟體在物資上依賴全球其他地方的基本事實；世界經濟局勢在一九三〇年代出現劇變，但這些變化對制裁潛能造成的影響並沒有一般人想的那麼大。

經常被人視為經濟大蕭條表徵的貿易就是個很好的例子。經濟與金融組織的年度調查顯示，世界貿易總額從一九二九年的六百八十六億美元，斷崖似地跌到一九三四年的兩百三十四億美元。[10]以金融與商業的角度而言，這樣的衰退十分巨大，但就物資的面向看來並沒有那麼嚴重。雖然以市場價格的**價值**估算，世界貿易減少了三分之二；但以實際商品交換**總額**估算，跌幅只有約三分之一。[11]在一九二四到一九二九年間，全球商務總額以六%的年增長率高速成長，[12]即使隨後出現重挫，但全球貿易實質總額並沒有跌回全球化以前的低點，而是回到一次大戰即將爆發前那段經濟整合時期的高峰。在一九三〇年代大多數時間，世界貿易額仍**高於**一九一三年的水準。[13]此外，經濟大蕭條造成的貿易額下挫主要發生在高附加價值製造商品，原物料與食品貿易額受到的影響較小，而且很快就能反彈回來。[14]換句話說，一九三〇年代見證的，是一場實際總額並未減少的全球商品流通——更不用說全球化的其他重要指標，例如移民。[15]所謂戰間期出現劇烈「去全球化」的觀點有誤導之嫌；經濟大蕭條主要影響的是價位、資金與金融指標，而不是人員、生產與商品的流通。[16]

世界貿易的分布到了一九三〇年代末期，也比十九世紀末更加區域化。在一九一三年，歐洲出口占全球出口總額將近六〇%；到了一九三七年，歐洲出口占比少了將近四分之一，美洲、非洲、亞洲與大洋洲占全球市場的份額都增加了。[17]歐洲菁英在一次大戰期間對經濟武器的信心，反映的是一九一〇年代歐洲國家身為貿易霸權的自信。四分之一世紀過後，非歐洲經濟體已經在全球市場中扮演更活躍的角色。由此可知，戰間期的世界經濟仍然高度全球化，與其說「去全球化」，不如說「去歐洲化」更為精確。[18]

大致上來說，對制裁而言更重要的是經濟衰退對特定領域的影響，而不是它如何改變整體貿易價值與總額。不景氣對運輸、能源與礦業的相互依存有著混合式的影響。海運既屬於經濟領域，也是出口統計資料無法全面掌握的全球基礎設施之一，但它對執行制裁至關重要。在一九三〇年代，英國擁有全球最大的海運商船隊，其次是一次大戰期間蓬勃成長的美國與日本商船隊伍。德國、挪威、義大利、法國與荷蘭船隊等其他較小型的競爭對手，各占全球商船噸位總數三%到四%。儘管國際海上運輸量減少，德國與義大利仍保有相當的優勢。如表8-1所示，戰間期是海運業的成長期。[19]但從一九三二到一九三五年，全球海運商務連續四年衰退，意味著一九三七年的總噸位已經

表 8-1 全球商船規模排名，1914 與 1937 年

排名	1914	註冊總噸（以百萬噸計）	占全球總噸位比例（%）	1937	註冊總噸（以百萬噸計）	占全球總噸位比例（%）
1.	英國	21.0	50.4	英國	20.6	37.9
2.	德國	5.5	13.2	美國	12.4	22.8
3.	美國	5.4	13.0	日本	4.5	8.3
4.	挪威	2.5	6.0	挪威	4.3	7.9
5.	法國	2.3	5.5	德國	3.9	7.2
6.	日本	1.7	4.0	義大利	3.2	5.9
7.	義大利	1.7	4.0	法國	2.8	5.2
8.	荷蘭	1.5	3.6	荷蘭	2.6	4.8
	總計	41.6		總計	54.3	

跌回一九二一年、協約國因戰時需求擴建船隊時的水準。[20]自一次大戰結束後，日本、挪威與德國開始擴建船隊，到了一九三〇年代末期，它們的船隊實力已經不容小覷。制裁主義者面臨的問題不是海洋交通的去全球化，而是控制權愈來愈分散：一九三〇年代末期，三個修正主義強權（義大利、德國與日本）大約控制著全球船隊總噸位的二〇%，懸掛中立旗幟（荷蘭、挪威與美國）的船隻總噸位也從一九一四年的一千五百萬噸增加一倍到至少三千萬噸。[21]

科技變化讓全球海商運輸的管控更加複雜。一次大戰後建造的新商船大多以燃油（又名重油）為動力，用燃油加熱蒸汽鍋爐或推動內燃機運作。從一九一四到一九三四年，煤動力商船的全球總噸位占比從八十八%減少至五十一%，燃油動力船隻數量占全球貨船總數則從三%增加到四十六%。[22]貿易與封鎖顧委會在一九二〇年代中期便意識到，這代表實施儲煤庫管控化解衝突的做法，未來將不再可行。[23]石油生產過於分散，且產地大多位在大英帝國境外，例如美國、蘇聯、委內瑞拉與墨西哥等國家。[24]要將燃料控制塑造成一種全球懲戒工具，只有一個辦法：英美必須跟荷蘭合作。荷蘭透過荷蘭皇家殼牌（Royal Dutch Shell）集團控有中東與東南亞油產的重要部分，特別是東亞石油的主要來源——荷屬東印度。[25]

英、美、荷在全球石油市場的優勢，與全球礦產集中的情形相類似。在一九三八年，十個國家控制著全球七十一％的礦產，四個國家擁有五十二％的已知貯量，而光是美國一國就擁有全球二十九％的礦物。英法除了煤與鐵，擁有的本土礦物不多，但它們透過對殖民地的控制，以及藉由在海外營運的英法民營公司的非正式管道，掌控著大量礦物。如果將這些影子公司控有的礦產納入國家總額，全球礦產集中的現象實際上更加極端，英美兩國控制的比例超過五十一％，美、英、法、德、蘇寡占了七十四％的全球供應。[26]如表8-2所示，對英國而言，將帝國官方與企業持有相加得出的「礦物實量」特別大。不列顛群島僅握有全球礦藏總額的四．五％，但透過在拉丁美洲、非洲、中東與亞洲的海外屬地與公司，英國持有的分量實則高達二十一．六％。整體而言，在整個一九三〇年代，國際聯盟會員國以略高於全球半數供應的比例，穩定控制著最重要的商用礦產。[27]反共產國際的修正主義國家持有的比例雖然有所成長，但到了一九三六年，仍不及國聯持有比例的四分之一；蘇聯加入國聯，也足以填補日本與德國退出造成的空缺。

國聯因此擁有強大的資源控制潛能，但主導日內瓦秩序的英國與法國，僅憑自己的力量無法發揮這種支配優勢，它們還需要跟美國與蘇聯合作。蘇聯在頭兩個五年計畫中快速成長，於一九三〇年代大幅改善了原物料供應狀況。

經濟的全面成長提供了制裁威力得以持續的另一個理由。經濟專家開始認知到，戰時經濟的成敗關鍵不只是原物料的供應而已，原物料的消耗率也很重要。就這一點而言，人口成長、都市化與生活水準的提升，都使戰間期的社會結構更加脆弱。工業化經濟體在一九三〇年整年消耗的煤與石油，分別是它們一九〇〇年消耗量的兩倍與九倍，[28]這種整體經濟消費增加的現象意味著原物料短缺會比過去更快造成不安。最後，進口的速度加快也需要足夠的貨幣儲備。有鑑於這類儲備的分配相當不均，有些國家遠比其他國家更容易受到制裁影

表 8-2 關鍵礦物的持有比例，1929 與 1936 年

	1929 年占全球總額比例（%）	1936 年占全球總額比例（%）
國際聯盟	53.5	52.4
挑戰國際現狀的國家（德國、義大利、日本）	9.6	11.6
美國	34.2	29.0
英國殖民地	21.2	21.6
蘇聯	3.8	9.2
德國	7.1	8.2
法國殖民地	7.8	6.0
加拿大	5.2	5.4
法國本土	5.9	4.7
英國	4.6	4.5
日本帝國	1.2	2.9
南非	3.3	2.6
墨西哥	3.0	2.5
澳洲	1.6	1.9
義大利	1.3	1.5

註：本表計入的礦物是二十八種「主要商用礦物」：鋁、銻、鉻鐵、銅、鐵、鉛、錳、汞、鎳、錫、鎢、鋅、石棉、重晶石、陶土、煤、螢石、石墨、石膏、菱鎂礦、雲母、硝酸鹽、石油、磷酸鹽、鉀鹽、黃鐵礦、硫磺與滑石粉。

響。如同《經濟學人》諷刺的評語：「取用世界上的天然資源通常是免費的，但戰時例外。在戰時，它就像麗池酒店一樣，只有付得起價碼的人才能享用。」[29]

海軍制裁論與財務制裁論

一段時間以來，法西斯義大利始終是英法戰略策畫者關注的目標。他們的第一份研究報告（分別於一九三一與一九三三年提出）相當鼓舞人心。海軍部分析師認為：「最理想的經濟武器制裁目標，是高度工業化、極度依賴外國食品與原物料、軍事力量大過經濟抵抗力的國家……（也就是說）相較於以軍事力量迫使對方軍隊臣服，用經濟手段拖垮它的國民要簡單得多。」[30]義大利的經濟符合這些標準，義大利的原物料大體上依靠它的全球第七大商船隊從海外進口。燃料方面，外來補給對義大利經濟至關重要：它有四十七％的煤與九十九％的石油透過海上運輸從國外進口。[31]深諳戰時協約國封鎖經驗的海軍策劃者，自然傾向於採取切斷商品供應的制裁策略。

然而，在對付像義大利與德國這樣的挑戰國際現狀的國家時，必須保有政治彈性，因此這種海軍制裁論存在缺陷。首先，想控制產自全球各地的各種商品，需要龐大的外交同盟。不僅如此，經濟大蕭條導致不公平競爭、關稅戰與資源壟斷等國際緊張情勢升溫。如果整個計畫最後試圖對世界市場的特定商品進行永久管制，那麼人們對經濟制裁僅存的一點善意也將因此煙消雲散。基於這些理由，規劃制裁的文職官員主張一種不同的制裁設計，希望能用這種比較簡易的方式，以較低的政治成本取得較高的效益。

這種財務制裁論不強調對重要商品的限制，而是試圖利用義大利處於下風的國際收支狀況。羅馬無法向國際金融市場借得主權債務，已經是倫敦金融圈眾所周知的事。義大利想跟華爾街與倫敦市取得連繫，唯一的管道是民營銀行。在開戰機率逐漸增加的一九三五年間，英美許多銀行家開始減少他們為義大利借貸人提供的貸款。就連輪胎製造商倍耐力、車廠飛雅特與化工集團蒙特卡蒂尼這類大公司，為進口需求向英格蘭銀行與倫敦商業銀行申請還款期十二個月的借貸時都遭到拒絕。[32]貿易與封鎖顧委會分析師指出：「彌漫海外的、對義大利處境的不信任，其實本質上已經是對義大利的一種金融封鎖。」[33]在這種經濟困難的狀況下，英國制裁規劃者真正可以使力之處，是義大利必須同時支應軍事開銷與重要進口，財源卻相當有限的窘態。

曾經擔任國聯祕書長，後來成為英國駐羅馬大

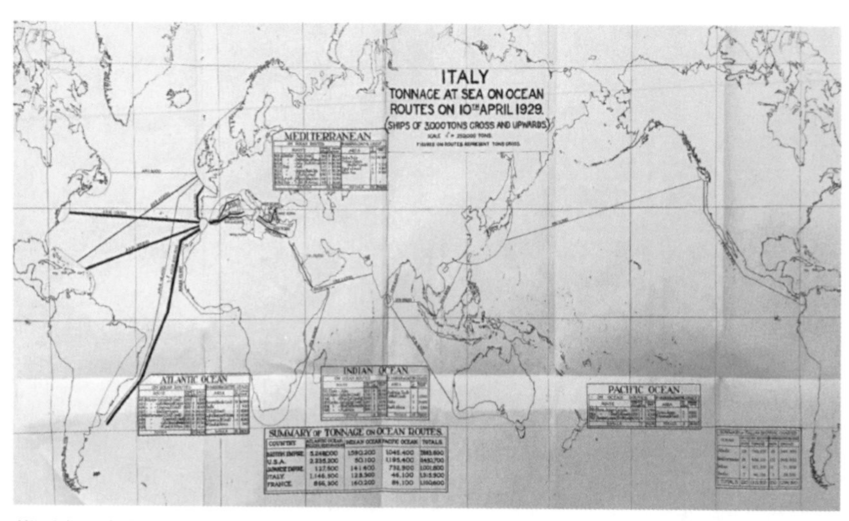

英國海軍部的義大利商船運輸路線圖，1929 年。圖片來源：英國國家檔案局。

在墨索里尼入侵衣索比亞之前三個月的軍事集結期，義大利船隻將補給運抵伊利垂亞的馬沙瓦（Massawa）港，1935 年 7 月。圖片來源：Smith Archive。

使的德拉蒙德在報告中說，一九三五年前六個月，義大利的軍事增援花費為一千一百五十萬英鎊。一旦另外五萬名遠征軍抵達非洲，軍費開支將增加到每年四千萬英鎊。考慮到義大利銀行七月時僅握有九千兩百萬英鎊（五十五億里拉）的儲備，軍用與民用開支現在得為爭取同一項緊縮的財源而直接競爭。就像對納粹德國的調查一樣，貿易與封鎖顧委會也因此達成結論，認為外匯存底是整個法西斯經濟最弱的一環。它建議，制裁的目標除了義大利的進口以外，還應該以同樣力道打擊它的儲備積累源頭——它的出口。如果所有國聯會員國都對義大利的出口關閉市場，義大利的強勢貨幣年度收益會減少七十三%。34

從這個觀點看來，讓墨索里尼繼續往非洲之角增兵，不過是遞更多繩子給他，讓他吊死自己而已。一旦啟動制裁，於海外維持一支大規模的機械化歐洲軍隊，在糧食、燃料、服裝、運輸與保養上必須付出的大量開支，將加速淘空義大利微薄的政府預算與財政儲備。貿易與封鎖顧委會另一份研究如何直接對義大利軍隊施加經濟壓力的報告這麼說：

除了在東非實際作戰地區，由於缺乏水、糧食與石油產品這類必需物資而面臨嚴重困難的可能性以外，義大利首先遇到的難題，可能會是外匯資源的普遍短缺，導致無法採購重要的必需品，而不是特定物品的短缺……因此，似乎沒有必要採取特別嚴厲的措施阻止義大利取得特定的必需物資……只要我們能確定義大利會為她取得的一切補給付出高額代價。[35]

這種迫使侵略者「付出高額代價」的做法，是專門打擊侵略野心的制裁模式，奠基於耗損而非嚇阻的概念。英法政府認為，在面對經濟威脅時，墨索里尼不會像一九二〇年代的帕西與潘加洛斯那樣迅速屈服。但他們信心十足，相信不必實際用兵也能磨損義大利的戰力，讓義大利無以為繼。[36]根據這項評估，英國外相霍爾（Samuel Hoare）與法國總理拉瓦爾在九月中旬的國聯大會中達成協議，決定排除石油禁運、關閉蘇伊士運河或海軍封鎖等較具侵略性的制裁方式，認為這些措施是沒有必要的挑釁。[37]

在法國，決策者也開始偏好針對出口的消耗戰略。當最高國防委員會於一九三五年研究制裁德國的可能性時，它優先考慮的是避免給人一種讓德國人民挨餓的印象。法國決策者認為：「以糧食為目標的制裁最野蠻，其次是以紡織品為目標。」紡織業僱有大量德國人，破壞德國紡織業可能造成失業與罷工，但這種社會效應不能保證削弱德國的軍事生產，而打擊德國軍事生產才是法國戰略家們追求的目標。切斷重要商品的效果不夠迅速，因為德國人「精於取代」（génie de l' Ersatz）。最高國防委員會因此做出結論：「抵制德國出口似乎比封鎖或禁運措施更有效。」[38]

巴黎與倫敦在一九三五年為制裁做出的周詳準備顯示，兩國政府都知道義大利決定發動戰爭，也知道必須以制裁回應。到了八月，英文報紙已經開始向讀者們解釋對付義大利的經濟制裁如何運作。[39]英法戰略家們徹底做好了準備。[40]這時的墨索里尼已經走得太遠，無法回頭。超過四十萬大軍業已進駐非洲，法西斯義大利在這場進軍非洲之戰已經投入太多，此前的軍事集結使得戰爭勢不可擋。墨索里尼於九月二十七日向他派駐東非的部隊下達入侵指令，預定七天後的黎明發起攻擊。[41]

東非之戰

一九三五年十月三日，義大利軍以鉗形攻勢，兩路入侵塞拉西的衣索比亞帝國，一路從伊利垂亞南下，一路從索馬利亞西進。在準備對他們採取行動的國際社會關注下，他們得迅速奪占土地。博諾將軍麾下這支近五十萬人的義大利遠征軍，是有史以來歐洲國家派往非洲的最大規模軍隊，人員包括三十萬名義大利軍人、八萬七千名非洲民兵，還有十萬名用來築路與做其他雜役的勞工。[42]

往衣索比亞首都阿迪斯阿貝巴（Addis Ababa）進發的路上，博諾用掩護躍進的方式行軍，分階段停下腳步，補充軍隊裝備後再繼續前進。這是為了保留兵力，同時也避免將補給線拉得過長。

博諾在陸上進軍計畫表現出來的謹慎，與這項行動在海上的風險形成強烈對比。義大利遠征行動的補給是一項洲際作業，必須將人員、物資與補給從義大利港口經由蘇伊士運河，源源不絕地送往位於伊利垂亞與索馬利亞的兩個橋頭堡，運補線總長達兩千兩百與三千六百公里（一千三百七十與兩千兩百四十英里）。對任何一個處於中度經濟發展階段的國家而言，跨越這麼長的距離發動持久的軍事行動都充滿風險，更不用說海上運補線還會通過其他國家控制的區域，且這些都得在有限的財政能力下完成。[43]

儘管義大利入侵衣索比亞沒有宣戰，但國聯在入侵行動展開後不到四天就宣布義大利是侵略者。國聯理事會於十月七日下令，成立一個由十八個會員國組成的委員會，研擬出一套根據第《國聯盟約》第十六條啟動的制裁方案。葡萄牙外交官法斯康西洛（Augusto de Vasconcellos）被指派擔任這個十八國委員會（或稱協調委員會）的主席。該委員會在兩週的時間內列出了五項經濟制裁：武器禁運、財務凍結、進口禁運、對特定商品與貨物的若干出口禁制，以及成立相互支援基金。這些制裁於十一月十八日生效，而國聯五十八個會員國中的五十二國也相當貫徹地遵守。這是跨國協調的非凡壯舉，第十六條終於接受對抗侵略的檢驗。在緊張興奮的情緒之下，《紐約先驅論壇報》（*New York Herald Tribune*）駐日內瓦的記者寫道：「讓將近五十個主權國家同意採取集體制裁措施，是史無前例的卓越成就……它大幅提升了國聯的威望。過去兩週，所有日內瓦觀察家都認為他們正在見證世界史的新頁，一股決定國際事務的新力量已經在無形中成形了。」[44]

※　※　※

在英法官員的經濟推論影響下，法斯康西洛委員會提出的整套方案中最具劃時代意義的，不是可以擴及煤與石油的「對義大利出口禁運」的第四項提案，而是直接禁運義大利外匯收益的第三項提案——「拒絕義大利貨品」。[45]這項提案的目標明顯是要耗盡義大利的支付手段，這點從參與制裁的國家中廣為流傳的、進口禁運的一項重要細節就可以看得出來：國聯會員國只能夠進口來自義大利的金條、銀條與金幣、銀幣，這些正是義大利銀行支付與借款能力的基礎。[46]一旦墨索里尼接受制裁作為帝國擴張成本的事實，義大利與國聯制裁陣線諸國之間的地緣政治對抗，就轉變成軍事勝利與經濟抵抗之間的競賽。換言之，一九三五到一九三六年間制裁的成敗關鍵，在於義大利裝甲部隊能否在國聯制裁耗盡它的財政儲備以前抵達阿迪斯阿貝巴。[47]協調委員會根據英國海軍部提供的情資判斷，一旦切斷義大利對接近五十國市場的外銷，義大利的出口營收將會受到重挫。[48]樂觀派相信英國方面的評估，認為義大利的經營收入將減少七〇％。[49]墨索里尼似乎已經掉入制裁主義者為他設下的陷阱，在一場必敗無疑的消耗戰裡磨損著義大利的國力。[50]

進口禁運的消耗戰邏輯有幾項假定。一項是入侵軍無法在夏天雨季（每年五月到九月是衣索比亞的雨季）展開以前征服阿迪斯阿貝巴。大多數歐洲軍事專家相信，要占領面積像衣索比亞這麼大，境內又多山的國家，需要不只一個乾季的時間。[51]英國貿易部與海軍部認為，義大利的外匯存底到了那時應該已經耗盡，面臨財政困難的墨索里尼將無法繼續征戰。財政部經濟專家哈特雷與華雷（S. D. Waley）預測，如果制裁能讓義大利的出口營收少掉七十五%，義大利銀行的外匯存底將跌至六千八百萬到一億零八百萬英鎊，只能支撐九到十五個月的進口就要用盡。[52]法國軍情單位也認為，以每個月的進口需要至少五億里拉（八百四十萬英鎊）計算，義大利撐不過十個月。[53]在無法從華爾街或倫敦取得貸款的情況下，法西斯政權會面對無法克服的難題。倫敦與巴黎於是都預期，只要勒緊義大利的出口，不出一年，就能迫使墨索里尼在征服衣索比亞以前走上談判桌。

從一九三五年底到一九三六年前幾個月，的確有明確跡象顯示進口禁運奏效。在出口遭到封殺的情況下，法西斯政權被迫大幅削減進口以保存外匯。但考慮到義大利的結構性經常收支赤字，貨幣與黃金儲備減少的情況仍然十分嚴重。甚至在發動入侵以前，由於支付在東非用兵的龐大開支，義大利銀行的儲備已經少去了七千八百萬英鎊（三億七千九百萬美元）。[54]一九三五年六月，義大利銀行暫停強制性儲備覆蓋率，根據強制性儲備覆蓋率，四〇%的貨幣供應必須以黃金支撐。[55]這項措施雖然能夠增加國內開支，卻不能增加支付進口所需的強勢貨幣。在一九三五年十月到一九三六年八月間，外匯存底進一步下降，從六千七百萬跌到僅剩三千七百五十萬英鎊。[56]在制裁生效一週之後，墨索里尼將里拉貶值二十五%，但由於里拉幣值之前曾經被高估，這項措施幾乎沒有改善出口競爭力的效果。從一九三五年十一月到一九三六年七月，義大利的出口總值只有三千七百七十萬英鎊，與一年以前同期的五千九百萬英鎊相比，減少三十五%。但即使採取嚴厲的配給也只能將這段期間的進口減少二十二%，[57]在缺乏外國資金的情況下，國際收支的崩潰是無法避免的最終結局。

在國聯，法斯康西洛的制裁委員會還沒有要對義大利實施「第四項提案a款」，即石油與煤的出口禁運。制裁委員會預期這將是一場長期的軍事行動，也同意國聯「經濟與金融組織」的評估，認為進口禁運能在一九三六年夏末耗盡義大利財源，於是在十一月六日將石油制裁的決定延後。[58]這麼做的原因是，石油禁運的成功與否完全取決於美國政府。當時美國的石油公司控制全球六〇%的石油生產，雖然美國公司在戰前不是義大利石油的主要供應商，但因應不斷增加的需求，他們可以輕而易舉將石油轉銷義大利。[59]制裁委員會與華府就石油制裁的可能性進行磋商；美國國務卿赫爾（Cordell Hull）於十月二十六日告訴法斯康西洛，美國的武器禁運已經根據八月通過的《中立法案》生效。

但美國的中立政策過於謹慎，與國聯的經濟制裁政策頗有格格不入之處。[60]羅斯福要求商人加入對付墨索里尼的「道德禁運」，但沒有採取法律行動限制美國與法西斯義大利的貿易。[61]美國駐義大利大使菲立普斯（William Phillips）於十一月十四日寫道，就算美國大型石油公司同意對義大利出口的限制，他們的一百五十個較小型的競爭對手仍然不會遵守這樣一種軟性約束。這些小型業者對法西斯戰時經濟的補給能力相當可觀：義大利的民用與軍事行動燃油需求約為每天八千噸，而美國小型業者每天可以供應八萬噸。[62]基於這個理由，菲立普斯建議華府先不要加入石油禁運，等候日內瓦有進一步行動再說。

但由於國聯只有在華府願意加入的情況下才同意進行石油制裁，華府的緘默成為一種自我實現的預言。自滿洲危機以來就擔任國務院制裁事務負責人的霍恩貝克強調，只要美國不肯投入，國聯就不會行動。他說：「國聯諸國會不會實施制裁，或許取決於此刻我們是否表明我們的立場……如果我們表明立場，我們將幫助國聯。如果不表明，我們很可能是在協助與鼓勵墨索里尼。」[63]美國的國際主義者發動一場報界運動，要求美國進行干預，支援衣索比亞。外交政策協會的皮藹爾自九月起便不斷呼籲美國當局採取緊急行動，停止對義大利的原物料運輸，[64]他的同事狄恩（Vera Dean）也一再強調必須關閉不參與制裁的美國與德國造成的制裁漏洞。[65]

國際主義對付法西斯義大利的陣線逐漸開始分裂。十一月八日，麥斯基在報告中說，他在外交部的友人凡西塔（Robert Vansittart）表示，非洲的這場戰爭有望在聖誕節到來前結束。常任理事國外交部次長會說這樣的話頗為令人玩味；有鑑於進口禁運的損耗邏輯，以及年底前在戰場上取得軍事勝利的不可能，這只意味著一件事：英國外交官希望能達成某種交易。十一月十四日，鮑德溫的保守黨以親國聯的訴求打贏選戰，重掌政權。這時嚇阻墨索里尼的計畫已經失敗，制裁方案已經就緒，但倫敦與巴黎卻猶豫不決，擔心進一步推動經濟制裁會引發大戰。主張漸進制裁的官員們，如英國外相霍爾與其手下，以及法國總理拉瓦爾與法國外交部的人員，都抱持這個觀點。兩國都不願意對墨索里尼施加更多經濟壓力，以免墨索里尼狗急跳牆，對英法帝國發動攻擊。[66]

在英國大選結束後，拉瓦爾與霍爾於巴黎展開祕密談判，考慮劃分衣索比亞，將塞拉西的領土大部分歸給義大利帝國。[67]在十一月底時，公共情緒依然強硬，一家報紙說寫道：「拜法西斯帝國主義之賜，秉持世界大戰協約精神的英法團結，又一次成為事實。」但正如麥斯基所說：「藥水已經在帝國主義者地獄般的廚房裡煉製了。」[68]十二月九日，這項割土謀和交易的新聞被外洩給報界，隨即引發國際譴責浪潮。許多人對霍爾與拉瓦爾的協定感到驚愕，認為這麼做破壞了國聯崇高的團結精神，是帝國主義言行不一的典型。

但制裁工作並沒有隨這項交易的宣布而結束。事實上，由於反墨索里尼的輿論聲勢浩大，英法政府被迫否認自己有這項祕密計畫。不僅如此，制裁方案的耗損邏輯仍然發揮得很好，法西斯在東非取勝的機率持續下探。十一月，塞拉西的軍隊在安德塔與義大利軍僵持；十二月中旬，衣索比亞軍在迪貝吉納山口發動反攻，擄獲好幾十輛戰車與野戰炮，以及數千名義軍戰俘。[69]博諾的征伐開始嶄露疲態。不過國聯能否因此取得勝利，得看能不能、以及如何擴大對義大利的制裁而定。

能源與基礎設施

在東非戰火蔓延的同時，圍繞著國聯石油禁運的制裁相關外交工作也在緊鑼密鼓地進行。法斯康西洛的協調委員會在一九三六年一月一日又一次討論能源制裁，並指派一個專家委員會研究這類措施的效益。不過由於美國的立場不明，有關禁運本身的決定再次延後。到了一九三五年十二月，美國運往義大利的石油比一年前增加了四百四十六%，法西斯的軍隊顯然因美國的石油而獲利。[70]如果能切斷這些供應，衣索比亞軍或許能延續他們不久前取得的戰果。集體安全的支持者們寄希望於八月份通過的美國《中立法案》到期；除非期限延長或被新法取代，該法案將於一九三六年二月二十九日失效，到時美國就可以不受約束地進行干預。

大西洋兩岸的國際主義者最希望的是，修訂後的《中立法案》能加入差別式的禁運條款，讓羅斯福可以加入對付義大利的國際制裁陣營。即使退而求其次，新的法律若讓美國不會干預國聯的懲罰措施也有幫助。第三個選項是，以自由裁量的方式實施新《中立法案》的出口禁制。如果美國國會議員能將適當的物品列在禁運清單上，就算不公開點名義大利是侵略者，這麼做仍然能重創義大利，而不致對衣索比亞造成太大影響。法國駐美大使認為，禁運清單項目「極有可能」擴大，特別是會將石油與棉花包括在內。[71]

但事實證明這種暗中差別待遇的做法很難實現。為安撫國會中的中立派，國務院放棄新立法必須區別出侵略者與受害者的要求。[72]在巴黎，原本希望羅斯福能合作的拉瓦爾，因「這些以中立為名的議案，捨棄……對侵略國與侵略受害國實施差別待遇的構想而感到遺憾」。[73]但就連這個將禁運清單做了調整、有所退讓的中立法，也遭逢美國參議員們前所未有的嚴格審查。「當你把絕對的自由裁量權交給總統，總統便可以選擇他想要施行的條款。」加州參議員強森表示，「這讓他有機會藉由選擇挑出侵略者，並採取他認為的、面對這場衝突適當的應對方式。」[74]

在強森領導下，美國參議院刪除了法案中總統有權決定是否對原物料出口進行制裁的條款。法國大使垂頭喪氣地告訴巴黎，中立派已經發現這些權力「對總統是一種鼓舞，讓總統與國際聯盟的制裁產生連繫，特別是關於石油禁運的部分」。[75]衣索比亞的命運似乎取決於美國法案裡一些隱誨難解的細節。到了二月初，在開戰四個月後，義大利軍還沒離開北衣索比亞的米基利，僅僅完成進軍阿迪斯阿貝巴總長九百公里的征途的六分之一。[76]戰地記者報導，義大利軍中對遲遲沒有進展的現況感到沮喪與不耐。[77]

二月十二日，參議院打破僵局，拒絕了新法案的選項，將舊的中立法效期延長到一九三七年五月一日。法斯康西洛的專家委員會也在同一天就石油禁運問題提出報告。這些國聯專家估計，如果全面實施，而且假定美國的出口維持戰前水準，石油制裁能在三個半月內耗盡義大利的燃油供應。但由於美國對義大利的石油輸出不斷增加，實際制裁效應需要更長時間才能顯現。石油制裁選項就這樣遭到擱置。同一週，義大利軍在化學武器支援下重新展開攻勢，衣索比亞生存的前景變得極為黯淡。

英法國際主義者發現，蘇聯外交官堅決支持集體安全，比那些漠不關心的美國人熱衷得多。身為國聯第四個常任理事國的蘇聯，克盡本分地切斷了對義大利的鉻、錳與鐵礦出口，李維諾夫也支持對煤與鋼鐵的禁運。[78]但在史達林的內政計畫影響下，蘇聯的經濟外交政策並不一致，其他非制裁項目仍繼續銷往義大利。[79]一九三六年二月，蘇聯還叫停了石油運輸，但對象不是義大利，而是蘇聯心目中對世界和平威脅最大的德國。[80]蘇聯外交官在與國聯官員的通信中指出，在主導對一個具有龐大權力野心的國家進行制裁的政策過程中，政府對外貿的壟斷極其有用。[81]

在檯面上，對義大利施壓還有什麼其他選項？毫無疑問，基礎設施制裁——禁止義大利船隻通過蘇伊士運河——能對法西斯義大利經濟造成最大破壞。在一九三五年夏天，義大利是僅次於英國的蘇伊士運河使用國。[82]這條運河根據一八八八年《君士坦丁堡條約》（Treaty of Constantinople）治理，該條約是英國統治鄂圖曼埃及遺留下來的產物，規定蘇伊士運河無論平時或戰時，都必須向所有國家，包括中立國與交戰國的民用與軍用船隻開放。因此，蘇伊士運河是國際協議保障的去軍事化的航道。[83]但到了一九三〇年代，許多制裁主義者認為，為了阻止侵略，國聯應該有權廢止舊有的條約法規。他們的推論是既然制裁在實質上移除了中立，《國聯盟約》第十六條的效力應該高於《君士坦丁堡條約》。

問題在於這個觀點在當代法理學上的基礎很薄弱。[84]事實上，戰間期有關中立問題最重要的司法判例，是常設國際法院於一九二三年裁定的「溫布頓案」（Wimbledon Case），它確認國家必須尊重依據條約治理之航道的領土中立。[85]大多數法學專家都同意這個觀點。[86]在一九三五年，義大利人認定，英國、法國與《君士坦丁堡條約》其他簽字國在因應衣索比亞危機過程中，會尊重這項條約的規定。為確保這一點，墨索里尼一再宣稱，羅馬會將任何關閉蘇伊士運河的行動視同宣戰。因此，基於法律、政治與戰略考量，英法決策者在一九三五年八月與九月的最後謀和談判中，排除了關閉運河的選項。[87]不能使用這樣一種顯然能有效阻止義大利侵略東非的工具，可想而知令英美制裁主義者失望不已。皮藹爾主張，要解決全球政界在制裁問題上舉棋不定的問題，就必須將蘇伊士運河與當時在美國掌控之下的巴拿馬運河國際化，或許土耳其海峽也應一併納入。[88]

專家們還研究了其他制裁形式。例如，貿易與封鎖顧委會研究向蘇伊士運河公司付通行費的措施。[89]為節省外匯，義大利往往用賒帳方式支付這些費用；到了一九三五年十月，義大利積欠這家英法合資公司的通行費已經相當可觀，如果蘇伊士運河公司要求立即付清，「可以視為一種制裁的方式」。[90]不過直到目前為止，英國政府列入考慮的、最劇烈的制裁形式，是對義屬東非限制供水。博諾的遠征軍在英國控制的亞丁、蘇丹港與蒙巴沙儲存大量淡水。[91]禁止這些水資源出口，能迫使義大利付出無法承擔的巨額成本採取後勤補救措施。但貿易與封鎖顧委會最後決定不對義大利軍隊實施這種「水封鎖」，因為它認為這樣的封鎖不再是商業禁令，而是一項軍事行動。在這件事情上，英國人對經濟武器的思考顯然深受帝國偏見影響。在一九二〇年代考慮對中國國民黨施加經濟壓力時，貿易與封鎖顧委會毫無顧忌地主張對中國百姓實施平時封鎖，切斷糧食與燃料供應；[92]但在與另一個歐洲殖民帝國對抗時，僅僅關閉一條運河就破壞了國際條約，禁止民間賣水就構成軍事行動，而不是「經濟」行動。制裁之所以能在一九二〇年代對付巴爾幹半島小國時收到成效，但對付發動殖民戰爭的歐洲帝國時就碰上難題，這種雙重標準或多或少也是原因。在面對大國時，制裁主義者會對制裁的脅迫性質考慮再三，但面對半主權國家與殖民地民眾時，這一切顧慮就遭他們不假思索地拋諸腦後。

制裁在什麼情況下跨出經濟、進入軍事領域的相關討論，反映出國聯對於與義大利開戰的顧慮。但從戰略觀點來說，國際主義面對的挑戰不只是墨索里尼而已。對現行的歐洲秩序，以及歐洲與東亞的帝國秩序而言，德國與日本的威脅遠比義大利大得多。一九三六年三月，希特勒將軍隊開進萊茵蘭，公然違反《凡爾賽條約》，德國軍隊又一次在法國邊界現身。在對義大利實施溫和的經濟制裁之後，面對希特勒在萊茵蘭更具威脅的戰略挑釁（儘管法律意義不大），英法現在奮力想找到對抗希特勒的意志、策略與民意支持。[93]艾登是唯一仍然要求擴大對義大利石油禁運的內閣閣員，他在三月再次提出了這樣的建議，但國際社會對衣索比亞人的命運已經不再矚目。塞拉西的軍隊在春季一連遭到幾次重挫。五月五日，在塞拉西棄城脫逃之後幾天，法西斯軍隊開進阿迪斯阿貝巴。心灰意冷的國聯理事會在七月舉行投票，解除對義大利實施了兩百四十一天的制裁。

貿易與封鎖顧委會在義大利與衣索比亞的戰爭結束後檢討制裁時做出的結論是「對義大利的制裁政策之所以未能產生嚇阻效應，主要是因為衣索比亞的抵抗在制裁發揮充分效果以前先行崩潰，同時也因為義大利事先做了迴避經濟壓力的準備，找到滿足軍需的足夠物資」。[94]透過出口分散、囤積、全民節約，以及軍事上的運氣，義大利人在破產以前完成了他們的征服之戰。儘管如此，這場戰爭在最初幾個月難分難解的戰局、制裁對義大利造成的損傷，還有美國在一九三六年二月緊要關頭回歸中立產生的影響，都不容低估。墨索里尼後來告訴希特勒：「如果國際聯盟遵從艾登建議，將對義大利的制裁擴及石油，那麼不出八天，我們就得撤出衣索比亞。那對我來說會是一場千真萬確的災難。」[95]

※ ※ ※

義大利與衣索比亞的戰爭暴露出用經濟制裁對抗侵略的風險。流亡皇帝塞拉西於一九三六年六月三十日在日內瓦國聯大會發表演說時，提出一個讓人難以回答的問題：在這場殘酷的法西斯征服之後，小國家還能指望主權獲得尊重嗎？還是說小國都得被迫「接受成為大國的附庸」？[96]塞拉西的心聲理所當然地被載入史冊，成為向一個道德破產組織勇敢捍衛國際道德的辯詞。但鮮少有人提到的是，塞拉西在這篇演說的尾聲中明白表示，國聯沒有為衣索比亞提供正面的經濟援助。塞拉西嚴厲斥責國聯，認為日內瓦當局在面對危險時畏首畏尾。他指出，在一九二〇年代因金融重建方案而獲利的兩個中歐國家，奧地利與匈牙利，也在拒絕實施協調委員會制裁方案的六個國聯會員國之列。但面對義大利的入侵，國聯做的，不過是建議以微不足道的成本，實施《國聯盟約》第十六條第三項的援助措施罷了。[97]

凱因斯也曾在入侵行動以前強調，衣索比亞需要的不只是制裁，還有國際社會對它的防務資助。凱因斯在支持對義大利禁運的同時，還主張為阿迪斯阿貝巴提供擔保貸款，認為這麼做能「徹底改變衣索比亞國防的效能」，讓「義大利人面對的局勢變得截然不同」。[98]在之後幾個月，衣索比亞曾幾次爭取這類經濟支援未果。衣索比亞代表團於一九三五年十一月首次要求國聯提供武器採購資助時，讚揚芬蘭在《財經援助公約》中扮演的開創性角色。[99]在塞拉西流亡英國城市巴斯之後，衣索比亞外交官要求國聯維持對義大利的制裁，同時也想要一筆一千萬英鎊的擔保貸款，資助衣索比亞的海外抵抗運動，不過沒有一個國家響應。[100]衣索比亞遭到國際拋棄的情況，不僅突顯出從揚言制裁進到實際動用它們會遭遇的困難，還赤裸裸地暴露了國家們在政治上彼此猜疑、經濟環境又十分嚴峻的一九三〇年代，國際經濟團結力量的限制。[101]

不過，這種經濟團結力量的失敗，並不必然損及制裁在政治上的重要地位。義大利與衣索比亞的戰爭顯示，經濟武器能在西方民主國家動員廣大的左派、自由派與中間派輿論。美國報紙專欄作家布朗（Constantine Brown）寫道，衣索比亞制裁的在道德上的結果就是「和平主義者變成好戰分子，反之亦然，冷血無情的陸海軍將領開始提倡和平」。[102] 包括共產黨、社會主義者與自由派國際主義者在內的制裁陣營認為，《國聯盟約》第十六條的首度登場，足以證明制裁對維護世界秩序極其重要。如狄恩所說：「衣索比亞事件顯示的不是國聯機制的瓦解……而是國聯各國領導地位的破產。」[103] 制裁主義者認為，國聯制止墨索里尼侵略的行動之所以失敗，是因為它一直沒有準備使用決定性力量保衛既有秩序。流亡的德國經濟學家邦恩（Moritz Bonn）認為，國聯原本可以動用更強大的脅迫手段，因此「不能說制裁失敗了。對於根本沒有嘗試過施加的壓力，怎麼能談得上失敗」。[104]

對極端強硬派國際主義者而言，制裁的價值並不取決於它們能否拯救衣索比亞，他們在意的問題是制裁能否擊潰義大利。當親身參與國聯經濟武器一九一九年之創造的史穆茲，於一九三六年四月寫道，制裁「能流乾義大利的血」，「只要能堅持到底必定有效」，他對制裁的嚇阻力顯然堅信不疑。史穆茲主張，想阻止日後的征戰，不讓義大利取得戰利品會比阻止戰爭本身更有效。「如果它們不能預防戰爭，」他認為，「它們還可以拯救和平。」[105] 制裁主義者沒有放棄他們的手段，但開始調整發揮制裁效益所需的政治決心意識。如果不是每一次都有機會緩和危機，可能就要用制裁來進行戰略圍堵，以持久戰耗盡侵略者的國力。

因此對衣索比亞案例的反思，大體上使國際主義者**更加**大力鼓吹脅迫性制裁。二十世紀初期英美自由主義主流代表人物安吉爾認為：「這個問題的真相，被『制裁意味著戰爭』這類錯誤的口號給弄顛倒了……引發戰爭的是制裁的不確定性。確定而有效的制裁意味著和平。」[106]安吉爾提議，國聯應該把它長久以來一直沒有說清楚的話公開表明：它是一個有支配權的同盟，目的在集合經濟力量，以一切必要手段保衛和平。安吉爾在對「未來五年展望團體」（英國自由黨與保守黨國際主義者在一九三五年夏天的一場討論會）發表的演說中，解釋他認為衣索比亞戰爭帶來了什麼教訓：

這個世界縮得太小，再也沒有一個國家可以全憑一己之力保衛自己。在上一場大戰，我們有二十個協約國，而且也確實需要它們……即使得到法國、俄羅斯、義大利與日本的幫忙，還從美國那邊先後獲得經濟資源以及海軍與軍事援助，最後才只是險勝……因此在現代世界，無論進行何種形式的武裝防衛，我們都得與外國進行軍事與海軍合作，建立聯盟。如果敵人組建聯盟，我們也必須如法炮製以握有同等力量。我們必須這麼做，否則乾脆退出競賽。[107]

因此國聯作為一種合作架構，在一九三六年根本談不上失敗。許多國聯的支持者認為，集體安全與結盟政治並非彼此對立，而是同一項計畫裡互補的兩面。這樣的堅定信念使看似失敗的經濟施壓政策，在國際主義者手中仍將扮演重要角色。事實上，制裁對國際史的影響，早已經悄悄成形。

第九章　封鎖恐懼症　1936—1939

一九三六年，捷克作家恰佩克（Karel Čapek）發表他的諷刺小說《山椒魚戰爭》（*War with the Newts*），這本書以蘇門答臘外海發現一群有高度智慧的山椒魚為開端。這群山椒魚能做工，能使用工具，還能學習語言，於是很快就成為人類的奴工。但山椒魚的加入，卻在人類文明造成各種緊張情勢，包括工人階級對山椒魚這種搶飯碗的廉價勞工不滿，以及女性主義者要求山椒魚解放等。最後，由於山椒魚希望能引水淹沒沿海地區，以打造專供自己棲息的家園，終於導致他們與人類的戰爭：

> 這是一場奇怪的戰爭，如果它稱得上是一場戰爭的話……英國海軍部不讓「阿曼霍提號」（Amenhotep）卸下山椒魚訂購的炸藥，破壞了與山椒魚的和平商務關係。英國政府也在實施火蠑螈（Salamander，譯按：山椒魚的食物）封鎖之後，禁止一切對山椒魚棲息區的運補。山椒魚沒辦法向海牙控訴這些敵意行動，因為《倫敦公約》沒有給予山椒魚提訴權，而山椒魚不是國際聯盟會員國，也不能將這些事告上日內瓦。[1]

英國的封鎖造成了反效果，因為山椒魚發動反封鎖，還擊沉了英國船隊，讓英國瀕臨饑荒邊緣。這場與山椒魚的戰爭，讓人不得不想起國際聯盟近來的幾場反侵略戰爭，以及一次大戰：因為在這場大戰中，恰佩克在中歐的家園遭到協約國封鎖，德國為示報復，發動潛艇戰。小說的主題間接說明了，一九三〇年代有許多人都認為經濟壓力有可能點燃今後的戰火，最後也由經濟壓力決定戰爭的勝負。國聯在一九三五到一九三六年對義大利的制裁，讓這個可能性重新躍上國際政治的檯面。恰佩克這本小說構想了一場出於「全球火蠑螈封鎖」而導致的叛亂，讓我們看到經濟封鎖如何影響人們在戰間期對未來的想像。

一九三五到一九三六年間的經濟制裁，引發了各國自一次大戰期間便已悄悄潛伏的「封鎖恐懼症」。不僅在法西斯義大利，納粹德國與日本帝國也感染了這種恐懼症，三國政府於是加速追求一種非常特定的經濟模式：藉由自給自足來建立對抗制裁或貿易封鎖的韌性。這種自衛反應引發了極度不穩定的連鎖效應。儘管這三個國家已透過「反共協定」（Anti-Comintern Pact）在一九三五到一九三六年後結成同盟，但由於三國皆無法在關鍵原物料上自給自足，自然傾向以領土征服的方式來對抗封鎖威脅。隨著三國的野心持續升高，威脅要對它們祭出制裁或制裁的實施，反而只是增加其不計代價奪取資源的急迫感。就這樣，原本意在制止侵略擴張的經濟制裁，就成了侵略擴張的加速劑。這種在經濟制裁與經濟自給自足的惡性循環，就在一九三〇年代後半逐漸成形。

這股節節升高的危機並非有意為之，但也絕非始料未及。早在一九一〇年代，霍布森與安吉爾等自由派國際主義者，就已經預料到民族主義者對封鎖的恐懼可能會引發國際動盪。經濟與金融組織的幕僚樂夫戴，也曾在一九二四年建議國聯研究以下課題：「被封鎖的國家若有能力立即入侵供應必要原物料的鄰國，其處境是否有可能反而因此獲得大幅強化。」[2]戰間期的學者都認定「原物料夢魘」是這個時代特有的現象。[3]歷史學家已經告訴我們，德國、義大利與日本是如何在經濟、商務與戰略不安全感的驅使下走上窮兵黷武之路。[4]但經濟封鎖、制裁與自給自足式的戰略擴張在二次大戰爆發前如何相互影響，相關研究卻不多見。[5]

要研究這個問題並不是一件容易的事情，相關研究往往受到經濟危機與意識形態這兩個因素影響而變得相當複雜。經濟大蕭條導致的經濟惡化，以及法西斯主義的內部極端化，無疑都是導致一九三〇年代緊張情勢升高的重要成因。[6]唯有將這兩項因素納入考慮，才能理解法西斯主義與軍國主義者為什麼想對抗戰間期的國際秩序。正因為在認知與決策層面上，民生必需品的匱乏與意識形態浪潮息息相關，經濟制裁才會在無意間勾起人們對一九一四到一九一八年戰時經濟封鎖的回憶，甚至以此來想像未來戰爭的經濟衝擊。

國聯制裁確實未能拯救衣索比亞免於義大利的帝國主義侵略，但這項事實卻或多或少忽略了制裁措施對義大利造成的嚴重影響。如本書第八章所述，制裁造成的財政儲備枯竭，險些在義大利引發一場重大政治危機。法西斯政權完全是仰賴管控貿易制度來厲行配給與通縮，才撐過這波經濟武器的壓力。但在墨索里尼隨後推動的「自強運動」（autarchia）面前，這些緊急措施都顯得黯然失色。自強運動是墨索里尼用來應對制裁的戰略，於一九三五年十一月宣布，隨及於一九三六年春天進一步展開。該運動包括一連串雄心勃勃的「自給自足計畫」，目的在達到糧食自足，並降低紡織品、煤與石油產品的進口依賴。經濟制裁迫使經濟疲軟的義大利，必須在軍備、出口獎勵與民間樽節之間艱難取捨，對墨索里尼政權造成揮之不去的陰影，進而影響了其戰略選項。為取得經濟安定，墨索里尼不得不冒社會不安的風險。由於經濟情況始終無法達成真正的自給自足，義大利對德國的經濟依賴也因此愈來愈深。墨索里尼為緩解這種緊張關係，決定為了取得資源而展開進一步的政治冒險，包括從西班牙取得鐵礦、從阿爾巴尼亞獲取石油等。追根究柢，經濟制裁迫使義大利在穩定痛苦與冒險擴張兩者之間二選一，而義大利一再選擇了後者，並因此招來致命後果。

德國對自給自足式經濟的思考，有著很深的民族根源。一次大戰期間的封鎖記憶，以及經濟大蕭條的影響，都更加強化了德國對自給自足的封閉式經濟的想法。[7] 國聯在一九三五到一九三六年間對義大利的制裁，讓納粹德國更加堅信德國正處於原物料進口遭受威脅的情況下。[8] 這次封鎖出現的時間點，正好是納粹政權內部調整的關鍵時刻，使原本防禦性的自給自足計畫更加極端化，變成以戰爭為導向的抗封鎖計畫。[9] 出於封鎖恐懼症的影響，納粹政權在經濟、外交與戰略領域推出了三項方案。第一項是一九三六年春制定並於同年夏末宣布的四年計畫，目標是打造出大規模石油、橡膠與纖維合成的產能，開發國內鐵礦，以謀求「原物料自由」。第二項則是帶有政治動機的外貿政策，德國外交官與行政官僚希望能以此來與中歐及東歐國家建立緊密的陸路聯繫關係。第三項則是領土擴張，不僅要讓德國更安全，還要讓德國取得資源——希特勒先於一九三六年夏支持佛朗哥（Francisco Franco）將軍的西班牙國民軍，又於一九三八年兼併奧地利，接著在一九三九年兼併捷克，為大舉征服歐洲進行準備。

從某些面向來看，日本原本是最不可能走上極端主義的國家之一。儘管在一九三三年退出國聯，日本一直強調對西方的善意，對衣索比亞的態度也很友好。即便全球不景氣，日本仍舊推行自由貿易。然而，日本畢竟是依賴進口的島國，是三個希望挑戰國際現狀的國家中最依賴貿易的國家，對資源安全自然是非常重視。日本後來之所以偏離原訂的經濟發展方向，是因為它在一九三七年意外與蔣介石領導的中國國民黨爆發戰爭。就像義大利的非洲戰爭讓義大利經濟變得更加脆弱一樣，日本在中國的戰爭也讓日本進一步暴露在西方經濟壓力之下。誠如一位研究日本經濟的歷史學家所說，日本因對華戰爭而「瘋狂地追求自給自足，最終導致與西方開戰及日本毀滅」。[10]

從自主到自給自足

由於經濟大蕭條造成的全面混亂，我們很難斷言一九三〇年代的經濟制裁，究竟對當時的世界政治究竟有何影響。這場自由經濟體制的全球危機，大幅削弱了國際政治秩序的穩定。[11] 一九三〇年代的世界經濟，充斥著各式各樣的強制性措施，從關稅、出口補貼、進口配額、外匯管控、清算協議到抵制，紛紛成為許多國家慣用的工具。這種情況下，我們今天實在很難將經濟制裁視為一種能夠單獨評估的變量，就算是當時的人也難以做到。當國聯理事會於一九三五年四月討論制裁德國的問題時，葡萄牙大使達馬塔（Da Mata）便問道：「我們都生活在一個將進出口限制、配額、特許等措施，不分青紅皂白地用在友好國家的時代，難道不是這樣嗎？……我們都在永無止境的經濟制裁中受苦受難，難道不是這樣嗎？」[12]考慮當時的背景是經濟大蕭條導致國際合作瓦解，這樣的困惑便不難理解。要區分具有經濟動機的貿易戰與追求政治目標的經濟制裁，實在是一件困難的任務。

同樣的分析難題，也出現在如何分析經濟制裁對國家政策造成的衝擊。許多國家採取經濟民族主義政策，甚至包括那些沒有挑戰國際現狀野心、也因此沒有理由擔心國聯制裁的國家。[13]但只要進一步觀察就能發現，有些國家對制裁的反應其實超越了一般貿易保護主義政策的範疇。一九三七年，義大利自由派經濟學家艾諾迪（Luigi Einaudi）區分了「自主」（autarchy）與「自給自足」（autarky）的差別。他指出「autarchy」（自主）是古希臘語，源出於「αὐτός」（自我）與「ρχ」（統治）兩個單字。斯多葛學派學者使用「autarchy」來描述獨立及政治自主，或一種自我掌握的心裡狀態。「autarky」（自給自足）則是不一樣的概念。這個詞將「αὐτός」（自我）與動詞「ρκέω」（滿足）結合在一起，表達經濟上的自足感。艾諾迪指出，「autarchy」追求自主，「autarky」追求自足，兩者不僅在目標上有所不同，在實際運作上，這兩個目標還可能互相衝突。要獲得長久的政治獨立，往往得透過與其他國家的聯繫，同時取得來自其他社群的支持——換句話說，謀求全面性的「自給自足」（autarky）其實有可能導致「自主」（autarchy）的瓦解。正是基於這項理由，艾諾迪批判法西斯對經濟制裁的反應，指責墨索里尼的自強運動政策不僅犯了辭源方面的錯誤，還危及義大利追求的政治自主。[14]

艾諾迪將追求獨立發展的「自主」（autarchy），與較激進的「自給自足」（autarky）做出的區隔，有助於我們思考一九三〇年代的經濟政策。誠如經濟史家林克（Stefan Link）所說，這段期間其實沒有任何國家想追求完全不靠外界資源的獨立，因為這對工業國家來說從根本上就是不可能的目標。[15]「自主」追求的目標，有些類似當時的經濟民族主義，也就是主張重組社會結構，加強對國際市場與國際金融的參與，或是國與國之間共組同盟，推動「自主」，以建立「能發揮比過去更全面政治管控的貿易與投資關係」。[16]「自主」也因此會採取諸如關稅、特許、配額與補助等貿易保護主義常見的措施，或是推動進口替代工業化、對外債違約，乃至於用易貨與結算協議來節省外匯。許多拉丁美洲、亞洲、東歐與中歐國家皆在一九三〇年代採行這類政策，一直沿用到二十世紀晚期。[17]

全球不景氣的陰霾持續到一九三五至一九三六年間，但已經開始逐漸消退。經濟與金融組織的「世界經濟調查」（World Economic Survey）顯示，世界貿易總額仍比一九二九年尖峰時期少了十八%，但至少「在一九三五年第四季展現出可觀的增長」。[18]國際聯盟在這個時間點上發動對義大利的經濟制裁，激發許多國家採取較為激進的「自給自足」政策。這項政策的目標，就在於盡可能避免經由可能遭制裁或封鎖切斷的國際運輸線進口重要原物料（德國人在一九三四年稱其為「原物料自由」）。[19]這項目標與繼續向全球各地輸出商品的政策並不違背，旨在於避免遭到一次大戰式的商品封鎖，或是重要進口遭切斷。

原物料自由背後的邏輯，在於自主式貿易保護主義並不適合用於對付經濟制裁。課徵關稅確實可以為本國生產者提供保護傘，保護國內市場免於外國商品競爭。但光是不讓外國商品參與競爭，無助於防止他國切斷商品物流。作為原物料消費者，即使是厲行保護主義的國家也時常得要高度依賴海外貿易。事實上，經濟大蕭條期間的全球商品價格崩潰，使得原物料價格更低，進一步助長各國從海外進口重要原物料。經濟學家古亞尼利（Felice Guarneri）曾在一九三五到一九三九年間擔任義大利的外貿部長，他認為大多數國家都樂得「在生產端主張保護主義，在消費端高唱自由貿易」。[20] 若想避免經濟制裁帶來的衝擊，就必須確保原物料來源安全無虞。以保護主義為基礎的自主式經濟體不能對抗制裁，強調「原物料自由」的自給自足式經濟體或許可以。

然而，「原物料自由」是一項艱鉅的挑戰。美國地質與礦物學家雷斯（Charles Leith）就曾在一九三一年表示：「就戰爭補給而言，沒有國家能真正做到自給自足……有鑑於現代戰爭直線增長的需求，大量的重要補給就必須從全球各地取得……想達成戰備需求……或許就連最強大的國家也做不到。」[21] 囤積資源可以降低部分風險，但這主要對於美國這類已經在重要物資上自給自足的國家才有用。[22] 對於其他國家而言，更可行的辦法是將資源補給線移往比較容易保護的內陸。德國在一九三〇年代後半開始向東南歐進行「經濟擴張」（Ergänzungsraum），就是其中一個例子。德國藉此將南斯拉夫的銅與鐵、羅馬尼亞的穀物與石油，以及匈牙利的牲口與鋁土，沿著多瑙河或經由鐵路運輸至德國本土。[23] 日本的日圓區也是經由海上補給線將日本本島與中國、臺灣、韓國與滿洲相連，因此需要海軍護航。[24] 義大利則是穿越阿爾卑斯山從德國進口煤，從西班牙進口鐵礦，再從阿爾巴尼亞進口石油。[25]

最富創意的「原物料自由」辦法，就是透過人造合成來生產資源。從一九二〇年代以降，貝吉烏斯法（Bergius process）與費托合成（Fischer-Tropsch）等化學技術已能透過高壓、熱、氫與催化劑，將煤轉為液態燃料。[26] 威瑪共和及納粹德國的軍方都對這類科技極感興趣，基於經濟與戰略的理由大力推廣。[27] 儘管燃料氫化非常欠缺效率，且燃料生產成本遠比用油輪從海外運送天然石油還要昂貴，但油輪容易遭到制裁與封鎖攔截，而且國際聯盟確實也在一九三六年初透過全球媒體大肆談論這類制裁與封鎖。[28] 也因此，只要看一個國家發展合成燃料的速度，就能知道該國追求自給自足式經濟的程度。以英國為例，英國原本建好了兩座大型燃煤液化廠，卻在一九三八年基於成本考量而改回從海上進口石油。科技史家艾傑頓認為，對擁有強大海軍的英國來說，既能從海上進口石油還要生產液化煤，就像「買『兩份相同的保單』一樣沒有意義」。[29] 相形之下，義大利在一九三六年啟動自己的氫化項目，日本軍方則是繼德國與英國之後，造了世界上第三座合成燃料廠，展開更大規模的合成油料生產。這些政權雖然都比英國還窮，卻還是進行昂貴的合成燃料投資，說明了它們渴望真正的原物料自由。

合成燃料雖然是最有名的自給自足手段，卻並非唯一手段。我們也可以透過合成纖維來研究制裁對經濟政策的衝擊：一旦進口遭到切斷，合成纖維的意義可能比合成燃料更加重大。紡織業是一九三〇年代工業就業的支柱，在德國創造了五分之一的工業就業機會，在日本是三分之一，在義大利更是高達二分之一。[30] 無論是可能施加制裁的英法，還是可能遭受制裁的德、義、日，這些政權全都瞭解紡織業若出現失業問題將會威脅社會安定。[31] 棉花、羊毛與絲綢等原物料進口，在全國進口總開支中占有相當高的比例。因此，若能用人造絲、尼龍與人造棉等合成材質加以取代，便能產生政治與財務利益。[32] 這麼做還帶來一項戰略利益：因為羊毛是全球交易金額第五大的材料，僅次於棉花、煤、石油與小麥之後，而羊毛的產地絕大多數都位在大英帝國的勢力範圍裡。以一九三六年為例，光是澳洲、紐西蘭與南非的羊毛產量就占全球總產量的四分之三。[33] 因此，合成纖維生產儘管看似不起眼，卻是抵禦英國或國聯經濟制裁的重要手段。

義大利的自強運動與反制裁戰略

義大利的自強運動政策源自於一次大戰，當時美國穀物與英國煤礦的延遲交貨造成了義大利社會的大幅動盪。墨索里尼下定決心，絕不讓這類供應切斷的事件重演，於是在一九二五年發動他的「穀物之戰」（Battaglia del grano）。農業政策成為法西斯義大利轉型計畫的主軸，這項轉型涉及了大量的農民、農業專家、工廠企業與家庭。[34] 法西斯義大利在一九四〇年代高唱「飲食主權」，而穀物之戰正是邁向「飲食主權」的第一步。[35] 當國聯展開制裁時，義大利已大幅降低對進口食物的依賴。義大利的穀物進口量在一九三〇年仍達三百六十四萬噸，這個數字到一九三三年已經減為一百四十九萬噸。[36] 義大利在小麥供應上變得更加自給自足，特別是因為一九三三年與一九三七年碰上了破紀錄豐收。[37] 到了一九三八年，義大利的糧食需求已有九十四%是由國內供應，每人平均每天消耗兩千七百三十四卡——義大利直到一九五〇年代才再次達到這個數字。[38]

一九三四年，在國內金融危機與經濟大蕭條的失業潮衝擊下，義大利展開自強運動的第二階段。[39] 墨索里尼出兵衣索比亞，部分也是為了因應大蕭條為法西斯政權帶來的正當性危機。隨著義大利重整軍備，匯價高估的義大利貨幣里拉也碰上了貶值壓力。一九二七年，義大利勉強以九十二・四六里拉兌換一英鎊的匯率（此即著名的「九十配額」〔quota novanta〕）重新恢復金本位制。但對墨索里尼來說，為了保護他自己的聲譽，以及愛國投資人的積蓄，義大利沒有選擇貶值的本錢。[40] 然而，義大利很快就開始出現愈來愈嚴重的資金外流，如果不對貿易實施行政管控，重整軍備與入侵準備工作將難以持續。到了一九三五年二月，義大利已對幾乎所有戰略物資進行管控，包括節省外匯的易貨貿易協定及對民間進口的管控。[41] 那年五月，古亞尼利奉命調離遊說團體「義大利工業聯合會」（Confindustria），出掌外匯與貨幣辦公室。古亞尼利就此掌控出口補助分配、進口限制、外匯與黃金儲備開支等大權，成為法西斯義大利政權最有權勢的技術官僚。[42] 義大利銀行在七月取消黃金擔保，八月停止外債支付，創造了更多運用資金的空間。

也就是說，當國際聯盟對義大利展開制裁時，義大利已經拋開自由貿易政策，以因應轉型成戰時經濟體制可能遭遇的財政後果。[43] 義大利靠著這波調整撐過了國聯這波制裁。這些調整包括古亞尼利實施嚴格的儲備管理，以及由義大利財政部長、貴族出身的劍術冠軍迪雷維爾（Paolo Thaon di Revel）厲行的樽節措施。[44] 在當時的義大利，就連婦女與孩童也得投入全國性的自給自足運動，可見義大利對貨幣儲備的依賴程度究竟有多深。就在經濟制裁生效一個月後，王后艾琳娜（Queen Elena）與墨索里尼的妻子瑞秋（Rachele）聯手宣布一個特別的新假日「信仰日」（Giornata della Fede）：在這一天，義大利婦女會把自己的婚戒與珠寶捐獻給國家。[45] 墨索里尼還呼籲婦女把「每一個義大利家庭變成一座抵抗的堡壘」。雖然信仰日的成效不彰，總共僅收到兩千兩百六十二公斤的黃金，價值約兩百八十萬美元，但義大利社會展現的反國際制裁熱情依舊頗為可觀。[46] 義大利孩童成群結隊遊走街頭、垃圾場與住宅區，蒐集餐具、器皿、破自行車等各式各樣可以冶煉及再生的廢金屬。[47] 這波黃金與金屬蒐集，說明墨索里尼政權如何在採取財政緊縮的同時，利用遭受制裁的機會來發動全面社會動員。經濟制裁生效的第二天，義大利就宣布展開全國自強運動。自強運動的標語在宣傳旗幟裝扮下，刻入公共紀念碑大理石中，歷史書籍也配合改寫。[48] 許多大大小小的政策也以「反制裁」或「對付制裁」的名義相繼宣布。[49]

儘管義大利在一九三五年十一月後正式轉向「自給自足式經濟」，但這項長期的發展目標卻不大成功，更談不上什麼成就。對義大利這樣原物料匱乏的國家來說，全面自給自足原本就不可能，但更大的問題卻

這幅「反制裁三聯畫」呼籲義大利人捐獻黃金、廢金屬與積蓄，協助國家抵抗外來壓力。這是西洛尼（Mario Sironi）的畫作，1935 年 11 月 28 日發表於法西斯報紙《義大利人民報》（*Il Popolo d'Italia*）。圖片來源：Biblioteca di storia moderna e contemporanea(Rome)。

來自於政權內部對於經濟政策缺乏共識。保護經濟體免受日後制裁，以及遭到經濟制裁後如何穩住經濟，這兩者所需的政策截然不同。誠如歷史學家賈格里亞迪（Alessio Gagliardi）所說，義大利的自給自足政策卡在兩個徹底矛盾的動機之間：一方面強調貿易平衡與儲備以達到財政上的「貨幣自給自足」，另一方面卻又為了「整合經濟自給自足」而強調原物料取用的重要性。[50]事實上，這種矛盾分別對應了國際聯盟可能實施的兩類制裁：「整合經濟自給自足」旨在防止國聯採取海上封鎖，而「貨幣自給自足」則是希望抵擋財政或商務制裁。整體而言，義大利的自給自足政策在實務操作上並不穩定，方向也時常不一致。

最初得勢的是義大利的保守派路線。古亞尼利的進口限制與出口獎勵，以及迪雷維爾的預算緊縮政策，目標都在於重新取得經濟平衡。一九三六年六月義大利銀行國有化之後，義大利通貨在九月份的貶值，代表著義大利朝這個方向又跨出一大步。[51]古亞尼利認為，經濟制裁是保守派實現經濟穩定的好時機，還可以藉此解決義大利在遭到禁運前的金融危機。他告訴法國駐羅馬的財務參事，經濟制裁「使政府得以創造一種『情緒』，大有助於讓人民與統治階級接受經濟與金融局勢加諸在義大利的限制」。[52]一九三七年，古亞尼利領導的財政官僚規模之大，使外匯與貨幣辦公室升格為功能完整的外匯與貨幣部。[53]古亞尼利希望經濟制裁能反過來強化政權，讓政府可以藉重返正軌之名推動某些原本不受歡迎的措施。

但保守派的穩定政策很快陷入困境。部分原因是經濟長期疲軟：義大利長久以來都處於結構性國際收支逆差狀態（甚至有觀察家戲稱，或許早自羅馬征服迦太基以來就是如此）。[54]在平時，義大利可以藉由移民、觀光客與海運的隱形收益填補這項差距，但義大利在資本項目上依舊高度依賴美國與英國的資產。透過義大利動員公司與工業復興公司等兩大國營金融工業集團，政府可以將企業收益循環再利用，填補不斷耗竭的外資。[55] 但這麼做不能解決外部均衡的問題。即使義大利與英法兩國在一九三六年秋重建部分的經濟聯繫，義大利的貿易額依舊過低，難以支撐這類雙邊協議與足夠的進口量。也因此，追求國際收支平衡的政策就難免導致了國民生活水準重挫。

更糟的是，古亞尼利與迪雷維爾的財政緊縮政策導致經濟復甦朝著更不平衡的方向發展，不僅沒能如預期般緩和義大利的外交政策，反而導致外交政策變得更加激進。由於樽節政策的影響，義大利無法「實現」其開發非洲帝國領土的計畫。[56] 義大利政府的開支占國民生產毛額的比例，從一九三六的二十三・五%，減少到一九三九年的十九・四%。由於經濟改革的負擔幾乎完全落在民用進口與民間消費之上，義大利只能藉由更高的軍事開支來抵銷不斷滑落的有效需求。結果就是義大利的軍費開支節節升高，即便征服衣索比亞後也還在繼續上升。[57] 然而，若沒有進口足夠的原物料，特別是煤、鐵礦與石油，重整軍備將難以為繼。這就導致了一個弔詭現象：征服衣索比亞並沒有讓義大利變得更加富庶，反而使義大利為了滿足需索無度的軍事增長而窮兵黷武。

法西斯政權的擴張派開始鼓吹新的軍事干預與征服。在一九三六年十一月，英國駐羅馬大使德拉蒙德與他那後來出任聯合國祕書長的副手傑布（Gladwyn Jebb），一齊從羅馬向倫敦報告，說明義大利為了對抗制裁而減少進口的做法已經造成嚴重經濟後果，因此義大利「與德國、日本聯手搞一些骯髒勾當的可能性不容忽視」。[58] 義大利看似逃過制裁一事，事實上正在把義大利推向日後的征服、激進化與戰爭。

為了更清楚看見義大利激進化的歷程，我們不妨將義大利那引人注目的自強運動與該運動實際施行後的成果相比。自強運動使義大利必須不斷開發新的原物料來源，並取得一部分的成功，好比為了減少羊毛與棉花進口，合成纖維與紡織品產量確實增加了。[59] 義大利在這方面的成果，得益於一九二〇年代與英國纖維與化學公司科陶德（Courtaulds）的人造絲生產合作。義大利最大的合成纖維廠是位於米蘭的斯尼亞人造絲集團（SNIA Viscosa），而該企業大部分的股份都是由科陶德與德國聯合光明布廠（Vereinigte Glanzstoff-Fabriken）共同持有。斯尼亞集團逐漸發展成全球人造絲的主要生產者，並在一九三〇年代後半供應全球半數以上的人造絲。[60] 斯尼亞還從酪蛋白中研發出一種羊毛替代品，一種稱之為「人造羊毛」（Lanital）的纖維，是從脫脂奶中發現的。儘管質料比真正的羊毛遜色，但人造羊毛還是在全球時裝伸展臺上大出風頭，成為軍服製作材料，獲得「帝國紡織品」的新稱號。[61] 無論如何，人造羊毛的使用使義大利得以將原羊毛進口減少五分之一至四分之一。[62]

對義大利而言，能源進口是個更難處理的問題。法西斯政權曾經試圖以甲烷充當有軌電車與火車的燃料。[63] 到了一九三八年，從義大利北部與中部提取的甲烷，已經足夠提供相當於四萬噸石油的能源，相當於每年汽油消耗量的一成。[64] 北義大利水力發電的成長，也降低了燃煤與石油的消耗。[65] 但無論這些能源改善帶來多大的政治宣傳效果，都無法滿足義大利那過於龐大的帝國野心。[66]

燃煤就是一個好例子。義大利的煤礦產一直無法滿足全國需求，得從德國這個歐陸最大產煤國進口來補足差額。義大利的煤礦生產政策，主要聚焦於薩丁尼亞西南部的蘇爾西斯（Sulcis）地區。在義大利實業家塞格利（Guido Segre）的領導下，薩丁尼亞煤礦公司於一九三五年夏率先在這個處處沼澤、瘧疾肆虐且人跡罕至的地區，展開煤礦開採作業。早期的地質工程學計畫，特別是一九三二年開發龐廷沼地（Pontine Marshes）的經驗，為這項計畫打下了基礎。[67]在國聯啟動經濟制裁後，墨索里尼加速行動，想將蘇爾西斯地區轉型為「義大利的魯爾區」。[68]塞格利的新煤礦公司卡保尼義大利公司（Azienda Carboni Italiani）開始在蘇爾西斯煤田周遭建起一座新城市，新城於一九三七年十一月五日正式落成，取名「卡保尼亞」（Carbonia），意即「煤都」。[69]這座初創的新城市很快就吸引大量來自威尼托（Veneto）、馬爾凱（Marche）、西西里與阿布魯左（Abruzzo）的移民。一九三五到一九三九年間，卡保尼義大利公司雇用的礦工從一千零六十人增加到一萬四千九百六十五人，年產煤量也從七萬七千噸增加到一百一十六萬噸。[70]亞德里亞海岸的伊斯特里亞（Istrian）煤礦也有一百萬噸產量。即便如此，在自強運動展開三年後，義大利進口的煤礦數量仍高達自產量的六倍。

石油的問題更加棘手。在遭到制裁後，法西斯政權同時採取兩項對策：生產合成燃油，以及開發阿爾巴尼亞的油田。一九二八年，義大利取得阿爾巴尼亞國王索古（King Zog）特許，開始在庫喬維（Kuçovë）開採石油，此處也是日後義大利的阿爾巴尼亞石油工業集中地。義大利阿爾巴尼亞石油公司（AIPA）於一九三五年成立，身兼開採石油、將油產運往義大利及發展庫喬維的重任。

阿爾巴尼亞油都的石油公司油田，1939 年。圖片來源：MARKA。

就像在薩丁尼亞開採煤礦，在庫喬維開採石油也成了墨索里尼的政治宣傳工具——墨索里尼將庫喬維改名為「油都」(Petrolia)。由於阿爾巴尼亞產的原油色澤焦黑，品質不佳，因此義大利還搭建了一條八十公里長的油管，將石油運往港埠富羅雷(Vlöre)，再穿越亞得里亞海到本土進行精煉。一九三九年春，外長齊亞諾(Galeazzo Ciano)連哄帶騙，讓阿爾巴尼亞成為義大利的保護國，希望阿爾巴尼亞成為義大利進軍巴爾幹、取得更多資源的跳板(當時已有不少德國企業進駐巴爾幹半島擴張勢力)。[71] 這時的「油都」油田年產約二十萬噸，占阿爾巴尼亞出口總值的三分之二，因此阿爾巴尼亞實際上已經形同義大利帝國的石油殖民地。[72]

在墨索里尼的自強運動中，結合殖民化與工業現代化的「煤都」與「油都」是當時較為著名的經濟計畫。但國聯的經濟制裁還促使義大利推動一項合成燃料計畫。義大利國營石油公司、義大利阿爾巴尼亞石油公司與義大利最重要的化工公司蒙特卡蒂尼，三間企業聯手成立「國家氫化燃料集團」(Azienda nazionale idrogenazione combustibili)。[73] 該集團運用德國的氫化燃料科技，在義大利的里瓦諾(Livorno)與巴立(Bari)建立兩座煤液化廠與兩座提煉廠。[74] 國家氫化燃料集團最初的生產目標，是將兩百三十四萬噸低等褐煤液化為五萬噸燃料。問題是根據該集團向政府提出的報告，義大利境內可資運用的煤量實在太少。能用來液化的煤，充其量也只有來自托斯卡納(Tuscany)阿諾河谷(Arno Valley)的五十七萬八千噸。一九三八年六月至一九四〇年十二月間，義大利的提煉燃料只有四%來自液化煤，超過三分之一來自阿爾巴尼亞油井。[75] 在這種情況下，依賴海外供應在所難免：同一時期義大利的石油有四十三%來自墨西哥。[76] 國家氫化燃料集團於一九三九年達到產量巔峰時，也只能生產三十七萬四千噸，僅及年產目標的一半。當墨索里尼於一九四〇年夏參戰時，義大利的石油儲備僅夠用一個月。[77]

由始至終，義大利都沒能自給自足，就連原物料基本自由也談不上。為取得更多資源，義大利只能不斷擴張。控制阿爾巴尼亞就是其中之一，只不過阿爾巴尼亞能提供的資源太過微不足道，無法大幅改善義大利長期資源欠缺的窘況。而且阿爾巴尼亞太過貧窮，不能吸收義大利的外銷產品。我們可以從墨索里尼干預西班牙內戰一事，理解到制裁導致的自給自足經濟如何迫使義大利走向戰爭。在一九三六年底展開的這場內戰中，墨索里尼支持佛朗哥將軍的國民軍，對抗共和派政府。這麼做有三項好處：一、藉此在義大利維持意識形態狂熱。二、為義大利軍備生產找到心甘情願的買家。三、獲取來自西班牙的原物料。透過SAFNI這家在羅馬營運的智利硝酸鹽公司，義大利得以與西班牙國民軍進行祕密貿易。對墨索里尼而言，西班牙最重要的經濟價值在於西屬摩洛哥境內由國民軍控制的大量鐵礦藏。為了從墨索里尼手中獲得大量軍援，佛朗哥政權把輸往義大利的鐵礦從一九三六年的六千噸增加到一九三八年的三十九萬七千噸——相當義大利工業煉鋼年度需求總量的五分之一。[78]除此之外，自一九三八年起，佛朗哥就用賣鐵礦到英國賺得的英鎊向墨索里尼購買武器，從而為義大利提供一筆珍貴的外匯來源。[79]然而，義大利始終無法在西班牙取得更多資源，但這並不是因為西班牙沒有更多資源可以提供，而是一如巴爾幹的情況，這些資源已為德國人捷足先登。德意志第三帝國忙著搜刮資源的結果，就是排擠掉了原本能分給小老弟義大利的資源。

這不是義大利政府與德國政府第一次出現摩擦。國聯的制裁確實造就了義大利與德國之間更緊密的商業關係（因為德國是唯一沒有加入制裁的大型歐洲經濟體），但仔細觀察就能發現，這項關係對德義兩國都談不上利多。[80] 國聯對義大利的經濟制裁，之所以會在一九三六年造成德義兩國的利益衝突，是因為當時義大利無法維持對德國的貿易平衡。墨索里尼為了對抗經濟制裁而大幅削減進口貿易，導致能夠買進的德國商品大幅減少。[81] 但由於德國長期在與義大利的貿易中享有盈餘，因此德國公司紛紛要求義大利必須以強勢貨幣支付日後的交易。古亞尼利認為這是「一種非常不友善的態度」。[82] 德義兩國最後達成一項妥協方案，但雙方關係仍然劍拔弩張。原因之一是義大利入侵衣索比亞時，原本嚴守中立的德國，卻在戰爭爆發前夕為了賺外快而向衣國提供武器與彈藥。墨索里尼知道這事後自然不大愉快。[83]

一九三八到一九三九年間，德義兩國再度出現嫌隙，這回是為了打入同一塊市場而起紛爭。德義兩國的同時擴張，使自給自足的目標更難達成，對義大利來說尤其如此。一九三九年四月，德義雙方簽訂一項新的清算協議：義大利如今可以將自己控制的阿爾巴尼亞石油，交換德國控制下的捷克工業出口。德國人私底下知道不能讓墨索里尼加入戰爭，因為德國已經很勉強才能在其支配下的歐陸維持住石油燃料的供需平衡，而義大利對石油進口的龐大依賴只會毀掉這種平衡。[84] 義大利確實因為與德國貿易而免除了經濟制裁的部分負面影響，但這麼做的代價卻是使原本既有的結構性問題更進一步惡化。德國政府的決策，反而限縮了墨索里尼手上可能的戰略選項，最終皆促使義大利放棄和平，走向戰爭。[85]

也就是說，為了規避經濟制裁，義大利採取了讓自己走上軍事化的激進手段。希望能掩蓋這一情況，古亞尼利努力為外界營造義大利欣欣向榮的假象。他在接受《時代雜誌》訪問時，引用瑪麗・安東尼（Marie Antoinette）的名言：「人民如果吃不到麵包，何不嚐嚐蛋糕？……義大利人或許穿不成棉織品，因為我國棉花產量趨近於零，但我國天然絲綢產量豐富，因此可以穿天然絲織品。」[86]在國聯禁運啟動兩週年，曾被譽為「義大利的沙赫特」（Hjalmar Schacht，譯按：納粹德國初期著名的經濟部長）的古亞尼利還向《紐約時報》誇口說，「經濟制裁雖然讓我許多晚上輾轉難眠，對義大利卻是一件最幸運的好事。」[87]然而，當古亞尼利於一九三九年十月遭墨索里尼免職時，經濟情況的不樂觀已經十分明顯。就像瑪麗・安東尼改吃蛋糕的建議沒能阻止法國大革命一樣，古亞尼利的反制裁政策也沒能將義大利從危機與戰爭的道路上拉回來。

納粹德國的封鎖韌性

對亟欲重建德國在歐洲霸權的希特勒來說，國聯對義大利的制裁既是一項威脅，也是一項利多。就短期而言，納粹德國獲益於英國與法國的注意力聚焦於東非。懲罰義大利這件事，不僅打破了英、法、義曾於一九三五年初揚言制裁德國的史崔薩陣線，還讓希特勒逮到機會挑戰國際秩序現狀，推翻《凡爾賽條約》對德國軍備與領土主權的限制。唯就長期而言，國聯對侵略國施展經濟壓力之事，顯然無助於改善納粹政權面對的基本態勢。若拉長時空背景來看，國聯對義大利的制裁讓希特勒更加打定主意，要讓德國不再依賴全球資源供應。憑藉一九二〇年代的科技進展，德國至少有能力嘗試邁向原物料自由的目標，特別是合成燃料與合成橡膠。[88] 一九三〇年代初期，從農業研究到合成生產，德國的自給自足政策開始加速發展。[89] 但這項政策受限於壓抑民間消費與投資以加速整軍導致的財政與政治成本。自一九三三年以來，如何在民用與軍用投資之間取得平衡，就是財政部長暨德國國家銀行主席沙赫特的工作。[90]

在義大利入侵衣索比亞僅僅幾天之後，德國外交官已經開始預測「制裁列強」可能會切斷對德國原物料供應，以免原物料被轉運到義大利。[91] 軍事分析家漢史坦伯格（Hans Steinberger）警告，有鑑於「日內瓦惡名昭彰的偏見……商務與信貸切斷的風險有其可能」。[92] 德國外交部官員深信制裁程序「無疑將由特定政府推動，而且目的就是為了替日後與德國的衝突進行試驗」。[93] 這種「制裁墨索里尼就是準備要制裁德國」的概念，很快就進入希特勒與德國軍方、外交部、經濟官僚與納粹黨高層的腦海。十一月二十一日，就在國聯制裁生效的三天後，希特勒召見法國大使龐賽（André François-Poncet），為他就制裁的意義上了一課。希特勒表示，如果用經濟壓迫來達到政治目標，只會使每一個國家都更加想盡辦法，讓自己掙脫對他國的經濟依賴。他警告龐賽，「在歷經這場制裁後，義大利將會用盡一切手段爭取自給自足。」更讓人感到大禍將至的是，希特勒還說德國政府「將會根據國際聯盟的這些制裁措施，做出自己的回應」。[94]

德國立即遭到國聯制裁的間接效應波及。由於制裁國限制特定商品在全球市場的銷售，牛油、人造奶油等食品的價格開始上漲。[95] 這立即對德國收支平衡造成壓力，迫使外交部經濟司考慮「採取保護措施，以因應經濟戰帶來的這種不幸後果」。[96] 威廉大街（Wilhelmstrasse，譯按：柏林市中心的一條大街，為德國行政與外交決策中心）的幕後大老布勞寫道：「我們最關切的是，我們能否或如何保有自我保護的權力，保護我們的原物料免於制裁造成的直接或間接影響」。他還指出，德國不能容忍「自己的糧食與原物料需求因制裁列強的作為而陷入險境」。[97]

十二月六日，希特勒兩年前成立的跨部會戰略組織「帝國部長級國防會議」（Reich Defense Council）在柏林的戰爭部開會。[98]主導陸軍國防事務的約德爾（Alfred Jodl）表示，近日來的發展表明，「如今雖然不是戰爭時期，但每個國家都在加強武裝，運用經濟或軍事制裁……只要哪個國家先開口說出那不祥的『動員』，在政治上就已經輸了，所以各國都避開這個詞。」在約德爾看來，經濟制裁代表情勢已十分兇險，隨時都有可能動武。會議主席凱特爾（Wilhelm Keitel）最後發表結論，要求政府各部會研究義大利的制裁經驗，為德國的對策提出「建議」。[99]第二天，沙赫特發表演說，稱經濟制裁是「國際聯盟惹事生非的發明……只是強化了自給自足的願望」。沙赫特的結論是，雖然許多經濟民族主義號稱自給自足，真正能夠對抗未來制裁的只有「防衛性的自給自足（Verteidigungsautarkie）」。[100]到一九三五年十二月，德國決策者已經從原本觀察制裁的效應，轉而計劃對抗制裁之道。

一九三六年一月到二月間，國際間有關是否將制裁擴及石油的討論，引起德國的高度關注。[101]蘇聯在該月以付款不足為由，暫停對德國運油。[102]德國經濟專家警告，國內原物料離安全儲備量還有很大的距離，無法因應長期經濟孤立或戰爭。[103]國聯如果建立控制全球石油運輸的國際組織，或想用這種經濟孤立對付德國，那只會是一件輕而易舉的事。德國駐羅馬大使哈塞爾（Ulrich von

Hassell）在情人節當天提出報告，聲稱就算國聯的石油制裁沒有「真正動手，也會像懸在頭上的達摩克利斯之劍一樣，隨時可能落下」。[104]

靠著法斯康西洛的協調委員會於三月二日向義大利與衣索比亞提出和平協議，以及又一次延後石油禁運的決定，這項制裁威脅才暫時擱置。[105] 希特勒把握這個空檔，於三月七日宣布萊茵蘭再軍事化，違反《凡爾賽條約》駐軍萊茵蘭。由於經濟大蕭條的陰霾依舊存在，全球經濟復甦力道薄弱，希特勒打賭國聯無力在此時此刻同時對兩個國家施壓。他賭贏了。貿易與封鎖顧委會確實建議英國政府不要制裁希特勒，因為德國是僅次於英國與美國的世界第三大商品進口國，是較小型歐洲經濟體的重要出口市場，因此「制裁德國對世界貿易造成的影響，將遠比制裁義大利還更加嚴重」。[106]

在軍事化萊茵蘭且未受制裁之後，希特勒開始構思德國自給自足的長期計劃。原本在沙赫特領導下，德國在收支平衡限度內展開溫和的軍備重整。到了一九三六年四月，希特勒任命戈林（Hermann Göring）出任原物料與外匯事務特別委員（原物料與外匯都是制裁首選），原本相對溫和的軍備政策也宣告終結。沙赫特反對戈林替德國所制定的自給自足與戰備計畫，認為在財政上窒礙難行。[107] 但既然元首已認定自給自足是面對制裁的正當反應，沙赫特的反對也無濟於事。五月十四日，部長級國防會議再度召開，凱特爾、約德爾、布勞等官員皆認可戈林的新方案，指出可以把「義大利對抗制裁的措施」視為政策參考，以「解決我們有關軍備經濟的難題」。[108]

希特勒政權分析義大利遭制裁經驗後的產物，就是那年夏天擬妥並於九月宣布的「四年計畫」。[109]四年計畫的一項重要目標，就是達到「封鎖韌性」（Blockadefestigkeit）。[110]該計畫的官方刊物宣稱，「我們已經認清，無論平時或戰時，一支六千七百萬人的民族皆不能仰賴鄰國的善意來生存，不能只因為一場『平時』的封鎖或經濟戰，就危及賴以生存的營養或原物料。一個負責任的政府，必須為此提出一項解決之道。」[111]在戈林的督導下，自給自足訂有明確的進度時程表：於十八個月內（即一九三八年三月）完成燃料獨立，並在一九四〇年九月以前完成戰備。[112]戈林在十二月對工業界領袖發表的談話中提醒他的聽眾，德國曾在一九一四到一九一八年間「欠缺反制措施」，因此當務之急就是「必須保證每天的麵包供應無虞，這比槍炮與手榴彈更加重要」。德國還需要在本土囤積原物料以維持工業需求。「我請諸位想想，萬一瑞典落入猶太人手中，我們就得不到任何瑞典鐵礦了！」[113]這當然是戈林一廂情願的偏執之詞。就算是在後來的二次大戰期間，瑞典鐵礦的供應也在瑞典中立及德國海軍控制波羅的海的狀況下未曾中斷。戈林擔心的是，瑞典會不會基於政治考量而切斷與德國的貿易。平時制裁與戰時封鎖就在納粹的反猶太世界觀包裝下，被視為對納粹的一大威脅。[114]某位德國地緣政治分析家就寫道，「要將經濟制裁與公然敵對行為進行區分，還要保持幾週以上的時間，恐怕需要有特別冷靜的判斷力。」[115]

東歐及東南歐特別適合封鎖韌性的戰略，因為這些地區與德國的貿易很難遭到西方切斷。[116]南斯拉夫生產珍貴的鐵、銅與錫，匈牙利供應鋁土礦、牲畜與小麥，羅馬尼亞則長年是德國重要的穀物與石油來源。[117]但若想從這些地區取得糧食、重要礦物與燃料，就需要用大量的外銷品項來換。誠如一位經濟學者所言，「想進一步推動經濟復甦，就必須先擴大德國出口，取得必要的外匯盈餘，才有錢採購及滿足更多的原物料需求。」[118] 軍方的經濟顧問說得更直白：「沒有出口，就沒有外匯」，而「沒有外匯，就無法重整軍備」。[119] 出口貿易因此會是一項關鍵課題。[120] 德國得向拉丁美洲、亞洲與非洲出口，才有可能創造全歐洲都能享有原物料自由的「經濟生存空間」。[121] 因此對納粹經濟官員來說，「封鎖韌性」與繼續推動貿易的能力完全契合。事實上，達到這項目標的關鍵，就是不斷大規模輸出高附加價值的產品以累積外匯。[122]

然而，情況在一九三七年已經十分明顯，也就是東南歐經濟體從德國進口貿易量過低，沒能為德國創造更多外匯收入，無法資助德國重工業需要購入的巨量原物料，因此難以達到四年計畫的生產目標。[123] 德國原本可以從世界市場取得這些商品，但希特勒卻認為「外匯不是問題，運輸安全才是問題」。只要皇家海軍還可以攔截德國的補給線，希特勒就反對擴大洲際進口。[124] 在他的腦海中，衣索比亞的先例始終記憶猶新。那年九月，希特勒堅持「偉大軍事強國的國民有可能淪為經濟封鎖的犧牲品，當聚在日內瓦的五十二國決定祭出制裁罪行時，我們就已經看到這種危險如何被運用在義大利身上……我們永遠不會忘記」。[125] 德國確實在西班牙內戰中因支持佛朗哥將軍而取得一些物資利益，但也因此必須耗用部分海空運補能力。[126] 直到一九三八年三月兼併奧地利，德國才得以暫時改善戰略情勢，擴大與東南歐的貿易聯繫，加倍德國國家銀行的儲備，進而將外匯存底對德國擴軍的限制推遲一年。[127]

與此同時，英國與法國也開始為全面經濟戰做準備。一九三八年七月，英國首次完成對德國經濟戰的研究。[128] 這份研究報告的結論顯示，德國已經囤積大量物資，因此若想有效封鎖德國，就必須將封鎖圈擴大到十九個中立國——這數字遠比塞西爾的封鎖部當年應付的五個中立國還多。九月初，法國總理達拉第（Édouard Daladier）在前往慕尼黑決定捷克斯洛伐克的命運時，手邊還帶了最高國防委員會擬定的計畫，以確保一旦戰爭爆發，法國「能夠立刻將對手完全封鎖」。[129] 但達拉第與英國首相內維爾・張伯倫（Neville Chamberlain）最後仍為了避免戰端，決定把貝奈斯（Edvard Beneš）的捷克斯洛伐克讓給希特勒。納粹德國不僅免去一場與捷克斯洛伐克的戰爭（該國擁有一百二十五萬兵力，真正開戰納粹未必有勝算），還取得價值三十五億德國馬克的黃金、外匯與庫存原物料。[130] 法國外交部商務司的分析家警告，「這些新資源能讓希特勒在歐洲建立政治霸權……一旦掙脫經濟封鎖的限制，納粹就會禁不住誘惑，以發動戰爭之名勒索下一個西方國家。」[131]

德國征服捷克斯洛伐克帶來的自給自足，其實難以長久維繫。一九三九年初，德國的戰爭經濟已經比一九一四年更為強大，同時也透過經濟與外交手段打造一個貿易集團，納入西方封鎖區外的所有東南歐國家。[132] 合成燃料生產已能支應和平時期三分之一的德國石油消耗，不足部分可以由來自羅馬尼亞的進口補足。[133] 至少在帳面上，德國已經達成能於和平時期對抗經濟制裁的目標。但這仍有兩項先決條件：首先是軍隊不能動員，因為動員將會大幅增加資源消耗（以油料為例，動員會導致需求增加六〇％）；再來是那些向德國提供資源的盟國必須保持穩定。一旦德國進行軍事動員，或在外交結盟上出現差錯，德國經濟就會立即出現問題。若想取得更多原物料資源，唯有訴諸武力一途。

最後，希特勒政權在封鎖恐懼症的驅使下走上最極端的道路，極端到甚至反過頭來妨礙增強封鎖韌性的目標。納粹德國的對外侵略引發各國反擊，危及好不容易達成的自給自足目標。一九三九年一月三十日，希特勒在他著名的德國國會大廈演說中一語成讖地預言，歐戰的爆發將意味猶太人的毀滅，但他同時也警告聽眾：「如果外國政客利用經濟制裁威脅我們……我所能做的就是向他們保證，這樣只會招來一場攸關經濟存亡的殊死搏鬥。」[134] 差不多就在同一時間，美國開始將外交立場轉向「武裝非中立」，支持英法兩國對抗希特勒。[135] 納粹占領捷克斯洛伐克，導致羅斯福與財政部長摩根索（Henry Morgenthau）對德國商品徵收報復性關稅，讓德國出口收益少了八千五百萬馬克。[136] 一名四年計畫的官員在該年四月警告戈林，「這場由英國、法國與美國主導，針對反共產國際諸國的經濟戰早已暗中進行好一段時間，如今終於原形畢露。未來這些經濟制裁只會變得愈來愈嚴重。」[137] 德國彷彿罹患了一種「暫時性封鎖恐懼症」，迫不及待地展開軍事行動。最終，這場大戰招來納粹原想極力避免的經濟制裁，導致更嚴重的原物料供應問題，甚至迫使納粹政權走上失敗與毀滅的不歸路。[138]

換句話說，西方各國制裁派與綏靖派之間的政策辯論，其實是在一種錯誤的假設上進行。兩派人都抱持一種唯物論的算計心態，認為如果成本與獲利能正確平衡，希特勒就會成為國際社會裡合乎理性行為的一分子。[139] 這種想法低估了經濟封鎖在希特勒心目中烙下的陰影有多麼龐大。當德國經濟部長馮克（Walter Funk）在那年五月強調，德國的四年計畫與外貿是兩項相輔相成的政策時，《金融時報》（*Financial Times*）就認為這顯示了「封鎖這種經濟武器已經無法嚇阻德國，因為德國絲毫不考慮在世界經濟讓步」。[140] 但在實際上，經濟封鎖確實讓納粹領導人寢食不安。

他們心目中戰爭與和平的界線，乃至於制裁與封鎖的界線早已不再存在。[141]早在二次大戰全面爆發前，德國的公關與官員就已經將國聯對義大利的封鎖描述成一場由英法主導的「制裁戰爭」（Sanktionskrieg）。[142]

對信奉自由主義的國家而言，經濟制裁是一項用來阻止戰端的工具。但納粹意識形態卻不同，他們認定源自於戰時封鎖的經濟制裁，只會導致戰爭。八月十一日，瑞士外交官暨駐國聯官員布克哈特（Carl Burckhardt）前往巴伐利亞拜訪希特勒的避暑官邸。元首這麼告訴他：「我需要烏克蘭，讓他們不能再像上次大戰那樣餓我們肚子。」[143]不到兩週，德國外交官就與蘇聯簽署《德蘇互不侵犯協定》（Molotov-Ribbentrop Pact），取得大量高加索石油與烏克蘭穀物供應。八月二十二日，希特勒告訴他的將領，一旦有了這些來自東方的補給，「我們就不需要害怕封鎖。」[144]這絲毫不表示緊張情勢就此緩和，而只是暴風雨前的寧靜。在這場大戰一觸即發的最後階段，希特勒這句話只是在向他的部屬保證，自己讓德國成為歐陸霸主的計畫正在依序展開，他的征服野心將不再受制於外來勢力的阻撓。[145]一週後，德國入侵波蘭。

日本對抗經濟壓力的鬥爭

就像德國與義大利，日本對於自給自足的關注也根植於一次大戰。在研究過一次大戰的歷史之後，日本軍方菁英深信，自明治維新以來始終是日本楷模的德意志帝國，其遭到協約國封鎖的慘痛經驗對日本來說是一項切膚的教訓。[146] 受到「最終戰爭」（即認定東西方終有一戰）理論影響，以石原莞爾為首的一代青年軍官主張向外開拓物資與領土，讓日本可以在未來的長期消耗戰中存活。[147] 石原莞爾與他的支持者因此主張，要在一九三二年成立的滿洲國建立資源密集的工業重鎮。[148] 為了提供日本本島欠缺的資源，日本人希望能把東亞大陸建設成推動「戰略自給自足」的基地。[149]

儘管極端民族主義者迷戀滿洲國，日本政府仍舊持續推動相對自由的貿易，同時在全球經濟體系中保持高度依存的立場。這主要是因為受到大藏大臣（相當於日本的財政大臣）高橋是清的影響，因為他過去致力於再通膨與國家主導的投資計畫，曾在一九三〇年代中期為日本帶來一波經濟榮景。[150] 某種程度上，日本的經濟開放與它的經濟成長模式高度相關：日本的工業仰賴鋼鐵、紡織與絲綢產業，需要從海外進口大量的鐵礦、棉花、羊毛與生絲。日本商船隊是全球第三大商船隊，主要營運亞洲域內貿易，也是日本外匯的重要來源。除此之外，日本也並非德國或義大利的天然盟友。事實上，大多數日本民眾都同情遭到義大利帝國主義入侵的衣索比亞。[151] 日本人也普遍認為，義大利與衣索比亞的戰爭顯示全球各大國正在加速競爭，因此日本得盡快在東亞建立以東京為核心的經濟圈，才能應對即將到來的挑戰。[152]

一九三六年二月，當歐洲人還在等待國聯石油制裁的決定時，支持極端民族主義的陸軍軍官卻暗殺了高橋是清。高橋是清死後，掌權的年輕改革派官僚加速推行重整軍備。由於日本經濟愈來愈走向中央集權與軍事化，加上國內經濟與國際貿易夥伴高度連結，國際緊張情勢於是逐漸升高。[153]

軍事擴張消耗太多資源，逆轉了日本貿易收支的價格結構。由於進口煤與鐵礦的價格漲幅遠遠超過出口價格，造成前所未有的資源短缺。[154]更危險的是，這些進口量不斷增加的原物料，絕大多數來自美國與大英帝國，而這兩國正是最可能反對日本稱霸東亞的國家。一九三六年，日本有七十二％的鐵礦，九十二％的廢鐵，九〇％的錳礦，九十七％的銅，八十五％的鋅，八十六％的原棉，七〇％的石油與七十四％的橡膠，皆是仰賴美國與大英帝國的供應。[155]

日本在經濟上愈來愈仰賴西方，在政治上卻與西方漸行漸遠，這種脫節現象增加了經濟制裁的風險。但日本菁英派系林立，各派對於日本的最大威脅看法不一。石原莞爾與支持最終戰爭論的軍官們，認為最大的威脅來自蘇聯，認為蘇聯始終是日本在亞洲大陸擴張的主要障礙。[156]相對而言，日本帝國海軍比較關注美國，因為美國握有菲律賓與太平洋諸島，截斷了日本的南進之路。事實上，蘇聯與美國都有可能運用經濟壓力對付日本。蘇聯可以透過國聯理事會的席位，美國則可以聯合歐洲與中國盟友對日本施壓。為了因應這種可能的劇本，日本開始研究墨索里尼的反制裁運動。日本大藏省派遣密使前往義大利，研究義大利如何對抗制裁。日本的技術官僚對於古亞尼利的外匯樽節措施尤感興趣。[157]

對日本來說，義大利的反制裁措施不僅有防患未然之效，還能夠立即派上用場。就在日本經濟開始撞上發展瓶頸之際，主導財政的大藏省因為高橋遇刺案而愈來愈難以拒絕軍方增加開支的壓力。[158]大規模海外採購於一九三六年展開，造成進口量爆增，經濟過熱與通膨惡化。國內工業管理也無法再置身外貿管控之外。為抑制這類開支，日本政府於一九三七年一月實施外匯管制特許制度。[159]與此同時，日本帝國也成為軍方發展自給自足技術的試驗場。實業家與滿洲國的策劃者招聘法本化工公司（IG Farben）的人員，運用德國燃料氫化科技開發中國東北與朝鮮半島龐大的煤礦資源。[160] 到一九三七年夏，支持最終戰爭論的軍官與改革派官僚已準備提出一項謀求全國性自給自足的計畫，希望能獲得國會批准。

這項計畫因中國境內情勢生變而中斷。一九三七年七月七日，一支日本衛戍部隊在北京西郊的盧溝橋與親蔣介石國民黨的中國軍隊發生衝突。如果日本當時仍是國聯會員國，這次事件應該會是國聯主導談判謀和的絕佳機會。中日雙方都有不少人反對將態勢升高。但在一九三七年七月，反而是中國領導人更擔心局勢拖延下去會往更不利的方向發展。由於日本在中國華北的商業利益不斷擴張，蔣介石擔心萬一這次對日本退讓，未來就更不可能整合群雄割據的華北各路兵馬。七月十日，中國財政部長孔祥熙在華府的一次午餐會中告訴美國國務院，「中國準備與日本打一場不可避免的戰爭……因為每過去一年，日本就會變得比中國更強一點。」[161]

七月九日，蔣介石下令六個師北上。五天後，日本首相近衛文麿宣布動員。當時日本內部對中國問題的看法極度分裂。支持最終戰爭論的滿洲國軍官主張維持和平，因為這樣才能達到長期自給自足的目標。石原莞爾曾是一九三一年瀋陽事變（九一八事變）的主謀，但他卻在一九三七年反對進一步向中國內陸擴張。他警告日本政府，日北如果繼續深入，中國就會像當年「西班牙對拿破崙一樣……成為一個無底沼澤」。[162] 最後，強硬派與溫和派達成妥協：日本將派遣三個師到華北進行有限的軍事行動，時間不超過三個月，目標為迫使蔣介石求和。

八月間，儘管雙方都沒有正式宣戰，中日戰爭已經全面展開。[163] 中國動員五十萬人保衛上海，上海於是淪為惡戰戰場。在西方國家對是否進一步制裁義大利的問題上猶豫不決後，蔣介石認定他不能指望國際聯盟或美國會提供任何援助。他在八月七日告訴部屬，「美國與英國在精神上與我們同在……但如同義大利的事例所示，他們並不可靠。」[164] 由於缺乏來自海外的有力經濟援助，蔣介石決定對日本進行全面抗戰，以維護中國的國家存續。[165] 儘管如此，他仍舊希望能獲得外援。[166] 同樣是在八月，日本海軍為報復中國船隻運送武器給國民黨，以「濫用旗幟」為由對華南海岸展開平時封鎖。[167] 日本就在反海盜維和措施的巧立名目下，成為第一個在沒有正式宣戰的戰爭中，使用有組織經濟壓力的非西方國家。日本對中國的這場封鎖一直持續到一九四五年，是二十世紀歷時最久的海上封鎖之一。[168]

美國的羅斯福政府猶豫不決，遲遲不願宣布中日之間已經進入戰爭狀態。因為一旦宣布，那美國就必須根據那年四月通過的第三版中立法啟動武器禁運。[169] 羅斯福傾向支持中國，因此不願宣布一視同仁的武器禁運，因為當時中國十分依賴從德國與捷克進口武器裝備。相較於能夠自我武裝的日本，無差別式的武器禁運只會對中國產生更大的打擊。法國也同樣認為，只要有可能透過談判解決這場衝突，就應該避免「祭出《國聯盟約》第十六條的經濟制裁」。[170]

羅斯福總統對中國人的同情與日俱增。十月五日，他在芝加哥發表演說，宣稱「一場無法無天的全球瘟疫正在擴散」，而且「若真的有流行病開始散布，人類社群往往會攜手將病人隔離，阻止疾病繼續散布，以保護社群健康」。[171] 這篇「隔離演說」震驚全球觀察家。[172] 美國國會中的反干預派發現，政府即將背離他們奮力維護的中立立場。一名進步派新政支持者寫道：「日本軍方可不是傻瓜，他們無疑已囤積足夠支應戰爭好幾年所需的物資……羅斯福先生如果想領導這個國家，對侵略者展開一場三K黨式的國際圍剿，只會像威爾遜一樣失去自由派的支持，仰仗保守派鼻息苟延殘喘。這將導致他的內政改革信譽破產，往後延宕三十年。」[173] 就連《紐約時報》也認為，「從長遠的眼光來看，經驗告訴我們，抵制與制裁，或揚言抵制與制裁，只會驅使許多國家進一步走向自給自足的封閉式經濟，減少國際貿易。」[174]

歐洲人對羅斯福的「隔離演說」有著不同想法，他們認為美國準備對日本施加國際經濟壓力。貿易與封鎖顧委會很快就開始分析日本的戰時經濟情勢。儘管日本經濟明顯仰賴國際貿易，但衣索比亞事件的先例讓英國對制裁的效果缺乏信心。殖民事務辦公室主任克勞森（Gerald Clauson）就警告，「不要妄想……日本國庫在經過幾個月後就會枯竭。」這話顯然是對財政部制裁論支持者的批判。[175] 但財政部首席經濟專家哈特雷仍然支持制裁，視其為一種金融耗損手段：日本在一九三七年中的外匯存底為十二億兩千萬圓（三億五千一百萬美元），因此哈特雷認為對日本實施出口禁運便能使日本的儲備累積放緩。由於日本出兵中國勢必得增加戰備生產，就得消耗進口營收，進一步削減外匯存底。[176] 儘管如此，情報顯示日本已經囤積夠用六到九個月的物資，因此在短期內切斷原物料進口的效益有限。

在糧食封鎖上，英國決策圈也有兩派不同的看法，爭執著以米飯為主食的日本人是否更能夠抗拒糧食封鎖。[177] 除此之外，自一九三三年起，日本已經不再向海外舉債，這使金融制裁相對無效，而對日本龐大的商船隊設限也只會對大英帝國造成非常負面的影響。[178] 站在英國的角度來看，在美國沒有加入，且沒有荷蘭、法國、比利時、埃及、蘇聯與阿根廷參與的情況下，無論儲煤庫管控或商業壓力都不能收到立竿見影之效。就算真能組建這樣的同盟，這種利用制裁推高敵國失業率的政策能否奏效，追根究柢仍是一個「心理問題」。[179] 貿易與封鎖顧委會的主事者認為，日本人的經濟思維很難捉摸，因為他們是「一個在習慣與特質都與我們完全不同的東方國家」，因此也「更不可能評估這些經濟制裁對滿州國、臺灣與朝鮮境內的臣民究竟能造成何等實質或心理的影響」。

儘管如此，對日本侵略採取行動的壓力依舊持續升溫，特別是日本軍機於一九三七年十二月在揚子江擊沉美軍炮艇「帕納號」（USS Panay），造成五死四十八傷的事件之後。西方輿論開始強烈譴責日本，羅斯福政府也要求嚴懲兇手。雖然美國政府還不打算派遣海軍進入華東，羅斯福本人對經濟制裁的態度卻已開始轉變。[180] 他私底下與顧問們討論民主國家如何可能對法西斯國家實施不宣而戰的經濟戰：如果義大利與日本可以不宣而戰，美國為什麼不可以？羅斯福告訴財政部長摩根索，他要使用「不宣戰的打法」。美國於是「不稱經濟制裁為制裁，而稱其為隔離」。羅斯福總統堅持「我們要像日本及義大利一樣聰明，要以現代手段辦好這件事」。[181] 財政部法律顧問奧里芬（Herman Oliphant）稱這種國力投射的新方式為「發動和平」（waging peace）。[182]

當摩根索與英國時任財政大臣西蒙討論對付日本的經濟方案時，英國財政部官員也研究如何效法國聯對義大利採取的進口禁運，用外匯管制手段削減日本的出口營收。[183] 困難點在於，美國與大英帝國都享有對日貿易的巨大順差，外銷日本賺進的外匯，比日本從美英兩國賺取的更多。財政部的結論因此類似貿易與封鎖顧委會的看法：制裁在一兩年內不會有重大效果。如果不願意長期糾纏日本經濟，而是只想收立竿見影之效，那麼制裁不會有用。[184]

儘管日本透過道歉賠款的方式消弭了帕納號危機，但中日戰爭仍舊方興未艾。如何用非戰爭手段壓制日本，仍是一項有待處理的難題。一九三八年春，曾任中國北洋政府國務總理的顧維鈞，便不斷透過其廣大人脈與滔滔雄辯，懇請西方國家動員金融援助：或透過《國聯盟約》第十六條第三項，或直接援助中國。蘇聯外長李維諾夫表示，莫斯科願意支持英、法、蘇的聯合援助方案。但在歐洲各國忙著重整軍備的情況下，英法政府都表示自己的工業產能不足，無法為規模如此龐大的中國軍隊生產武器。[185] 也就是說，西方關注的重點仍是經濟武器的負面制裁而非正面援助。塞西爾在倫敦撰文，對日本繼續在美國購買飛機一事表示擔憂，質問羅斯福難道不瞭解「這件事造成的巨大憤慨嗎？」[186]

在得不到實質援助的情況下，中國依舊交出了不凡的抵抗成果。日本本想以地跨日本、滿洲國、朝鮮、華北與臺灣的日圓區為基礎，打造自給自足的東亞經濟區戰略計畫，也因為中國的抵抗而被迫推遲。[187] 蔣介石放棄上海，退守中國內陸，發動長期游擊戰，讓日軍陷於泥沼。近衛文麿首相原本計畫耗資一億日圓，以三個月為期限，動用三個師的兵力發動懲罰性遠征。結果到一九三八年春，這項軍事行動已經動用二十個師，投入二十五億日圓的緊急預算，幾乎占例行政府預算的九成。為了裝備與供養這支軍隊，日本對民用工業實施嚴厲的資金與進口管控，幾乎徹底縮減了日本在國際市場賺取外匯的能力。[188]

時間並不站在日本政府這一邊。由於蔣介石的中國軍隊始終頑抗不屈，在龐大軍費的拖累下，日本經濟愈來愈仰仗來自大英帝國與美國的進口。部分軍方高層的派系呼籲與中國談判，但近衛文麿卻在一九三八年一月下定決心擊潰中國，宣布「爾後不以國民政府為對手（打交道）」。[189]從莫斯科取得兩億五千萬美元援助的蔣介石，也一樣拒不妥協。[190]

在華府，摩根索在一九三七年十二月與羅斯福討論過後，主張使用經濟力量來反制侵略。一九三八年起，他透過黃金採購政策提供財務援助。根據這項政策，美國財政部從中國國民政府購入白銀，從西班牙共和政府購入黃金。表面上這麼做是為了穩定美元兌換銀元與披索的匯率，實際目的則在於資助武器採購。摩根索還為中國提供一筆兩千五百萬美元的復興金融公司貸款。[191]在一九三八年九月歐洲爆發蘇台德危機期間，摩根索說服羅斯福若歐戰爆發，美國應該為法國提供財務援助，同時切斷對德國的補給來施壓德國。[192]

日本原想以一場決定性大戰擊潰中國抵抗，卻始終未能如願，侵華戰爭也愈打愈殘酷。日本政府希望能在與西方攤牌前能夠先在中國取勝，因此於一九三九年一月通過自己版本的四年計畫。這項動員計畫的內容涵蓋日本、滿州國、臺灣、朝鮮與華北日圓區內的所有原物料，徹底翻轉前一年嚴厲壓制民用工業的方針。這項計畫還要透過「出口連鎖制度」，讓賺取外匯收益超過開支的出口商繼續獲得原物料，[193]日本因此得以倖免於古亞尼利為義大利帶來的通貨緊縮。

一九三九年夏，在天津英國租界發生了一場意外事件後，英國與日本發生了進一步的衝突。英國首相張伯倫下令皇家海軍準備對日本（而非德國）採取行動。[194]但在是否運用平時經濟壓力迫使日本就範的問題上，英國決策者仍然猶豫不決。問題不在於沒有執行這項政策的能力，而在於其效益。執行這項政策將會切斷日本與澳洲、紐西蘭與加拿大之間的貿易，引起這些大英帝國自治領的抗議。事實證明，大英帝國的存在反而成為實施制裁的阻礙。貿易與封鎖顧委會認為，針對日本出口進行制裁雖然收效緩慢，但確實是向日本施壓的最佳途徑，因為此舉「不會讓我們背負濫用力量破壞全球原物料供應的罵名」。[195]

一九三九年九月，歐戰爆發，倫敦當局運用帝國資源全力向英國本島運補，改變了國際經濟情勢。英國的動員帶來意外成果：印度與澳洲對日本的銷售驟降，加拿大也切斷對日本的鎳礦出口。[196]失去來自大英帝國自治領的資源，打亂了日本的新經濟戰略。為了保持生產力，日本遠比過去更加依賴美國提供鎳、銅與機械工具。然而，來自美國的補給也同樣愈來愈不可靠。一九三八年七月，羅斯福首先以個人身分呼籲美國製造廠商停止為日本製造飛機，此即所謂的「道德禁運」。一九三九年十二月中旬，美國企業界停止對日本供應鋁、鎂與鉬，同時不再將高辛烷值航空燃料製作技術轉移給日本。[197]在霍恩貝克的大力鼓吹下，簽定於一九一一年的《美日商務條約》於一九四〇年一月正式失效。

這一切措施對日本產生了什麼影響？多年下來，日本帝國的陸海軍不斷囤積物資，以對抗短期的經濟壓力。滿州國的軍官與政府官員以日圓區達到煤、鐵礦、硫、鋁、鹽與林木的自足為根據，誇耀「東方已完成自給自足」。[198]但從整體局勢來看，日本已身處險境。對經濟的侵入式管控與壓制國內的民主制度，再加上無止境的侵華戰爭，皆已造成嚴重的經濟負擔，壓得日本無法喘息。侵華戰爭徹底摧毀了華東地區的經濟與社會，反而讓東亞自給自足的長程目標更加遙不可期。[199]與此同時，一九四〇年的日本在石油、銅、鎳與橡膠等工業原物料對美國與荷屬東印度群島的依賴，也比一九三五年更加嚴重。顯然軍事征服不是達成自給自足的有效手段，只會引來經濟壓力，導致戰局進一步升高。

對前述變化觀察最為敏銳的，是研究日本帝國多年的經濟史學者伊莉莎白（Elizabeth Boody Schumpeter）。[200] 根據她的觀點，「經濟壓力、制裁威脅、自給自足政策與領土擴張，這四項因素會彼此累積，使彼此之間存在著非常緊密的連結。」也就是說，在這種嚴峻情勢之下，施加額外的經濟壓力並不能改變日本戰略的方向。伊莉莎白寫道，「太多人以為，只要藉由禁運等經濟壓力，就能削弱日本軍方的鬥志，讓他們打點行囊撤出中國，或使日本民眾一夕轉念，不再支持軍方，我無法苟同這種看法。除非戰到筋疲力盡，否則人類天生就不會輕易放棄。」[201] 霍恩貝克從國務院駁斥伊莉莎白的說法，認為伊莉莎白此說存在有「政治成見」。[202] 回顧伊莉莎白的這篇經濟分析，我們發現她確實建立在某種對維護國際和平的政治觀點之上。她原則上不反對制裁，但確實批判美國的制裁派，認為他們沒有考慮過制裁以外的其他方式，無法解決導致人類衝突的根本原因。伊莉莎白寫道：

> 如果要使制裁成為一種確保集體安全的有效方法，制裁就必須由一個做好準備、可以有力進行經濟制裁的國際組織即時實施。這個國際組織的功能不能僅止於利用集體力量對付個別力量來維持現狀，而是必須認清社會與經濟安全就像領土完整一樣重要。如果這個國際組織的會員國誓言阻止

領土擴張，就同樣必須防止工業與商業擴張的可能性。唯有這樣，才能確保真正的集體安全。 203

伊莉莎白的分析裡，涵蓋了一九四〇年代的多項關鍵趨勢。往後十年，提供社會與經濟安全確實成為國際主義重建世界的基石。然而，這種正面意義的經濟武器，得要等到打完另一場毀滅性的世界大戰後才會真正出現。美國沒有理會伊莉莎白的強烈警告，選擇對日本發動經濟制裁。於是，日本的侵略之火很快就在整個太平洋地區蔓延開來。

第十章　經濟武器的正面意義　1939—1945

一九四一年七月，捷克裔經濟學者巴希（Antonín Basch）在美國哥倫比亞大學發表了一系列的演講。他在搬到美國以前，曾在捷克商務部與中央銀行工作，出席過一九二〇與一九三〇年代的世界經濟會議。儘管被迫流亡，離開成為納粹保護國的捷克，巴希並不認為軸心國的侵略等同於國際聯盟的失敗。巴希在紐約時表示：「這場戰爭帶來的最大教訓是，全世界的經濟、集體安全理論的有效性與和平如今已深深聯繫在一起。」二次大戰並不代表理想主義的破產，而是世界需要規模更宏大的全球性政府。巴希認為，「情勢愈來愈明顯，今後必須建立起一個能夠防止經濟侵略的世界組織，因為經濟侵略能為軍事侵略鋪路。」[1]

巴希在持續超過半世紀的制裁主義運動中看見了一個重要真相：國際主義者的這項集體安全方案，不但沒有因為一九三〇年代的失敗而信譽掃地，反而以更強而有力的新面貌重返世界舞臺。集體安全的概念沒有死亡，而是走上戰場。聯合國最初就是一種戰時同盟，無論名義上或實質上都是，聯合國也因此擁有國際聯盟始終欠缺的軍事力量。曾在戰間期作為國際聯盟主要安全手段的經濟制裁，如今也於一九四五年再次為聯合國組織所用。

一定有人會問，如果經濟制裁的效果比人們原本認定的更為強大，為什麼制裁主義者在一九三

○年代時無法共組聯盟、防止戰爭？正如本書前面所述，原因主要在於組建這樣的聯盟極其複雜：地緣政治的目標時不時遭到民主與獨裁之間的意識形態競爭妨礙。許多人將一九三○年代的危機，視為自由派國際主義與不自由民族主義之間的戰爭，是光明與黑暗的對抗。[2] 這種說法就政治角度而言雖然言之成理，卻不能正確解釋集體安全體系在當年所面對的挑戰。誕生於一九一八到一九一九年巴黎和會的經濟武器，主要目的在於阻止吞併他國領土的戰爭，相對不看重民族國家或帝國內部的政治發展。戰間期的政治制度在一連串政變、內戰、革命、種族清洗及民主崩潰下變得面目全非，但這些情勢在當年都不曾被視為發動經濟制裁的理由。[3]

戰間期制裁主義者側重維持國際政治穩定，卻與同時期意識形態與政治體制的變化互相矛盾，最終導致了四個不同陣營之間的利益協調難題。首先是英法兩國及其盟國組成的自由派國際主義列強，第二是因其專制獨裁而遭自由派國際主義者將信將疑的集體安全夥伴蘇聯，第三則是原則上中立但經濟地位舉足輕重的美國，最後是意欲修改國際現狀的納粹德國、義大利與日本。四方之間彼此各懷鬼胎，但也因為各自缺乏協調而各行其是，時常導致力量相互牽制或相互抵銷。這一協調問題最後是因為一九四一年底的戰局發展才獲得解決：前三大陣營結合成軍事與經濟夥伴，共同對付德、義、日陣營。

新的國際主義陣線一旦組成，就創造出遠遠超過上一場世界大戰的經濟嚇阻力與援助規模。[4] 英法兩國打從二戰之初就成立了專責經濟戰的部會，其轄下的經濟戰項目錯綜複雜，包括行政制裁與海軍封鎖、黑名單管控、各大洲資源管控、潛艇攔截，以及「戰略轟炸」這種足以投射長程破壞力的新途徑。[5] 美國與蘇聯都在一九四一年加入這個同盟，成為全球對抗軸心侵略陣營的要角。該年底，二次大戰的走勢已成定局。正是由於美國與蘇聯這兩大歐洲的「側翼強權」全面整合進集體安全架構，才強化了原本在大戰前失靈的集體安全體系。[6] 誕生於全面戰爭時代的經濟制裁，就這樣成為《聯合國憲章》的懲罰新手段。只不過動用經濟制裁的權力，操縱在美、英、法、蘇、中所組成的安全理事會手中。[7]

綜觀經濟制裁史，一九四〇年代意義最重大的創舉並非經濟施壓的全面復甦。畢竟戰間期的《國聯盟約》第十六條就已是在提醒人們一次大戰期間的經濟封鎖經驗。一九四〇年代真正的創新之處，其實是全面落實第十六條未能實現的正面援助措施。美國總統羅斯福與財政部長摩根索首先於一九三八年為陷於困境的國家提供財政援助，隨後於一九四〇到一九四一年間推出規模龐大的全球性租借法案，為任何願意加入聯合國、對抗軸心侵略的國家提供後勤支援。[8] 因動盪不安與撙節開支而在戰間期胎死腹中的正面經濟武器，終於憑藉一九四〇年代初期美國戰時經濟的巨大成長而獲得立足根基。[9] 戰時生產將金錢與商品送往全球各地，驅散經濟大蕭條的陰霾，破解了大蕭條造成的「經濟制裁反促成自給自足」的惡性循環。[10] 更重要的是，相較於威脅要斷絕供應，事實證明協調物資供給更有助於打造同盟。隨著一九四〇年代的援助與生產取代一九三〇年代的制裁與競爭，戰後國際主義的基礎因而逐漸鞏固。[11]

冬季戰爭與《國聯盟約》第十六條

一九三〇年代面臨存亡危機的國家，往往寄望於國際聯盟的經濟武器。伊索匹亞皇帝塞拉西、中國國務總理顧維鈞與西班牙共和政府，都曾希望能藉由《國聯盟約》第十六條的制裁條款，以對付侵略者與獲得外國支持的政敵。義大利於一九三七年十二月退出國聯，使得原則上只剩下英、法、蘇等三個理事國能決定是否動用經濟制裁。儘管蘇聯外長李維諾夫一再保證莫斯科將會信守對集體安全與不侵略的承諾，英國首相張伯倫與法國總理達拉第的保守派政府始終不信任蘇聯，這也導致蘇聯無緣參加一九三八年九月的慕尼黑會議（捷克就在這場會議上淪入希特勒手中）。[12] 該年十月的國聯大會上，只有西班牙、中國、蘇聯與墨西哥投票主張應保持第十六條經濟制裁的強制性，該議案因此無疾而終。[13] 既然國際聯盟無法以經濟制裁來懲罰侵略者，受害國家便只能期待國際援助。但由於一九三〇年《財經援助公約》未能生效，因此當時並不存在所謂的國際援助機制。在這種情況下，蘇聯對西班牙共和政府與中國國民政府的援助，就純屬國與國之間的雙邊政策。儘管如此，此時的史達林依舊希望能重建過去的英法俄同盟。[14]

隨著納粹德國勢力不斷擴張，英國與法國希望避免一次大戰的《布列斯特—立陶夫斯克條約》歷史重演。一九三九年三月，英國向波蘭與羅馬尼亞提出安全保證，以強化反納粹包圍網的東緣。[15] 然而，張伯倫與達拉第與波蘭結盟一事，正是導致英法兩國無法與蘇聯締結同盟的原因之一。[16] 一九三九年夏，眼看與英法結盟無望，史達林於是在蘇聯利益優先的考量下與希特勒簽定了

《德蘇互不侵犯協定》。在史達林看來，這麼做可以用犧牲小國主權的方式暫時阻擋納粹的軍國主義，對蘇聯而言是次佳的解決辦法。[17] 對納粹領導層來說，這項協定可以讓德國取用歐亞大陸的資源，包括動物飼料、磷酸鹽、穀物、鉻鐵礦、錳、鎳與石油，進而提高對抗經濟封鎖的韌性。[18] 德國海軍宣稱，蘇聯的協助「大方得讓西方的經濟封鎖不可能成功」。[19]

然而，史達林還是擔心這項協議對蘇聯國家安全的影響，因此打算將邊境防線進一步往西推移。與此同時，在見到《財經援助公約》無疾而終之後，芬蘭只得兩頭下注，無法全部仰賴西方援助。[20] 那年十月，史達林邀請芬蘭外交官訪問莫斯科，提出一項土地交換建議：芬蘭政府可以得到白卡雷利阿（White Karelia）的大片土地，但得要將蘇芬邊界往西北方離列寧格勒（Leningrad）較遠的位置遷移，以擴大蘇聯海岸線。芬蘭人誤以為史達林此舉意在取得通往波羅的海的戰略通道，因此拒絕了這項建議。為迫使芬蘭屈服，史達林於十一月三十日揮軍入侵。[21]

蘇芬冬季戰爭成為西方對抗德蘇新聯盟的試金石。蘇聯入侵三天後，美國前總統胡佛在加州帕拉奧圖家中接到時任芬蘭總理萊提（Risto Ryti）的電話。萊提在電話中以私人身分要求胡佛為芬蘭提供糧食援助。胡佛再次受到人道主義激勵，很快展開一項訪遍全美的募款行程，為芬蘭爭取支持。他在募款活動上表示：「芬蘭是個小國，從極北荒涼的森林開闢出國土，大小相當於蒙大拿州，人口不過四百萬。一千兩百年來，芬蘭人生活在他們鍾愛的北地……如今卻遭到野蠻的攻擊……他們正在英勇抵抗著成群而來的兇殘野蠻人。」[22] 不到六個月，胡佛的「芬蘭救助基金」（Finnish Relief Fund）就透過私人勸募管道募得總計三百五十萬美元善款。[23] 與此同時，芬蘭也從美國財政部長摩根索獲得更多的援助：美國在一九三九年十二月至一九四〇年三月間，透過進出口銀行而撥給芬蘭多達三千萬美元的貸款。[24]

十二月十一日，萊提在日內瓦向國聯大會發表演說。這時芬蘭已經獲得英、法、低地諸國及斯堪地那維亞半島各國的外交支持。納粹入侵波蘭之事加速了西歐各國的團結聯繫，西方因此將蘇聯入侵芬蘭視為與納粹同樣的惡行，一致譴責蘇聯。就連英國的左派報界也表示：「將俄國逐出國聯……並無不公……因為自上次大戰迄今，還沒有見過如此無端挑釁、損人利己的惡行。」[25] 國聯大會也譴責蘇聯侵犯芬蘭。

十二月十四日，國聯理事會召開會議，討論是否要根據《國聯盟約》第十六條第四項將蘇聯逐出國聯。[26] 儘管這次議案沒有獲得多數成員國支持，但在英法兩國對國際聯盟握有不成比例的主控權之下，蘇聯還是被逐出國聯。[27] 隨著歐戰爆發後最初幾個月的情勢發展，戰間期原本將制裁視為懲罰手段的主流氛圍開始逐漸轉變。《財經援助公約》背後的理念似乎獲得了東山再起的機會。美國駐巴黎的大使便提到：「整份會議紀錄沒有一處提到『制裁』的負面概念，因為法國代表團在來到日內瓦時已經下定決心，要強調正面的『援助』概念。」[28] 雖說以經濟進行懲罰與孤立的制裁手段依舊存在，但如今這種手段已經與經濟援助攜手並進。

冬季戰爭是國際聯盟與國際主義史上的關鍵一刻，因為該年十二月十四日的會議正是國聯理事會的最後一次集會，也是《國聯盟約》第十六條最後一次在國際政治舞臺亮相。從那之後，經濟武器便逐漸恢復到一九一四到一九一八年間，那種兼具正面援助體系與負面制裁機制的樣貌。但至少在一九三九年這個階段時，國際上尚未形成足以操作這種經濟力量的聯盟。經濟制裁在戰後秩序中的地位，仍得由戰爭本身的政治結果來決定。

這種以援助盟友而非攔阻敵人資源為優先的政策，背後亦有其戰略考量。一九三九年九月，英國與法國成立盟國最高戰爭會議，負責擬定聯合作戰計畫。就像一九一四年一樣，英法的戰略思考也是將德國與蘇聯視為在經濟上自給自足的單一集團。英國的帝國防衛委員會與法國的最高國防委員會都認為，斯堪地那維亞的鐵礦與高加索的石油是德蘇集團的兩項關鍵商品。法國情報單位甚至表示：「考慮到德國的原物料嚴重短缺，特別是鐵礦補給，以及糟糕透頂的財務狀況，因此不難準確算出該國會在哪一天投降。」[29] 由於冬季戰爭的影響，中斷了由北歐跨波羅的海至德國的鐵礦運輸，英法盟國於是將援助芬蘭視為對付德蘇集團大戰略的一環。在一九四〇年的最初幾個月，英法政府準備派遣一支由十萬名英軍與三萬五千名法軍組成的遠征軍，前往挪威的納維克（Narvik）或芬蘭的佩查莫港（Petsamo），好攔截運往德國的鐵礦。[30]

西方盟國包圍德蘇集團的另一個選項，就是從南方的黑海地區出兵。一九四〇年春，盟軍除了進軍斯堪地那維亞，另一邊也試著讓土耳其加入同盟國陣營，好從南方攻擊蘇聯。盟軍可藉此對蘇聯的巴庫（Baku）油田發動空襲，或是從法國託管的敘利亞對蘇聯發動地面攻勢，或者是在蘇屬喬治亞的巴統（Batumi）登陸。[31] 然而，這些計畫最終因為法國淪陷及淪陷前那幾個月法國領導層的嚴重分裂而無緣實施。[32] 至於在經濟施壓方面，英法仍舊抱持著反蘇的態度，不僅要把莫斯科逐出國聯理事會，還計劃在戰爭爆發後九個月間發動對莫斯科的經濟戰。一九四〇年三月，芬蘭與蘇聯的冬季戰爭談和，因此盟軍原訂出兵北斯堪地那維亞的計畫也暫時擱置。但希特勒已經察覺到來自瑞典的鐵礦可能受到威脅，於是在四月間閃電出兵丹麥與挪威。納粹德國一方面延伸己方的海岸線（也是在延長英國皇家海軍必須封鎖的面積），同時小心翼翼地維護瑞典中立。[33]

在美國境內，由於居住在過去傾向中立的中西部各州的丹麥與挪威社群普遍反對納粹入侵，美國政府因此能夠採取比冬季戰爭爆發時更激進的行動。四月十日，羅斯福發布八三八九號行政命令，根據一九一七年的《美國與敵國貿易法》（Trading with the Enemy Act），沒收美國境內所有丹麥與挪威的資產，總計約兩億六千七百萬美元，並以此成立「保護侵略受害者基金」（Protecting Funds of Victims of Aggression）。[34] 美國政府以這種信託方式為流亡倫敦的丹麥與挪威政府保管這些資產，以防納粹德國占領當局取用。為了管理斯堪地那維亞的資產，美國財政部也成立了專職機構「外國資金管控處」。往後幾個月間，隨著德軍深入歐陸各個角落，該機構也凍結愈來愈多國家的資產。一九四〇年末，該處已經扣押了低陸諸國、法國、羅馬尼亞、保加利亞與匈牙利的資產。也就是說，早在美國與德國正式開戰之前二十個月，納粹的侵略就已經促使美國建立起能夠實施經濟戰的組織體制。

經濟戰的復活

正如同一九一四年八月一次大戰爆發時的情況，當二次大戰於一九三九年九月爆發時，英國政府也沒有一套統一的經濟戰戰略。但至少就制度面而言，這回英國對此已有較完全的準備。貿易與封鎖顧委會認為，主持封鎖的組織「將在下一場戰爭中成為最重要的部會」，因為它「其實投入的是一場經濟戰」，因此也應該正名為經濟戰。[35]經濟作戰部因此於九月三日成立，以保守黨貿易部大臣克羅斯（Ronald Cross）爵士出任首任大臣。[36]根據經濟作戰部官方撰史人的說法，「經濟戰」是國際制裁最近才添加的新詞。[37]經濟作戰部成立後即迅速展開運作。一名美國記者在描述成軍幾個月的經濟作戰部時曾經表示，「一大群英國最精明的銀行家與經濟專家及四百名助理」正忙著毀滅納粹的經濟。[38]雖說克羅斯是職業政治人物，經濟作戰部大多數官員也都是文職行政官員，該部的情報蒐集中樞卻是一個軍方單位：由莫頓（Desmond Morton）少校領導的工業情報中心。

經濟作戰部的活動可分為三大類。第一類是立法行動，包括運用《美國與敵國貿易法》盡可能禁止英國公司及根據英國法律運作的外國公司與德國往來，或是根據既有的法定清單來向民間商賈、運輸公司、煤礦及石油貿易商、銀行及保險公司施壓，用法律起訴等方式來阻止他們參與可疑的貿易。第二類是外交行動，包括簽訂採購協議及向中立國簽訂出口自主限制措施。第三類則是軍事行動，涉及攔截商船與檢查船貨等傳統海軍行動範疇。

在戰爭爆發的最初幾個月，經濟作戰部的動作相對緩慢，手段也時常不夠直接，因此為該部招來姑息主義的指控。金融記者艾因齊格（Paul Einzig）就批評經濟作戰部的封鎖「就像篩子一樣漏洞百出」。[39]福斯特也同樣表達關切，他認為目前的封鎖有太多漏洞。由於荷蘭、比利時、義大利、瑞典、葡萄牙與西班牙在一九四〇年春季時都仍保持中立，福斯特認為經濟作戰部唯有立即採用他在上一場戰爭期間研發的統計配額制度，才有望迅速削弱德國，因為「時間因素無比重要」。[40] 相較之下，塞西爾不認為有必要對中立國施壓，還在私下勸克羅斯容許中立國向德國出口。塞西爾相信，德國可以運用的財政儲備非常有限，因此「德國人向外國買進的非必需品愈多，可用於購買軍需彈藥的資金就愈少」。[41] 基於這項理由，塞西爾認為，經濟作戰部應該把德國用來賺取外匯的出口貿易列為主要目標，而不是消耗德國外匯的進口貿易。可見這項曾於一九三五到一九三九年間主導英國財政部制裁政策的外匯理論，在大戰初期仍然具有影響力。[42]

相較於一次大戰，這一回的經濟封鎖還有另一項進步，那就是打從一九三九年開始就獲得國際支持。六月間，一支二十六人的經濟代表團從巴黎抵達倫敦，以確保法國封鎖部與英國經濟作戰部之間合作無間。為了避免相關資源落入德國手中，這個英法執行委員會開始談判排他性的補給採購，項目包括土耳其的鉻、羅馬尼亞的石油、挪威的鯨魚油與墨西哥的釩酸鉛等。[43] 英國與法國也設法說服羅斯福政府擴大道德禁運政策，納入對德國的關鍵作戰物資。美國政府沒有完全同意英法的建議，但羅斯福確實讓英法能夠以經濟戰為由自主切斷與美國企業的交易（才能騰出空間進行排他性採購）。美國國內的經濟政策也幫了忙：一九三九年六月的《戰略物資法案》（Strategic Materials Act）為美國陸軍部與海軍部撥款一億美元，開始囤積物資，以保衛美國補給需求。正是因為這項國內的戰備法案，美國政府才開始扣押可能流向德國的重要商品及物資，並不是因為當時美國對封鎖或制裁產生興趣。[44]

一九四〇年夏，希特勒征服西歐，大幅改變了經濟戰的大環境。法國淪陷讓美國決策者忙著訂定國際干預的具體計畫。[45] 德軍占領區的大幅擴張，確實強化了納粹帝國抵抗經濟封鎖的韌性，[46] 但也減少了中立國問題，讓盟軍施行經濟戰變得更加容易：盟軍如今只要聚焦於少數中立國，便能施加更大的封鎖壓力。同盟國施壓的歐洲中立國主要是葡萄牙、西班牙與土耳其，因為這三個經濟體礦產資源豐富，有可能提供軸心國所需的資源。[47]

該年八月，美國運用制裁成功阻止西班牙加入軸心陣營。法國淪陷後，西班牙的佛朗哥將軍本來有意讓希特勒占領直布羅陀的英軍基地，藉以取得德國的經濟援助，同時換取德國支持西班牙在北非的帝國擴張。英國政府必須不計一切代價阻止此事成真，經濟作戰部於是在七月間要求美國政府對西班牙祭出石油禁運。[48] 表面上，這麼做是為了防止西班牙將石油轉運給德國與義大利，實際上是在向佛朗哥將軍展示盟國控制資源的能力。這項攔截行動之所以有效，原因在於其可管控規模：西班牙僅需十艘油輪就能滿足每個月五萬噸的燃油需求。換言之，當美國政府在休士頓扣留兩艘本該駛往西班牙桑坦德（Santander）與畢爾包（Bilbao）的油輪時，就能立刻對西班牙的燃油儲備產生重大影響。美國這項「石油禁運」（主要是遲滯作業而非全面封鎖）讓佛朗哥政府的官員嚇破膽，因為西班牙全國的石油補給完全仰賴美國企業，國內的石油儲備量還不滿一個月。一旦石油運補中斷，西班牙的運輸系統、漁船隊與農業生產就將完全停擺。西班牙內政部長蘇涅爾（Ramón Serrano Súñer）因此對佛朗哥示警，就算實施國內消費配給，石油斷供很快就會「重創西班牙的必需品生產」。[49]

就在美國以油輪管控的方式對西班牙實施石油制裁時，美國也愈來愈傾向以經濟制裁來穩定東亞局勢。英國原本不願意直接對抗日本，除非能獲得美國支持。一九四〇年七月十八日的一場華府晚餐會上，英國大使就英美聯手制裁的問題，試探美國財政部長摩根索、戰爭部長史汀生（Henry Stimson）與海軍部長諾克斯（Frank Knox）的態度。英國大使擔心，如果制裁不夠強力，沒有引發戰端的風險，就無法阻止日本人繼續侵略中國。摩根索、史汀生與諾克斯表示贊同，紛紛主張針對日本實施國際石油禁運，主要是透過運往太平洋地區且多半位於加州與波斯灣（因而由英美掌控）的油田。與會者還希望荷蘭也能伸出援手，限制荷屬東印度的石油出口。

七月二十五日，羅斯福根據新的《出口管制法》（Export Control Act）對日本實施出口禁運，但將目標限制為航空燃油與高級鐵礦與廢鋼。[50]《出口管制法》規定，美國可以為了國家安全利益而限制對他國的出口。這項規定讓美國得以在東亞強力施行對外經濟干預。一名記者表示，有了這項法案，「美國就可以將最強大的經濟武器瞄準日本。」[51]美國於一九四〇年七月同時對日本與西班牙展開的燃料及鐵礦出口限制，是該國政府首次在和平時期公開使用差別待遇式的經濟制裁。[52]美國過去實施的制裁都是無差別禁運，或是類似於抵制的自願性民間禁運。[53]雖然早在一九四〇年一月，羅斯福總統就希望讓《美日商務條約》失效，但直到法國於七月淪陷、世界各地的民主國家似乎都岌岌可危之際，他才開始利用新政規章，透過經濟壓力在歐亞兩洲推動外交政策。美國終於以重量級參與者的身分，登上經濟制裁史的舞臺。

美國政府改用經濟武器對付西班牙，很快就收到了良好效果。眼見西班牙石油供應短缺，佛朗哥於是向希特勒求助。但忙於處理整個歐陸經濟的德國，既不能為西班牙提供石油，也沒有多餘的小麥可以出口至西班牙。佛朗哥於是瞭解，如果加入希特勒這一邊，就不會得到任何經濟援助。不僅如此，美國既然能禁運石油，就表示還可能會對糧食等重要民生必需品實施制裁。當時西班牙社會已歷經三年的慘烈內戰，無法經得起這樣的打擊。佛朗哥於是放棄加入軸心國陣營。九月七日，美國眼見效果已經達到，便立即恢復了對西班牙的石油運補。石油禁運迫使佛朗哥政權懸崖勒馬，拒絕了西班牙史學者所謂「加入戰爭及擴張帝國的誘惑」。[54]

然而，美國對西班牙的制裁固然成效斐然，對日本的制裁卻是完全無功。在日本入侵法屬印度支那，迫使維琪法國政府准許日本在當地駐軍與採購原物料之後，美國開始對日本展開直接報復：於九月間將《出口管制法》適用範圍擴大到所有鐵礦與廢鋼出口。[55]作為日本建築業與軍工產業核心的鋼鐵業，這時已經幾乎沒有原料可用。東京內部強硬派於是提出警告，說美國正透過愈來愈嚴厲的經濟戰窒息日本，這項說法讓日本國內主張談判解決的鴿派愈來愈沒有施力空間。[56]

石油，正是日本地緣經濟的關鍵弱點。一九四〇年，世界五大產油國分別是美國（年產約一億八千兩百萬噸）、蘇聯（兩千九百萬噸）、委內瑞拉（兩千七百萬噸）、伊朗（一千零四十萬噸）與荷屬東印度（七百九十萬噸），這五個國家加起來約占全球總產量八十七％。[57]由於伊朗的石油幾乎完全控制在英國公司手中，委內瑞拉的重油得先運往荷蘭殖民地庫拉索（Curaçao）提煉才能外銷，意味著伊朗與委內瑞拉的石油也都在英國與荷蘭的有效控制之下。這表示唯一對東京開放的非西方產油國只剩下蘇聯。日本海軍在庫頁島有一處小煉油廠，但每年產量不超過十六萬噸。[58]考慮到日蘇兩國於一九三九年夏在蒙古打了一場簡短的戰爭，蘇聯不大可能為日本提供足夠的石油。[59]日本因此在一九四〇年兩度派遣貿易代表團拜訪荷屬東印度，試圖採購當地的半數油產。但急著爭取更廣經濟救濟的日本，卻在採購案中提出太多附加條件，導致與荷蘭人的談判破局。[60]雖然日本在一九三九與一九四〇年間，將墨西哥等其他產油國的進口量提升了至少三倍，但由於這些國家的產量都太少，不足以影響大局，[61]因此對美國石油的跨太平洋石油進口需求，始終是日本經濟的罩門。

羅斯福對西班牙與日本石油採取的禁運辦法，正是英國人所謂的「源頭管控」——先發制人在國內與第三國採購石油，藉此將軸心國逐出世界市場。英國的經濟戰政策也開始以「讓歐陸陷入石油饑荒」為目標。[62]但這種後勤消耗戰並不是經濟戰的唯一法門。舉例而言，自從工業情報中心開始為空軍部提供目標與經濟數據起，經濟作戰部就在戰略轟炸與空軍作戰上扮演要角。《經濟學人》對此有一番解釋：「經濟作戰部從來就不是當年那個仰賴海軍的封鎖單位，該部始終認定皇家空軍的轟炸行動應該由該部經濟專家指導……因為轟炸能夠加速封鎖。」[63]經濟作戰部認為，在海上封鎖緩緩減少敵國進口量及削弱敵國經濟後，投入戰略空軍便可以將敵國經濟迅速擊垮。[64]在納粹德國率先對英國發動倫敦大空襲之後，英國戰時內閣便批准對德國城市進行轟炸。一九四〇年十二月十六到十七日間，皇家空軍對德國都市中心進行首次「區域轟炸」，代號「雷契爾使女作戰」（Operation Abigail Rachel），目標為曼海姆（Mannheim）周遭的煉油廠。[65]此後同盟國便不斷採用戰略空軍來加速對歐洲大陸的經濟封鎖。

用租借對抗侵略

一九四〇年九月二十七日，德國、義大利與日本簽署《三國盟約》（Tripartite Pact），標誌著二次大戰戰略局勢的重要新發展。[66] 英國的持續抵抗，使德國無法按照希特勒的理想與大英帝國談和。與此同時，希特勒原本進軍西北非的南向計畫也胎死腹中，因為德國沒能為西班牙提供經濟援助，進而讓佛朗哥在美國石油禁運威脅下不敢加入軸心國陣營。元首的注意力於是重返俄國與烏克蘭境內的資源，因為若想與英美進行長期對抗，就必須取得這些資源。十二月十八日，希特勒做了一項重大決定：於一九四一年中攻擊蘇聯。[67]

納粹東進的決定意義重大，特別是考慮到美國正在逐漸加大介入戰爭的力道。羅斯福在一九四〇年十一月的總統大選中獲得連任，讓美國獲得更多援助盟友的籌碼。投票結束後不過幾天，羅斯福就批准為英國製造一萬兩千架飛機，開始向邱吉爾運送作戰物資。與此同時，美國財政部也啟動對中國最重大的援助，貸款一億美元給蔣介石的國民政府，藉此要日本放棄在中國取勝的念頭。[68] 日本曾在一九三七年至一九三八年間封鎖華東沿岸，試圖以「反海盜」為由來摧毀中國經濟。兩年後看來，日本這場地方性的經濟戰已告失敗，因為蔣介石政府因日本海軍封鎖而遭受的一切貿易損失，都可以透過美援補充回來。

各界都注意到了美國政府開始以更大規模援助受侵略國。那年十二月，國聯副祕書長華德士從牛津寫信給他的同事史威哲說：「我始終相信一九一七到一八年的經濟制裁能夠再次重現，特別是透過美國近期的所作所為。依我看來，如果美國能徹底加入這場戰爭，就算不成為交戰國，那麼我所深信的事情就大有可能成為事實。」華德士曾在巴黎和會期間擔任塞西爾祕書，他認為自己的構想一旦成真，「我們就會見到一種以有效經濟制裁為基礎的全新聯盟，而不是一九二一年那個效力因美國退出而大打折扣的版本。」[69]

考慮到國際聯盟在一九四〇年秋時早已名存實亡，且歐陸已落入納粹掌控，倫敦大空襲正全面展開，該聯盟官員竟然還可以對一個以「有效經濟制裁」為基礎的新國際組織寄予厚望，想想似乎有些不可思議。但從長遠角度來看，華德士其實有樂觀的理由。羅斯福已經藉由平時經濟制裁打破美國數十年來的中立政策，而且正在推動更進一步的反侵略行動。

十二月十七日，羅斯福結束選戰後的假期返回白宮，決心以更有建設性的方式援助英國。情況很明顯，邱吉爾政府無力償還向美國公司採購的巨額武器與彈藥債務。這類軍火的帳面訂單高達接近五十億美元，且英國尚未抵押的外匯存底只剩下二十億美元，英國財政部預計將於一九四一年夏宣告破產。[70] 美國於是擬定一項協議，預計將槍炮、船艦與軍備等物資以實物而非美元計算的方式租借給英國，供英國及其盟友作戰，條件是接受援助者得在勝利後返還。在這項協議下，美國的戰時生產與盟國的戰時需求便整合成同一條產業鏈。十二月三十日，羅斯福在一次爐邊談話中向大眾宣布租借法案的構想。美國財政部旋即在接下來幾週內擬妥法案，準備為盟國提供七十億美元物資援助。

今天的人往往認為，租借法案是一項自由派國際主義政策，不僅將美國變成「民主兵工廠」

（源自於法國商人莫內，後來羅斯福在十二月二十九日的一次電臺演說中再度提到），還避免美國重蹈一次大戰造成的跨大西洋債務問題的覆轍。[71] 羅斯福的慷慨大方，被拿來對比於威爾遜的冷漠及一九二〇年代共和黨政府的吝嗇小氣。不過，這種想法忽略了一項同樣重要的背景脈絡：國際聯盟也曾在戰間期制定《財經援助公約》，試圖協助戰爭受害者。租借法案確實提供了國聯無法完全建立的後勤架構，但其政治意涵遠遠不如字面的「民主兵工廠」這般明確。租借法案並沒有承諾美國要在全球捍衛民主，反而更近似於《國聯盟約》第十六條的構想，也就是不論該國國內政治制度為何，關鍵在於運用金融手段對抗侵略及保衛國家主權。

根據這項政策，不論一國民主與否，只要是正在淪為或有可能淪為國際侵略的受害者，就能獲得租借法案援助。而到了一九四〇年冬，已有大量國家符合這項援助條件。義大利在十月入侵希臘，因此羅斯福政府也答應會在十二月援助希臘政府。一九四一年二月十日，就在美國財政部的金融專家草擬租借法案之際，羅斯福的經濟顧問居里（Lauchlin Currie）訪問重慶，保證為蔣介石提供四千五百萬美元的軍事裝備。[72] 四天後，國務卿赫爾（Cordell Hull）為土耳其與南斯拉夫提供租借法案援助，以換取兩國加入反軸心同盟。[73] 當美國國會就租借法案舉行聽證會時，法案以支援主權國家對抗外國攻擊為意旨已經相當明顯。就連長年批判羅斯福對外干預政策的前總統胡佛，也表示「但願我們的工業能為英國、中國與希臘盡一份心力」。[74] 根據租借法案關鍵性的自由裁量條款，羅斯福可以對「他認為對美國國防極為重要的任何國家」提供援助。[75]

到了一九四一年初，英國、中國與希臘都在與侵略者作戰。儘管如此，這些國家接受美援的情

「這項生產工作可不能耽擱。」畫師貝里曼（C. K. Berryman）的漫畫，內容描繪美國總統羅斯福、財政部長摩根索、民主黨眾議院領袖雷伯恩（Sam Rayburn）與參議院多數黨領袖巴克利（Alben Barkley），準備用租借法案援助英國、希臘與中國。發表於 1941 年 1 月 8 日《華盛頓明星晚報》（*Washington Evening Star*）。圖片來源：美國國會圖書館。

況各不相同。英國仍是歐洲主要海權與軍事大國，美援對英國的真正價值其實是讓倫敦繼續發揮它在一次大戰期間的功能：繼續當盟國資金的提供者。[76] 租借法案的大多數受惠國都不是民主國家。好比重慶的國民政府與邁塔克薩斯（Ioannis Metaxas）的希臘政府都是獨裁政權，領導土耳其的則是凱末爾接班人伊諾努（Ismet Inönü）的一黨專政政府，只有南斯拉夫是民主國家。租借法案的倡議者時常大談擁護民主，但這些話主要是說給美國國內聽的，受惠國是否民主大體上不在租借與否的考慮範圍。誠如美國外交關係協會一項研究租借法案的報告指出，「應該盡量避免……以該國的政治制度為談判條件……除非此舉有助於我國維護世界安定。」[77]

也就是說，美國政府會在一九四一年開始援助其他國家作戰，並不是出於推行自由民主的目的。對華府而言，當務之急尚不是維護民主自由，而是保住歐洲、亞洲與拉丁美洲國家的獨立，不讓它們落入軸心國陣營控制。在集體安全與經濟制裁史上，租借法案在更龐大的規模上實現了《國聯盟約》第十六條的正面經濟武器構想。在當時的人看來，這項政策確實也是「美國運用過最重要的經濟制裁類型」。[78] 美國勞工聯盟就認為，這項法案是「最重要的法律與經濟防衛武器」，整個美國公民社會也大致抱持這種觀點。[79] 美國政府在二次大戰每花六塊錢，就有一塊是用在租借法案。簡單來說，租借法案是有史以來意義最重大的反侵略經濟政策。[80]

負責實際管理租借法案日常行政工作的，是美國鋼鐵公司主管史提汀紐斯（Edward Stettinius）。在法案經羅斯福於一九四一年三月十一日簽署生效後不過幾個小時，該公司就已開始對歐洲展開武器交付作業。[81] 讓我們來看一下南斯拉夫的例子，因為該國情勢特別生動地描繪出經濟壓力及經濟援助的政治影響。當時的南斯拉夫，是由攝政王保羅（Prince Regent Paul）領導的君主立憲國。在義大利入侵衣索比亞期間，南斯拉夫受到國聯經濟制裁的影響，被迫切斷與最大貿易夥伴義大利的貿易。南斯拉夫的統治菁英因此對國聯心生不滿。[82] 保羅逐漸倒向德國，而德國也因此在一九四〇年成為南斯拉夫外銷的大買主。就在保羅接受了美國國務卿赫爾的租借法案援助之際，希特勒就立刻向保羅下達最後通牒，要保羅簽署《三國盟約》及加入軸心國陣營。美國國務次卿威爾斯（Sumner Welles）在發現保羅心意轉變後緊急通知南斯拉夫政府，宣稱南斯拉夫若加入軸心國陣營，美國政府就不會提供租借法案援助，還會立即凍結南斯拉夫在海外的所有資產。[83] 對南斯拉夫政府而言，要在「獲取援助」與「遭金融制裁」兩者之間做出選擇並不困難。就在保羅簽署《三國盟約》的兩天後，西莫維奇（Dušan Simović）將軍就在英國的支持下發動政變，推翻保羅的王室政府。這時，南斯拉夫獲得租借法案援助的事似乎已成定局。但就在來自美國的大炮、彈藥與補給運抵之前，西莫維奇的軍政府就遭到德軍大舉入侵。[84] 首都貝爾格勒於四月十八日淪陷，希臘首都雅典也在四月二十七日陷落。曾於一九二〇年代遭到國際聯盟負面制裁的南斯拉夫與希臘，只差一點就能在一九四一年獲得來自美國的正面經濟武器。

租借法案在巴爾幹半島出師不利，英國遂成為這項法案的第一個真正受惠國。英國經濟學家凱因斯奉命前往華府，談判租借法案資金發放問題。凱因斯是擔任這項任務的最佳人選，因為他早在一九二四年就曾建議國際聯盟的經濟與金融組織，在經濟武器的運用上，「對受害方提供正面援助」比「報復侵略者」更為有效。[85] 根據凱因斯原本在一九四〇年二月的估算，英國可以動用的外匯資產約為十億英鎊。[86]僅僅一年後，英國政府的國防開支已經遠遠超過這個數目，因此他必須說服美國接受先行交貨。到頭來，租借法案在最初幾個月的主要工作，就是支援英國的海外採購。因此，相較於莫內與羅斯福的「民主兵工廠」，摩根索稱呼租借法案為「帝國兵工廠」的說法或許更加準確。[87]

美國這種以工業與金融實力援助世界主權國家的做法，自然贏得英美國際主義者的普遍讚揚。[88]歷史學家如今已經認知到，一九四四至一九四五年間創建的新國際體制，很大程度上其實源自於戰間期的國際聯盟，而且主事者不僅限於美國。[89]重要國際主義者之間的書信往返顯示，早在一九四一年春租借法案開始提供援助之時，重建更好版本的國聯這一構想已在國際主義者間大為流行。這時與經濟與金融組織流亡人士一起生活在普林斯頓大學的史威哲，非常瞭解要重建這套體制需要怎麼樣的全球性經濟基礎。史威哲當時向外交政策協會的皮藹爾堅決表示，美國人應該尋求真正具備「普世性的路徑」。他強烈反對媒體人史崔特（Clarence Streit）主張的英美軍事同盟，認為「如果我們在世界事務上採取排他性的盎格魯薩克遜中心，肯定會招致危險」。[90]史威哲呼籲塞西爾不要「忽視其他民主國家，不僅是斯堪地那維亞或荷蘭等長期盟友，還得包括……中國」。「今後百年的英美強權統治」並非世界秩序的合法基礎，此舉只會導致「反對者建立自己的聯盟」。[91]

史威哲曾在一九二〇年熱衷於國際聯盟的「制裁式經濟武器」，但他現在轉而主張藉由經濟武器來建立新關係，而不是切斷關係。他如今相信，奠定和平的基礎在於「能夠推動世界大同的發明家與企業家」。史威哲向塞西爾保證，日內瓦精神已經在美國東岸找到棲身之地：「無論是理論上或事實上，我們都在保護國聯精神的火花不滅。我個人深信，如果我們能夠一步步終結這場戰爭，國際聯盟必將重見天日，世界也會獲得前所未有的繁榮與希望。」[92]

剝奪與供應

希特勒於一九四一年六月二十二日入侵蘇聯，之前一年的大戰略選項也隨之關閉。[93] 納粹的向東侵略，讓羅斯福有機會做到英法先前沒能完成的事：讓蘇聯加入對抗法西斯的國際同盟。美國對蘇聯的援助，扭轉了日內瓦列強在一九三九年對莫斯科的敵對立場。僅僅兩年間，蘇聯就從攻擊芬蘭的侵略者變成了侵略受害者，從租借法案的抵制對象變成租借法案的受益國。芬蘭的處境剛好與蘇聯相反：該國於六月二十五日以軸心陣營共同交戰國身分，重啟對蘇聯的「繼續戰爭」（Continuation War），也因此迅速遭到國際抵制。芬蘭原本在一九四一年四月仍然獲得美國政府的進出口貸款，但到了六月卻得向美國外資管控處要求特許，才能通過這時已將歐陸國家外資完全凍結的美國金融封鎖。[94]

一九四一年夏，經濟武器的負面制裁與正面援助雙管齊下。美國成立經濟戰部門，一方面提供蘇聯租借法案的援助，另一方面也升高對日本的經濟制裁。與此同時，納粹也在險惡的東線戰場上製造史無前例的種族滅絕。一九四一年的世界局勢，就此將戰間期經濟制裁史的三條敘事軸線集合在一起：援助與制裁齊頭並進以防堵侵略、在不發動戰爭的前提下進行有效的嚇阻，以及當世界充斥經濟制裁時封鎖恐懼症的影響。

與德意志帝國在前一場大戰建立脆弱霸權相比，納粹德國在歐陸建立的新秩序理應強大得多。一名德國經濟專家自信滿滿地宣稱，「歐洲不可能遭到封鎖。」[95] 但納粹政權的行政官僚心裡明白，這都是虛幻的假象。德國在一九三九年發動侵略前，僅能勉強維持經濟上的自給自足。原物料與糧食短缺的問題，到了其征服歐陸的一九四〇年冬天後變得更加嚴重，使得德國無法與大英帝國及美國進行長期全球鬥爭。[96] 就算軸心國陣營能夠征服蘇聯的西部土地，除非在此地推行規模大到超乎想像的種族滅絕式饑荒，否則德國依舊無法改善其治下歐洲對經濟封鎖的韌性。納粹於是在一九四一年春天制定惡名昭彰的「大饑荒計畫」（Hungerplan），以令人膽寒的清晰條理說明經濟封鎖與大屠殺之間的關聯：「住在這裡的好幾千萬人，都將成為剩餘人口，或者死亡，或者必須送往西伯利亞。即便能從黑土區運來糧食以拯救這些人，不讓他們餓死，但這也只會耗損歐洲的物資。如此一來德國就無法支撐到戰爭結束，德國與歐洲將無法抵禦盟軍的經濟封鎖。因此，我們對這個問題絕對不能有半點含糊。」[97] 納粹當局還制定所謂的「東方總計畫」（Generalplan Ost），以提升「封鎖韌性」為目標，將德國殖民者送往這些歷經過種族清洗的蘇聯西部地區。[98] 就這樣，在納粹政權的各個角落，對經濟封鎖的擔憂開始被用來證成種族滅絕的計畫。[99]

隨著德軍在六月二十二日對蘇聯發動史上最大規模的入侵戰，西方各國開始考慮援助莫斯科。這場入侵蘇聯的巴巴羅薩行動才開始不過兩天，美國外資管控處就釋出蘇聯原本遭到凍結的飛機引擎與機械工具訂單（總金額高達一千萬美元），同時開始解凍其他蘇聯資產。還不到六月底，蘇聯大使就已經向美國國務院貸款五億美元，用於資助一項範圍廣大的補給方案。[100]七月初，蘇聯軍事訪問團抵達華府，討論該方案的細節。在德國空軍迅速取得制空權的情況下，蘇聯空軍迫切需要高辛烷值的航空燃油。[101]隨著東線戰場情勢急劇惡化，蘇聯需要的援助規模也跟著以驚人的速度提升。七月十八日，羅斯福內閣第一次接到蘇聯提出的援助需求清單，總金額竟高達天文數字般的十八億五千萬美元，包括三千架戰鬥機、三千架轟炸機、兩萬門高射炮、五萬噸航空燃油、巨量汽油與潤滑油，以及價值五千萬美元的工廠設施。[102]

就算是對美國這樣的工業強國而言，要在短期內滿足這樣的要求也是極為艱鉅的任務。雪上加霜的是，就在東線戰場的「工廠之戰」爆發時，美國也正在對日本加強經濟壓力。[103]一九四〇年十二月，美國對日本的鐵礦、液壓泵與潤滑油出口限制正式生效，制裁項目旋即於隔年一月與二月擴大到銅、鋅、鎳與鉀肥出口。美國以保護重整軍備所需的補給為由，逐步向日本實施這些限制。[104]租借法案的經濟需求，確實開始將原物料、能源供應、半成品與機械工具從全球各地吸往北美。[105]

在如何對抗日本的問題上，羅斯福政府內部仍有嚴重分歧。[106]國務院遠東事務處的霍恩貝克代表強硬派，主張「全面施加經濟壓力」。[107]駐東京大使葛魯（Joseph Grew）則是溫和派代表人物，他不相信「日本經濟與金融資源的惡化，能在短期間導致日本這個軍國主義強權崩潰……直到目前為止，還沒有事實足以證明避免遠東衝突的最佳途徑就是繼續實施貿易禁運、封鎖日本」。[108]大多數美國決策者的看法落在霍恩貝克與葛魯之間，認為制裁雖然可以重創日本經濟，「卻未必能阻止日本的戰爭機器」。[109]最重大的政策難題，即在於是否實施石油禁運。日本已經囤積大量燃油。但在一九四一年夏，全球石油供應情勢因租借法案而變得極端複雜。優先運補英國的政策造成美國油輪船隊巨大壓力。[110]六月二十日，內政部長兼戰時石油管理處長伊克斯（Harold Ickes）宣布，即日起任何離開美國境內的石油衍生產品都需要出口執照。[111]除非駛往英國或拉美盟國港口，否則油輪不得駛離大西洋港口。中立國西班牙與葡萄牙因此開始又一次嘗到一九四〇年八月交貨放緩的滋味。[112]盟國需要重整軍備，日本也需要大量資金以裝備派駐在中國打仗的百萬大軍，現在雙方都依賴同樣的北美資源。

日本在遠東的軍事行動，使華府下定決心運用貿易管控。七月二十四日，法國維琪政府將位於印度支那的兩座港口與八個空軍基地交給日本控制。在與日本駐美大使野村吉三郎會談之後，美國海軍作戰部長史塔克（Harold Stark）將軍認為，日本軍方會「維持守勢，觀望自己的最新行動會引起世界各國何種反應」。史塔克不相信日本人會發動攻擊，「除非我們對他們實施石油禁運……否則他們什麼也不會做……直到德蘇戰爭有更明確的結果。」[113]但在美國政府內，日軍進駐印度支那的軍事行動卻使得制裁派占上風。七月二十五日，羅斯福凍結日本在美國的所有資產，並下令對一切對日出口進行特許管控。[114]這項措施的用意，就是要用出口特許「像繩圈一樣套住日本的脖子」，讓羅斯福可以「時不時勒緊一下」。[115]五天後，羅斯福總統成立經濟防衛委員會，這是美國成立的第一個專責經濟作戰機構。

羅斯福或許無意對日本實施全面經濟孤立，但英國與荷蘭政府很快就加入美國的資產凍結行列，荷屬東印度政府也大幅減少對日本的鋁土礦與橡膠出口。當羅斯福在紐芬蘭外海會見邱吉爾及共同起草《大西洋憲章》（Atlantic Charter）時，摩根索與助理國務卿艾奇遜（Dean Acheson）也在推動出口管制體制轉型，將其轉變為更嚴格的二級許可體制，結果就是將幾乎所有與日本的正常交流完全切斷。[116] 財政孤立也削弱了日本政府的籌碼：在一九四一年八月第一週，困守日圓區的日本幾乎與世界經濟脫鉤，不到兩週就失去九成的海外石油補給與七成的外貿營收。[117] 大部海外資產遭到扣押，意味著日本終將耗盡外匯，無力支應必要的進口，無法在國際市場上補充燃油儲備。就這樣，英、荷、美的聯合經濟封鎖促成了日本決定放手一搏：日本必須盡快以武力奪取東南亞的關鍵原物料。海軍軍令部總長永野修身於七月三十日告訴日本天皇：「由於我們的補給正在減少，如果我們要動手，我認為愈早動手愈好。」[118] 他提醒政府高層，光是海軍每一個小時就要燒掉四百噸燃油。[119]

一九四一年夏，同盟國在對日本祭出更嚴厲制裁的同時，還透過租借法案將巨量資源運交英國、中國與蘇聯，戲劇性地展示了經濟武器的兩面特性。就像在一次大戰期間，經濟武器在動員物資支援盟國的同時，還要扣押物資以免敵國取得。值得注意的是，石油因此成為了受到衝擊的關鍵商品。在巴巴羅薩行動後的最初三個月，石油產品就噸位（十四萬五千噸）而言，占美國對蘇聯的所有援助的七十九％。[120] 由於這些油輪是從美國西岸煉油廠的油輪出發，原本可以經由跨太平洋的航運線運抵日本橫濱，如今卻大多改道駛往偏北幾百公里的蘇聯海參崴。經濟制裁與經濟援助之間的差異乍看不大，但這項變化卻在這個案例中造成巨大的後果。

九月十七日，在深入蘇聯腹地的德軍逐漸後繼無力之際，希特勒正在總部與一小群親信共進晚餐。「歐洲爭奪世界霸權之戰，取決於能否占領俄羅斯。只要占領俄羅斯，歐洲就能成為『全世界最能抵抗封鎖』的地區。」元首在晚餐時如此表示。[121] 他在幾天後進一步宣稱，「認為長期戰爭就能讓我們屈服只是一項迷思，我們絕不相信時間能讓我們卑躬屈膝。」[122] 矛盾的是，隨著他發動的這場戰爭規模愈打愈大，時間愈拉愈長，曾經一度在一九三八到一九三九年間深深困擾希特勒的封鎖恐懼症似乎也不藥而癒。回首過去幾年的征服成就，希特勒向眾人解釋道：「物資對戰爭十分重要，而我的目標就是盡全力讓我國在鐵、煤、石油、穀物、牲畜、木材等物資上都能自給自足。」他認為使歐洲免於封鎖威脅的努力已大功告成：「今天，我可以說，只要我們能阻止俄羅斯這個超級大國，不讓這個歐洲文明繼續動用亞洲來對付我們，歐洲就能自給自足。」[123]

然而，遠方的超級大國其實正在分享資源，正在動員對付納粹德國。十月一日，羅斯福的特使哈里曼（W. Averell Harriman）抵達莫斯科。在史達林的外交官莫洛托夫（Vyacheslav Molotov）、外交部長李維諾夫及英國補給事務大臣暨報業大亨畢佛布魯克爵士（Lord Beaverbrook）的見證下，美方簽署《莫斯科議定書》（Moscow Protocol），正式展開對蘇聯的租借援助。這項援助對蘇聯軍方與戰時經濟的幫助極大，特別是在卡車、燃料、飛機、機械及工業裝備的補給。[124] 一九四一年，經濟武器的國際政治地景正以驚人的速度改變。當援蘇物資源源不絕地抵達北極圈港口莫曼斯克（Murmansk）時，芬蘭軍隊發動地面攻勢，試圖切斷將這些物資運往列寧格勒的運補線。這是一項反諷意味濃厚的命運轉折：戰間期國聯經濟武器發起國之一的芬蘭，在二戰爆發後卻投入戰爭打擊這項機制。一九四三年初，芬蘭政府小心翼翼地找上美國外交官，表示對《大西洋憲章》

有興趣，並詢問是否可能不加入聯合國而獲得租借法案援助。[125] 芬蘭如此心動的理由顯而易見。到二戰結束時，租借法案交付給蘇聯的物資總計超過四十萬輛機動車輛、一百七十五萬噸食物、兩百六十萬噸石油，以及蘇聯高達五十三％的重型軍械彈藥。[126] 這項援助使同盟國可以發動一場全球大戰，用蘇聯紅軍與中國國民政府的兵力鞏固戰線。[127]

同盟國的經濟動員帶來了最後勝利，但在迎來勝利之前，卻先碰上了經濟制裁導致的反效果：讓戰爭擴大，因為英、荷、美石油禁運直接造成日本對西方在東南亞的利益發動攻勢。石油制裁讓佛朗

1944 年，一支租借法案車隊穿過「波斯走廊」（Persian Corridor）進入蘇聯。幾名伊朗婦女在車隊旁。圖片來源：Everett Collection Historical。

哥不敢參戰的成功經驗，讓美國決策者更有自信：既然制裁對西班牙有效，何不用來對付日本？一九四一年十月，霍恩貝克對制裁表示滿意，他並不相信日本高層會因此「幹出一些可怕勾當……在嚴厲經濟壓力下，日本並沒有爆炸，或發狂，或搞出什麼全國總玉碎。」[128]邱吉爾在十一月五日寫信給羅斯福，說明英、荷、美陣線「非常成功，儘管我們的聯合禁運正逐漸迫使日本在和平與戰爭之間二選一」。[129]

一個月後，日本偷襲珍珠港，同時進攻東南亞各地。日本帝國的菁英明知勝利無望，卻仍然發動戰爭，此事直到今天仍舊令人吃驚。[130]就像一九三九年夏天的希特勒一樣，日本領導人也罹患了封鎖恐懼症。只不過日本人認為時間對他們不利的看法並非憑空想像，經濟制裁與日圓區的國際孤立確實讓日本陷於物資匱乏的危機。也因此，日本會在一九四一至一九四二年間對印尼的石油資源發動攻勢一事，或許就沒有那麼難想像。[131]日本駐德大使大島浩在一九四二年一月告訴希特勒，日本一旦征服東南亞的原物料，就能打一場持久戰。大島浩認為，羅斯福在沒有做好備戰的情況下驟然發動經濟制裁，是他的一大失策，也是「徹底瘋狂的政策」。很清楚封鎖恐懼感為何的希特勒表示同意，還補充道：「如果不想被他人割喉，就必須先行下手。日本認清這一事實，採取先發制人行動。」[132]

然而，短期勝利並無法扭轉軸心國陣營在整場戰爭的長期劣勢。一九四一年十二月二十九日，由戰時同盟國所組成的聯合國正式成形。聯合國創建的目標載於《大西洋憲章》，[133]該憲章第四條保證所有國家都能「在平等基礎上取用經濟繁榮所需的世界貿易與原物料」。這時的美國已藉由租借法案，為多達三十餘國提供資金。這些補給堪稱聯合國同盟的麵包、槍炮與奶油。等到租借法案在一九四五年夏天結束時，美國政府已經提供四百八十多億美元的補給，還透過所謂的「回惠租借」收到八十億美元。[134]與此同時，羅斯福也成立新的政府單位，指揮對敵國的經濟制裁，一九四一年十二月成立的經濟作戰委員會就是例子。[135]經濟作戰委員會由三個分別專責進口、出口與分析的辦公室組成，這種簡單體制充分說明了華府在物資供應方面的主導地位。決定哪一個國家可以獲得哪些原物料，很大程度上是平衡美國國內生產與國外供應的經濟問題。出口辦公室的主要任務，就是決定將哪些多餘的商品與資源送往至少三十八個國家，進口辦公室則管理「海外關鍵物資的資源供應」。[136]經濟作戰委員會的工作還有一項前提，那就是「在成功進行戰爭的過程中，補給的力量可以當作一種正面經濟武器使用」。[137]

經濟作戰委員會主席是由時任美國副總統華萊士（Henry Wallace）出任，他是一位農業專家出身的左翼新政人士，對戰後世界有著極具雄心的規劃。華萊士認為在戰後的世界，每一個人都應該享有經濟安全，過像樣的生活。一九四二年五月八日，在他著名的「自由世界勝利的代價」演說中，華萊士預言未來將會是「人民的世紀」，以及全球各國的「老百姓的世紀」。他重申，羅斯福的「四大自由是聯合國革命運動的核心」。[138]華萊士還認為，「若要讓經濟作戰能夠延續，就得先播下軍事作戰的種子。」[139]與一九一四到一九一八年間不同的是，戰時的聯合國必須做好準備，準備用供應物資來促成社會轉型。許多在戰間期批判經濟制裁的人士，都認為政治衝突基本上是社會經濟不平等的產物。華萊士就曾經對蘇聯外長之妻、出生於英國的愛薇（Ivy Low Litvinov）說道：

「這場戰爭的目標，就是確保世上每一個人都能每天飲用一夸特牛奶。」而愛薇當時回答：「沒錯，半品脫也好。」[140] 這種政治經濟目標大大不同於國際聯盟創辦人所提倡的儉約國際主義。華萊士的這種進步派政策，讓塞西爾頗感疑慮。塞西爾認為，儘管自己「支持國際聯盟以某種形式復甦」，但卻「非常害怕這些左翼狂熱分子會逮到機會利用復甦的國聯來遂行他們的經濟觀」。[141]

到了一九四三年春，人們已經開始用「聯合國封鎖」一詞稱呼對歐洲的經濟制裁。[142] 聯合國的戰爭計畫，一方面以敵國平民為目標進行經濟戰與戰略轟炸，另一方面卻也為同一批平民提供物資援助。以一九四三年為例，同盟國就在轟炸德國城市的同時，成立「聯合國善後救濟總署」（United Nations Relief and Rehabilitation Administration）。[143] 同盟國將會在戰爭結束後為全球每一個國家提供物資援助，只不過條件是由同盟國決定。如今可以確定的是，這場戰爭將以敵國無條件投降而告終。[144] 同盟國在連鎖壟斷物資的基礎上，籌備打造未來世界性組織的藍圖：建立一支全球性的干預部隊，以及建立戰略資源管控，進以獲得使用嚴密手段制裁侵略者且不容第三國保持中立的能力。這時擔任戰時生產委員會礦物顧問的雷斯就曾認為，「美國必須針對礦物訂定一套政策，以用於日後制裁侵略者……如果要阻止軸心國重整軍備……就必須找出解決制裁問題的辦法。」[145] 雷斯所謂的「制裁問題」，指的就是如何設計一套類似《國聯盟約》第十六條但更加優良的制度，以及如何以物資來重建戰後滿目瘡痍的世界經濟。

這是一項艱鉅的挑戰。當國際清算銀行在一九四四年調查世界經濟情況時，估計出戰前全球四百六十億美元的貿易總額中，已有幾近兩百億被摧毀，或是遭到政府查禁及封鎖。[146] 生產、交易與分配已經面目全非。高達兩千七百萬蘇聯平民喪生，八成的戰前貿易額與四分之一的股本化為烏有。但即使在蘇聯，戰時建立的全球後勤供應鏈也為戰後重建打下了基礎：蘇聯可以根據回惠租借的議定，反過來供應美國三萬兩千噸錳與三十萬噸鉻，讓美國可以為聯合國生產高品質的鋼。[147]隨著盟國勝利指日可待，經濟武器會在戰後國際組織扮演何種角色的問題，也變得愈來愈重要。

新多邊主義的制裁

一九四三年十月三十日，美、英、蘇、中等四國外長共同發表《莫斯科宣言》（Moscow Declaration），同意在戰後建立起集體安全組織。[148]在國際團結聯盟贊助下，塞西爾根據這四大強權的框架提出了「建立日後國際管轄權草案」。[149]史威哲將這項草案提交給國務院，並於一九四四年二月向英國表示，美方認為軍事合作是維護戰後秩序最重要的因素。[150]而這正是一九一九年巴黎和會上的英美協議所欠缺的關鍵。這時已屆七十九歲高齡的塞西爾也同意，國際組織絕對有必要擁有軍事力量。誠如他在二戰期間寫給兄長的信中所說，在許多案例中「只有武力才能阻止侵略者」。[151]

塞西爾的家族擁有悠久的經濟戰傳統，他外甥帕爾莫（Roundell Palmer）是第三任塞爾伯恩伯爵（Earl of Selborne），從一九四二年二月到二戰結束都擔任英國的經濟作戰大臣。像他的舅舅一樣，帕爾莫也主張以長期的後勤消耗戰取勝。他在上議院為英國經濟戰策略辯護時，將經濟戰喻為一齣盛大且搭配良好的交響樂：「海軍阻止敵人從馬來亞進口橡膠，空軍則炸毀德國境內的合成橡膠廠。」成果就是「對敵人進行大規模的跨兵種聯合作戰，運用各種方法從敵國邊境內外打擊敵人的戰鬥力」。[152]塞西爾曾於一九一六年發表自己的看法，將封鎖視為一種維持世界秩序的方式，帕爾莫的觀點雖然也遵循塞西爾的思路，卻在新科技與新政策的影響下而更加進步。憑藉戰略空軍與全球資源管控，現代經濟戰已能拖垮最頑強的敵人。如果重點在於避免戰爭，那麼即便制裁有效，直接的軍事措施仍是最有力的嚇阻力量。對塞西爾而言，滿洲與衣索比亞危機業已證明，最能阻止戰爭爆發的因素並非經濟武器本身，而是「建立起一套支持國際組織的強大輿論，能為了防止侵略而在必要時使用武力」。[153]戰間期的國際主義者曾經希望，經濟力量能夠在國際事務上發揮更勝軍事力量的效果，但如今這樣的希望已經破滅。陸海空三軍仍是維繫全球秩序不可或缺的屏障。

英國政府同樣也沿著這些脈絡思考，在一九四四年七月建議「這個討論中的國際組織，主要得仰賴聯合國的軍事力量，特別是四強，各國為了共同目標而並肩努力」。對如今的聯合國而言，國際聯盟當年所謂的「公共戰爭」，就是由美、英、蘇、中等四國聯合出擊。英國外交部同樣指出，經濟制裁「或許能嚇阻潛在侵略者，但除非以有效的武力為後盾，否則便難以制止一個準備訴諸武力的國家」。[154]這類觀察等同於承認，經濟制裁其實並非國際各種強制手段裡最強而有力的工具。美國政府對經濟制裁的定義也是如此，認為經濟制裁是「不涉及使用武力的經濟、商務及金融強制手段」。[155]與此同時，聯合國也在一九四四至一九四五年間，釐清了一個國聯當年沒有特別強調的概念：區分構成戰爭定義的武力手段，以及其他不構成戰爭的強制性手段，例如經濟制裁。經濟制裁並不等於戰爭，名義上仍維持國與國之間的和平。

聯合國也曾在這個草創階段，設想日後利用經濟制裁來對付敵國。但就像一九一八年的國際聯盟，一九四四年的制裁也面臨一項特定的政治問題：如何處理德國。美國的占領計畫主張直接下猛藥，透過解散工業集團、外匯管制與雙邊貿易等手段來達成經濟解放。美國認為，後納粹時代的德國應該與世界貿易深度整合，讓德國再也不想以激進手段追求自給自足。因此不應該限制德國的進出口能力，這樣才能保持德國貿易的高度開放，屆時若要制裁也才會有效。[156]

一九四四年八月到十月間，同盟國在華盛頓特區的敦巴頓橡樹園（Dumbarton Oaks）舉行會談。這些會談改寫了國聯的制裁模式。與會者認定，經濟制裁是防範戰爭的方法，也是遏阻戰爭的手段。制裁由聯合國安全理事會負責執行，安理會有權懲罰不參與制裁的國家，強制性地全面實施經濟制裁。[157]為了確保封鎖效益，安理會有權採取軍事行動，甚至可以將封鎖升級為戰爭。經濟制裁就這樣成為道德施壓與軍事行動的中間選項。聯合國在經濟制裁上還有一件超越國聯的創新，就是根據蘇聯備忘錄的建議將制裁分級。這份備忘錄依據強制力高低，將各式各樣的制裁措施進行排名。[158]首先是特定制裁的經濟壓力，接著是斷絕外交關係，再來是切斷與侵略國的**所有**商業與金融互動，包括郵務、鐵路、電報與其他交通。這三種程度不一的制裁，就成為《聯合國憲章》第四十一條中「不涉及使用武裝部隊」的強制措施。這份備忘錄還列有更強大的制裁手段，包括在受侵略國領土建立聯合國軍事基地，實施海上與陸上封鎖，進行海軍與空軍演習，空襲「侵略國的特定軍事目標」，以及作為最後手段的聯合國聯軍出兵。《聯合國憲章》第四十二條說明動用武裝部隊的條件，規定一旦相對溫和的第四十一條制裁措施「不適用，或經證明不適用」，就能採取第四十二條的動武措施。不僅如此，該憲章第四十二條還規定，如果安理會認為經濟制裁不可能奏效，可以立即升高為軍事行動。聯合國因此導正了國際聯盟的一項重大弱點，因為後者過度拘泥於一套可清楚預期且逐步升高的程序，因此延誤了有效的施壓時機。總而言之，這些創新使《聯合國憲章》第四十一條與第四十二條的制裁機制，比《國聯盟約》第十六條更強大、更精確也更簡潔。[159]

歐戰結束的前兩週，也就是一九四五年四月二十五日，聯合國國際組織會議在舊金山召開，各國代表在會上討論了英、美、蘇提出的前述建議。出席這項決定聯合國功能的會議代表總共來自五十一個國家，其中四分之三（三十八國）為租借法案受惠國。[160]也因此，相較於一九一九年塞西爾與布儒瓦向歐洲中立國提出制裁條款時的情況，經濟制裁作為國際慣例的正當性已大幅提升。不僅如此，現在蘇聯與中國這兩個非資本主義與非西方國家也加入了安理會，聯合國似乎也愈來愈有國家主權保護者的樣子。

罕有人懷疑經濟制裁將重返二次大戰戰後的國際秩序。就連華德士等前國聯官員，也早在一九四〇年十二月就已看清，經濟制裁必將成為新國際秩序體制的一部分，問題只在於何時與如何而已。歷來總有評論者看輕國聯在戰間期的制裁，說它們只是設想不周的實驗。然而，這類制裁這麼快就再次出現在《聯合國憲章》，顯示情況並非如批評者所說的那樣。正如本書前文所述，宣稱制裁失敗的假設本身就有部分誤解。塞西爾與史威哲等國際主義者相信，在一九三〇年代，國聯始終不敢全力推行集體安全的概念，更不用說發動對付侵略者的公共戰爭。許多出席聯合國國際組織會議的代表也同意這一點，例如法國政府就表示，當一九三五年歐洲爆發安全危機時，史崔薩陣線原本可以用經濟制裁阻止這場危機，結果卻功敗垂成。失敗的原因其實不在於「歐洲安全體制的缺失」，而在於「缺乏足夠的意志」。[161] 法國菁英認為，英國在這次事件上拋棄了他們。[162] 但到了一九四四至一九四五年間，法國已獲得盟國特別慷慨的援助。邱吉爾還說服史達林，讓戴高樂政府據有一席常任理事國席次。[163] 聯合國國際組織會議的成果，相當忠實地反映了布儒瓦在巴黎和會上的原始構想：負面經濟制裁與正面經濟援助，加上有權運用軍力對付侵略者的聯合國。

※ ※ ※

經濟制裁的概念藉由《聯合國憲章》獲得鞏固，堪稱新一派國際主義者的勝利。對於歷經「世紀末」（fin-de-siècle）洗禮的觀察家而言，例如英國政界人士肯伍斯（Joseph Kenworthy），這件事就象徵著國際法數百年來未有之革命。肯伍斯曾在一次大戰期間擔任海軍部軍官，他極力反對協約國在一九一九年未經宣戰就封鎖俄國。像許多英國自由派一樣，肯伍斯認為不宣而戰的經濟戰是可鄙的手段，即便是為了保衛文明。到了一九四四年，肯伍斯已經離開自由黨，成為上議院工黨議員。他在二戰期間有感而發：「先是對抗極權主義的戰爭，再來是對付德國與日本等強盜國家的戰爭，經歷這些日子後，中立概念已經幾乎消亡，未來也不再會有當年的中立意識。如果我們不能在這場戰爭結束後建立一套體系，讓各國在侵略者出現或爆發不法事件時不再中立，那麼我們在政治層面上其實是輸掉了這場戰爭。」[164]

中立時代確實結束，戰爭與和平過去在國際秩序的運作方式也隨之走入歷史。[165] 即將到來的是超級強權的衝突時代，小國的獨立將會因為中立選項的不存在而再次成為問題。一位研究經濟封鎖的歷史學家表示，經濟戰創造了「一套為交戰國量身打造的規則，一個只適合交戰國生存的世界」。[166] 中立主義者則認為這是一項可悲的失敗。美國法學家波查德（Edwin Borchard）就在一九四六年抨擊這種新時代走向：「制裁理論的設計初衷，就是讓各國向霸權的意志屈服……這些享有主導權的大國，可以選擇性地挑出擾亂現狀的討厭國家……安上一個模糊的『侵略者』名號」。波查德並非憤世嫉俗，他父母是德國猶太移民，厭惡納粹主義，支持拉美國家的主權，主張限制武力使用，提倡開發援助。波查德認為，「如果不能放棄制裁，就要設法加以限制，因為制裁是經濟戰的手段，只會擴大資源擁有國與其他國家之間的差距，成為未來衝突的誘因。」[167] 然而，相較於一九一九年巴黎和會期間有許多人批判經濟制裁，認為制裁是在和平時期非法延續戰爭，制裁派在一九四五年已在西方國家成為多數，中立派則寡不敵眾。這並不是因為人們不再將制裁視為強制手段，而是因為歷經十年來的野蠻殺戮，特別是在見證奧斯威辛集中營的恐怖與廣島原爆的毀滅之後，經濟制裁顯然是個比血腥暴力征戰溫和許多的選項。

到了一九四五年，終結侵略行徑的經濟基礎皆已具備。如今已有一大群國家能夠且願意懲罰侵略者，還要組織資源，團結行動。身為世界工廠的美國是這群國家之首，是主要援助的提供者，也是新崛起的制裁發動者。戰間期曾極力反對制裁的美國，竟會扮演這樣的角色，堪稱一次令人稱奇的歷史轉折。[168] 與此同時，有鑑於聯合國的會員國是經由反侵略的地緣政治因素或租借法案才結合在一起，聯合國因此是一種充滿各類政權的大雜燴。聯合國因此不同於國際聯盟，「並非實施意識形態戰爭的可行工具。」[169]就連專制獨裁與帝國都可以加入，只有戰時支持軸心國的國家暫時進不了聯合國。西班牙就是其中之一，它在一九四六年遭到安理會的正式外交制裁：拒絕承認其聯合國會員國的身分。兩名美國的經濟戰官員更在一九四七年建議，佛朗哥獨裁政權是「聲名狼藉的法西斯餘毒，不適合進入可敬的國際社會」，因此可以比照美國政府在一九四〇年對西班牙政府的石油禁運，運用和平的經濟戰來迫使它垮臺，藉此為聯合國的「看守政權」鋪路。[170]西班牙的外交孤立一直持續到一九五〇年，美國對日本石油禁運的推手艾奇遜（時任國務卿）才促成西班牙加入聯合國。

我們今天所棲身的國際秩序，最初誕生於二十世紀中葉。這項事實使我們能用全新的眼光看待經濟制裁。戰間期的經濟制裁史備受爭議，或遭後人遺忘，或被批評為從一開始就是個錯誤，或者成為人們記憶中一次失敗的理想主義實驗。相較之下，聯合國的禁運與冷戰時代的經濟制裁，反而成為人們心目中避免核子大戰的良善選項，是記取過去失敗教訓的明智之舉。然而我們不應該忘記，經濟武器其實是戰間期的產物，是在強權政治下被引入戰後世界。一九四五年以後的變化在於，一群新國家共同達成了協議，建立起一套規範經濟武器的新體制。經濟制裁史的性質也因此出現變化。戰間期的制裁始終為歐美所壟斷，非西方世界只能在一旁搖旗吶喊。二次大戰結束後，美國成為全球性的強權，經濟制裁也成為其所鍾愛的手段。至於東歐的社會主義陣營與第三世界的新興獨立國家，則是一方面抗拒，另一方面也試圖挪用經濟武器。

結論　從戰爭的解方到戰爭的替代手段

今日所知的經濟制裁，其實起源於一個世紀以前。當時的人們在一次大戰即將結束之際，找到了不必動用軍事武力來防止戰爭的新方法，那就是施加有組織的經濟壓力。國際聯盟將會為了嚇阻那些心懷不軌的國家，而動用當時戰勝國所謂的「經濟武器」。經過一次大戰的可怕毀滅，國際體制將戰時發明的經濟戰技術，重新調整成遏止戰爭的解方。等到大戰結束時，經濟制裁已然成為「人類政治體制不可分割的一部分」。[1]

從二十一世紀的角度回望，經濟制裁確實已成為今日國際政治的常態，只不過在規模與功能上有了一些重要變化。[2]在三個不同層面上，戰間期的經濟制裁史映照出今日世界的變化。首先，它讓我們理解到一九一四與一九四五年間的全面戰爭，極大程度地影響了自由派國際主義。其次，它讓我們發現美國霸權的崛起如何讓經濟制裁變得正常化，並賦予這項工具更廣泛的用途。第三，它迫使我們重新思考經濟壓力究竟能否影響政治決定，同時也明白經濟制裁在全球歷史中所發揮的「影響」與「功效」，其實是兩個截然不同的問題。

我們先討論第一個層面。戰間期的國際主義者真心盼望維護和平，但由於戰時封鎖為平民百姓帶來的苦難記憶猶新，他們開始轉而支持平時制裁，希望藉由過去封鎖的恐怖記憶，來讓日後的野心家不敢輕舉妄動——制裁嚇阻的概念就此誕生。制裁嚇阻確實在一九二〇年代保住了巴爾幹半島的和平，但卻愈來愈無法應付經濟大蕭條後愈來愈高漲的意識形態衝突與軍備競爭。挪威國際主義者郎格（Christian Lange）早在一九三三年就有如此擔憂：「雖說能用《國聯盟約》第十六條來嚇阻小國發動戰爭……這種威脅卻無法阻止軍事強國。」[3]

隨著經濟領域愈來愈常受到國家干預，平時制裁與戰時封鎖的分野也愈來愈模糊。在這種情況下實施經濟制裁，勢必會加速被制裁國的政治崩壞及經濟解體。這就意謂著經濟制裁導致被制裁方改用軍事手段及發動侵略的機率大幅提升。英國國際事務分析家史旺威克就曾在一九三七年指出：「如果我們執意在歐洲推動現在的制裁政策，我們就必須重新武裝自己……提倡經濟制裁者不明白，制裁理論會讓整個國際聯盟捲入大國權力平衡之中。」[4]即便到了一九四〇年代，國際主義者仍未放棄以經濟威懾做為確保集體安全的做法，但他們得在打完又一場更具毀滅性的世界大戰之後，才能在一個比較穩固的基礎上確立這項政策。

二十世紀初期的自由派國際主義者，並不是天真的和平主義者，他們非常關心使用武力的問題。在他們眼中，所謂平民百姓天生愛好和平、只有統治者好戰的傳統觀念，早就被一次大戰給粉碎。經濟制裁的創新之處，就是依賴全面經濟戰來恐嚇人民，讓人民約束他們的統治者。戰間期的制裁主義者試圖改變過於自由放任的國家機器，他們提倡要捍衛國際聯盟，抨擊想維持中立立場的說法，積極將侵略入罪化，同時又替威脅平民的制裁進行辯護。這是一項艱鉅的政治挑戰，也難怪最初會受到各方反對。

世人對經濟制裁的接受與否，從來就不是一個單純的法律問題。經濟制裁需要以國際成員的全體同意為基礎才能有效，這是二次大戰以來愈來愈明顯的事實。唯有經濟制裁的目標與方法具備正當性，才能發揮政治效用。這種正當性，即來自聯合國與歐盟等國際多邊組織。國際聯盟當年之所以會失敗，是因為其是由公開宣揚文明階級觀的西方帝國所把持。[5]與此同時，隨著經濟制裁逐漸成為自由派國際主義體系常用的政策工具，使用制裁的門檻也跟著降低。當然，如何回應國際秩序的破壞者，這件事本身終究是一項政治問題。當年在一九一九年春，塞西爾曾以「別無選擇」為由來回應那些反對以封鎖手段來推翻布爾什維克政權的意見。如今許多國際主義者也認為他們「別無選擇」。這種自認別無選擇的觀點，曾經多次導致後果嚴重的制裁行動，最有名的例子就是一九九〇年代對伊拉克的經濟制裁。這波由聯合國安理會發動的制裁，最終奪走幾十萬條人命，徹底地摧毀伊拉克的社會與經濟結構。[6]

這類人道主義災難，提醒我們這項問世於二十世紀初的經濟武器究竟有多麼致命。儘管如此，今天國際社會索實施的經濟制裁，絕大多數都遠比當年輕微許多。根據聯合國官員在二〇一五年的估計，全球約有三分之一的人生活在遭到經濟制裁的國家。[7]這些制裁有些是類型特定，例如個人旅行禁令與資產凍結，有些則是科技制裁與貿易限制等一般性措施。[8]相較於戰間期以阻止戰端為初衷發起的經濟制裁，今日的制裁已有著截然不同的面貌：它們幾乎無所不在。

※ ※ ※

這種經濟武器的「正常化」，也就是制裁成為國際政治的日常，突顯了經濟制裁史映照出的第二層變化：美國在二十世紀崛起成全球強權的影響。美國原本在戰間期極力反對經濟制裁，卻在過去七十年來成為最愛使用經濟制裁的國家，這不能不說是一項歷史的反諷。畢竟直到一九二九年，身為中立主義與人道國際主義信徒的美國總統胡佛，都還把經濟制裁描述成歐洲帝國主義且不合時代潮流與美國價值的手段。僅僅十年後，小羅斯福總統便已同時運用負面制裁（石油禁運）與正面制裁（租借法案）來建立美國全球霸權。當時流亡美國的德國經濟思想家赫緒曼（Albert Hirschman）甚至希望「能藉由將一國對外經濟關係的權力予以國際化，推進世界和平的目標」。[9]當年國際聯盟在日內瓦無法完成的目標，如今可以透過美國之手來完成。而在實務運作上，華府的美國國家安全體制很快就取代了紐約的聯合國，成為全球實施經濟制裁的大本營。

獨一無二的軍事支配地位，冷戰時期的政治意識形態變化，以及美國金融市場在全球經濟中扮演的角色，正是這三件關鍵因素支撐起美國式的經濟制裁。美國擁有核子武器與戰略空權，能在全球規模與攸關國家存亡的層面上建構嚇阻的力量，這是戰間期經濟武器的提倡者夢寐以求卻始終未能如願的目標。值得注意的是，核武也讓以經濟手段來遂行「和平戰爭」一事重獲新生。因為核戰爭的毀滅程度之高，使得不引發傳統戰爭的經濟戰就成為削弱敵國的熱門新途徑。[10]西方資本主義陣營，便是運用這股經濟力量來削弱東方社會主義陣營的長期成長，具體的圍堵措施包括輸出管制統籌委員會等多邊組織。[11]在國家政策層面上，美國政府改組了財政部轄下的外國資金管控處，先是在韓戰期間將其擴大，接著又併入海外資產管控辦公室。時至今日，海外資產管控辦公室仍是美國政府經濟制裁政策的主管機構。就在本書撰寫之時，該機構正在對一萬六千多個組織或個人進行制裁。[12]

經濟制裁的用途也變得更加廣泛。戰間期的經濟制裁，僅僅聚焦於阻止國與國戰爭這一外部目標。但一九四五年起的多邊與雙邊制裁，往往還會有另一項內部目標，例如處理人權侵害問題、施壓獨裁政權民主化、摧毀核武發展計畫、懲罰犯罪行為、敦促釋放政治犯或取得被制裁國的其他讓步等等。有鑑於自由派國際主義的經濟制裁慣例，基本上主導在跨大西洋的歐美聯盟手上，因此經濟制裁的目標也就不斷隨著西方外交政策的轉向而變化，好比冷戰期間制裁與封鎖的目標就是蘇聯、共產中國、北韓、古巴及越南等社會主義國家。[13] 到了去殖民化運動時期，亞非洲國家開始挑戰西方對制裁的壟斷，運用經濟制裁的手段來對付白人移民建立的政權。隨著聯合國在一九六五到一九七九年間對羅德西亞的發動制裁，同時也展開對南非的長期施壓，這波去殖民化的運動因而達到高峰。[14] 伊朗革命後，美國開始對伊朗的伊斯蘭政權展開經濟施壓，儘管對伊朗政府與其政策的影響利弊不一，但也是歷經四十年一路至今。[15] 其他遭到國際或美國重大制裁的伊斯蘭教國家，還包括一九八九年後的蘇丹及一九九二年起的利比亞。到了一九九〇年代，這些制裁行動已成為國際圍堵「反動政權」或「流氓國家」政策的一環。[16] 儘管這類打著阻止核武擴散或人權關切為旗號的經濟制裁，其實無法真正導致政權更迭，對中東及東亞地區的老百姓或經濟體本身也沒有造成多麼嚴重的損傷，但相關制裁依舊是歷久不衰，短期內絲毫沒有減緩的跡象。

在美國主導下，經濟制裁的數量不斷增加，目標也持續擴大，這一現象還反映了全球經濟史另一項重要轉變。羅斯福能夠於一九四〇至一九四一年間對西班牙與日本進行制裁，是因為美國是世界最大產油國。到了一九六〇與一九七〇年代，石油輸出國家組織崛起，美國石油制裁的影響力也因此大打折扣。[17]美國意圖操縱出口卻無功而返的最著名例子，便是一九八〇年對蘇聯實施的穀物禁運。[18]長期來看，美國稱霸全球經貿的最大優勢並不在於商品管控或商品貿易，而是政治決策者心目中的各種「經濟國策」，也就是在企業、規範、科技及金融結構領域的國際領導地位。[19]

在各種經濟施壓管道中，金融具有特別的地位。就像哈特雷（第五章）、史崔考奇及凱因斯（第六章）在一九二〇年代將倫敦市視為經濟制裁重鎮一樣，華爾街自一九七〇年代以來在全球金融體系扮演的樞紐角色，也為政治決策者提供了可資利用的重要槓桿。[20]由於美元是頂級儲備貨幣，是全球貿易與債券發行最通用的媒介，美國因此有權管轄及影響到極大比例的國際市場與公司企業。美國聯邦儲備銀行自二〇〇八年全球金融危機以來進行的空前干預，更加深了這種「武器化的相互依存程度」。[21]今天，全球的銀行與金融企業都是實施經濟制裁的最前線。因此對於華府的美國決策者而言，實施金融制裁往往是政治意願的問題，而非基礎設施能否配合的問題。過去這段時間以來，美國的政治決策者已經在駕馭經濟全球化方面展現了高超智慧，但如何將這門技藝轉化為現實世界的政治成果，則是他們未來將持續面對的挑戰。

※ ※ ※

我們已經討論到經濟制裁的第三項重點，也就是經濟影響與政治成果之間的差異。自一次大戰後創建國際聯盟以來，有關制裁的政策辯論幾乎每十年就會重演一次。辯論的核心始終不變：經濟制裁究竟有沒有效？[22]雖說制裁的成功率視目標不同而有差異，但歷史紀錄卻是相對明白而清楚：大多數經濟制裁並不管用。經濟制裁在二十世紀的成功機率，每三次才只有一次能夠「獲得部分成功」。[23]當然，如果我們把經濟制裁的目標調低，那麼或許有比較高的成功機率。但根據目前可得的資料來看，經濟制裁史基本上堪稱一部失敗史。

奇怪的是，儘管效用不彰，政治決策者對於經濟制裁依舊樂此不疲。與一九五〇到一九八五年這段時期相比，經濟制裁在一九九〇年代與二〇〇〇年代間的使用頻率增加了一倍，到二〇一〇年代又再度提升了一倍。然而，即使是在西方勢力相對主導全球經濟的一九八五到一九九五年間，經濟制裁的成功機率也只有三成五到四成之間。到了二〇一六年，這個數字已下跌到未滿兩成。[24]換句話說，經濟制裁的使用頻率逐漸增加，成功機率卻是每下愈況。

不過，如果我們只看經濟制裁是否有效，反而會忽視它們對世界政治經濟所造成的巨大影響。分辨這兩者之間的差異至為重要。[25]戰間期的歷史提供了絕佳範例，使我們能清楚看見經濟制裁的「影響」與「功效」之間的關聯與差異。例如說戰間期的觀察家，往往以經濟封鎖對中歐造成的可怕衝擊為例，證明這項政策是協約國在一次大戰取勝的重要關鍵。但他們其實是在將影響與功效混為一談，未能深究兩者之間的複雜聯繫。這種刻意混淆的說法具有政治意義，能夠讓人相信國際聯盟有能力運用可怕的經濟武器來維護和平。問題是，影響的嚴重程度並非有效與否的先決條件。舉例來說，戰間期最成功的一次經濟制裁，是國際聯盟在一九二一年針對南斯拉夫與一九二五年針對希臘的制裁，但這兩次制裁都僅止於口頭威脅，並沒有真正付諸施行。換言之，國際聯盟僅僅付出了南斯拉夫貨幣貶值與一位將軍屈服的微小代價，就保住了巴爾幹半島的和平。這次經濟制裁具有極高的功效，對於被制裁國本身卻沒有造成多戲劇性的影響。功效與影響之間的關係，到了一九三〇年代又有了不同的變化。國際聯盟對義大利的經濟制裁，既沒能阻止墨索里尼出兵，也沒能挽救衣索比亞政權，堪稱徹底失敗。但這次制裁對墨索里尼政權的經濟情況，乃至於對納粹德國與日本帝國的自給自足國策路線都產生了巨大的影響。這兩國因應而生的封鎖恐懼症，說明了這次封鎖政策無意間造成的反效果反而比原本的政治目標發揮了更重大的影響。無論是對今日世界還是當年兩次大戰之間的歲月，經濟制裁最重要的歷史教訓，就在於如何掌握功效與影響之間的變動關係。

經濟制裁最令人費解之處，或許就在於制裁的結果從來就不是單純的經濟問題（無論制裁所運用的技術有多麼複雜精密）。戰間期的制裁主義者曾經以為，大眾輿論及跨越階級的經濟利益就能夠驅動國家行為，阻止國家走向戰爭。但一次大戰的歷史經驗證明，這樣的假定顯然過於一廂情願。民族主義、恐懼煽動及暴力的種族主義大行其道，而文化統一的願景、對所謂「歷史固有領土」的主張、民族自決與社會轉型的許諾，都讓數以百萬計的歐洲人走入戰場。既然這些理念都具有驅動整個社會的力量，單憑經濟壓力又如何能阻止他們，避免重演過去的群體鬥爭？歷史確實展現了經濟計算的力量，但歷史也告訴我們非經濟性的動機具有同等的重要性。希羅多德曾在《歷史》這本書的結尾寫道，西元前六世紀的波斯人刻意留在祖居山區，不願意在肥沃富饒但容易受到外來勢力干擾的農耕地區定居。套用希羅多德的話，波斯人「寧可自主地生活在貧瘠之地，也不願到平地耕種，淪為他人的奴隸」。[26]

這種以經濟理性為前提的經濟制裁，同時說明了經濟制裁為什麼能在學理上吸引自由派國際主義者，卻無法達成更進一步的成果。因為經濟制裁的影響並不僅止於經濟層面，還會涉及到政治、社會與文化價值的面向。在一個完全理性，而且人們都會依自我最大利益來行動的世界裡，經濟制裁無疑能夠運作得更好。但這並不是我們所實際生存的世界。在絕大多數的時間裡，絕大多數地方的絕大多數人，都是根據一套遠比經濟更寬廣的理由在進行集體選擇。經濟武器或許是政治的延伸，但在參與國際事務與人群交流的過程中若只抱持著敵意，恐怕無法真正改變這個世界。

致謝

在投入這本經濟制裁史書寫的過程中，我承蒙恩師、同事、受訪者與親朋好友的鼎力襄助。如果沒有他們的協助，這本書也不可能成形與問世。

就讀哥倫比亞大學博士班期間，指導教授馬克・馬佐爾（Mark Mazower）惠我良多。從一開始就熱心支持這項計畫的他，對我的稿件提出許多詳細且深刻的意見，為我提供一種如何從歷史角度切入思考與寫作的方法。亞當・圖澤（Adam Tooze）孜孜不倦的鼓勵與奉獻，不僅推動了這項計畫，也讓我在這十年間維持振奮，努力不懈。我要感謝蘇珊・佩德森（Susan Pedersen），是她的課程啟發了我，讓我選擇探討一次大戰的經濟封鎖與其衝擊，她的教誨也為我的學術之路立下了足以效法的標竿。薩繆爾・莫恩（Samuel Moyn）提出許多尖銳的問題，引領這項計畫朝國際法的歷史擴展，讓我銘感五內。我還要感謝麗莎・提爾斯坦（Lisa Tiersten）的無私慨助與可貴的建議，以及娜塔夏・惠利（Natasha Wheatley）一針見血地教我如何撰寫物件的歷史。與查理・柯曼（Charly Coleman）、維多利亞・德格拉西亞（Victoria de Grazia）、馬莎・郝威爾（Martha Howell）、馬格莎塔・馬朱雷克（Malgorzata Mazurek）、提摩西・米契爾（Timothy Mitchell）、卡蜜拉・羅布希（Camille Robcis）與卡爾・溫納林（Carl Wennerlind）的對話、閱讀與學習，同樣讓我受益匪淺。

康乃爾大學的同事讓初來乍到綺色佳市（Ithaca）的我，宛若有賓至如歸之感。我要在此向雷・克萊布（Ray Craib）、克莉絲汀娜・佛羅里亞（Cristina Florea）、瑪麗亞・克莉絲汀娜・賈西亞（Maria Cristina Garcia）、杜巴・高希（Durba Ghosh）、萊利・格里克曼（Larry Glickman）、塔馬拉・魯斯（Tamara Loos）、亞濟茲・拉納（Aziz Rana）、羅賽爾・黎克佛（Russell Rickford）、羅伯・崔佛斯（Robert Travers）、阿隆・沙奇斯（Aaron Sachs）與克勞蒂亞・佛郝文（Claudia Verhoeven）特別致謝。書稿研討會讓我得以汲取賈米・馬丁（Jamie Martin）與史提芬・林克（Stefan Link）的卓見。羅伯・鮑斯（Robert Boyce）、派翠西亞・克拉文（Patricia Clavin）、大衛・艾傑頓（David Edgerton）與派屈克・威利（Patrick Weil）在研討過程中協助讀稿，提出批判，也讓我十分感恩。福里茲・巴泰爾（Fritz Bartel）、黛博拉・柯恩（Deborah Cohen）、馬里歐・迪爾・皮洛（Mario del Pero）、尼可拉斯・迪拉蘭德（Nicolas Delalande）、麥克・艾爾培丁（Michel Erpelding）、傑洛米・傅萊曼（Jeremy Friedman）、史蒂芬諾・吉洛蘭諾斯（Stefanos Geroulanos）、麥克・蓋耶（Michael Geyer）、喬吉噢・吉安納柯保羅（Georgios Giannakopoulos）、丹尼爾・伊米瓦爾（Daniel Immerwahr）、賽門・賈克森（Simon Jackson）、考斯提・卡波吉洛斯（Kostis Karpozilos）、鄧肯・凱利（Duncan Kelly）、詹・雷尼澤（Jan Lemnitzer）、瓊恩・雷奧納德（Jörn Leonhard）、斐德烈・羅吉法爾（Fredrik Logevall）、查爾斯・麥爾（Charles Maier）、雷德・保利（Reid Pauly）、摩坦・拉斯穆森（Morten Rasmussen）、

珍妮佛・希吉爾（Jennifer Siegel）、昆恩・史洛包迪安（Quinn Slobodian）、雷奧納・史密斯（Leonard Smith）、安德斯・史蒂芬森（Anders Stephanson）、馬克・柴契坦伯格（Marc Trachtenberg）與卡林・范・里尤文（Karin van Leeuwen），感謝你們為我帶來發人深省的問題、對話與批評。班哲明・亞伯拉罕（Benjamin Abrams）、大衛・阿德勒（David Adler）、納德爾・阿拉塔希（Nader al-Atassi）、湯瑪斯・包蒂萊爾（Thomas Bottelier）、丹尼爾・卡爾（Danielle Carr）、安努沙・法魯基（Anusar Farooqui）、泰德・佛提克（Ted Fertik）、亞科夫・費金（Yakov Feygin）、皮耶・克里虔・芬克（Pierre-Christian Fink）、傅雷迪・佛克斯（Freddy Foks）、凱特・賈克森（Kate Jackson）、安東・賈格（Anton Jäger）、傑洛米・凱斯勒（Jeremy Kessler）、馬達夫・考斯拉（Madhav Khosla）、亞丹・克納普（Aden Knaap）、馬克斯・克拉希（Max Krahé）、約翰尼斯・蘭哈德（Johannes Lenhard）、杜米尼克・柳思德（Dominik Leusder）、蔡斯・馬達爾（Chase Madar）、克拉拉・馬泰（Clara Mattei）、傅拉凡・摩里奧（Flavien Moreau）、班・繆瑟（Ben Mueser）、提摩西・努南（Timothy Nunan）、奧肯・歐坎（Orçun Okan）、查爾斯・彼得森（Charles Petersen）、維克多・皮楚夫（Victor Petrov）、萊恩・拉法提（Ryan Rafaty）、傑洛米・魯斯（Jerome Roos）、阿普拉提・沙海（Apratim Sahay）、馬雅・史潘奴（Maja Spanu）、丹尼爾・史坦梅茲—任金斯（Daniel Steinmetz-Jenkins）、詹・史塔克曼（Jan Stöckmann）、伯德・范迪克（Boyd van Dijk）、金斯・范克魯斯特（Jens van 't Klooster）、卡蜜拉・佛賈拉（Camila Vergara）、達流斯・威爾（Darius Weil）、馬德林・沃克（Madeline Woker）與亞歷山大・澤文

（Alexander Zevin），感謝你們給予我的協助，為我提出有用的評論與見解，也在此一併感謝。

在我於法國、英國、德國、瑞士、荷蘭與美國進行檔案研究期間，曾經獲得幾個機構的財務支援，包括普林斯・伯恩哈德文化基金會（Prins Bernhard Cultuurfonds）、社會學研究協會國際論文研究獎助金，以及哥倫比亞與巴黎政治大學聯盟獎助金，是這個獎助金讓我得以在傑洛米・史卡德（Jérôme Sgard）的監督與協助下，加入國際研究中心與巴黎政治大學歷史學院。我還要感謝法國駐美大使館的夏多布里昂人文與社會學獎助金，以及胡佛研究所檔案的研究費。

我還要感謝在這段研究期間安頓我，協助我及招待我的所有人：巴黎的葛雷・安德森（Grey Anderson）、尼爾斯・曼金（Nils Mangin）、伯斯・穆郝夫（Birthe Mühlhoff）、亞歷山卓・波希高（Alexandra Persegol）、皮沙泥・費利（Pisani-Ferry）一家人與丹尼洛・蕭茲（Danilo Scholz）。倫敦的史蒂芬・威辛（Stephen Wertheim），劍橋的亨特・杜克斯（Hunter Dukes）與艾瑪・費維拉南（Emma Vehviläinen），柏林的安娜・包格丹（Ana Bogdan）、湯瑪斯・閔尼（Thomas Meaney）、沙斯基亞・夏佛（Saskia Schäfer）與瓊納斯・提紐斯（Jonas Tinius）。日內瓦的亞雅・柯漢（Yahya Khan）與尤斯拉・米爾沙（Yusra Mirza），雅典的亞歷山大・克拉普（Alexander Clapp）與西妮雅・坤納拉基（Xenia Kounalaki），阿姆斯特丹的丹尼爾・達柯斯塔（Daniel da Costa）、黛安娜・范艾佛丁根（Diana van Everdingen）與阿諾・范泰爾（Arnoud van Thiel），舊金山帕拉奧圖的伊莉莎白・魯賓芬（Elisabeth Rubinfien）與丹尼爾・史奈德（Daniel Sneider），以及在加州柏克萊的尤果・馬泰（Ugo Mattei）。

我的研究計畫受益於伊斯坦堡的哥倫比亞全球中心、牛津的聖安東尼學院、倫敦的歷史研究所、巴黎政治大學、在巴黎與華府的德國歷史研究所，蒂爾堡（Tilburg）大學、阿姆斯特丹大學與哥本哈根大學。我還受惠於查爾斯．布萊特（Charles Bright）與麥克．蓋耶在哥倫比亞大學與泰德．佛提克與亞當．圖澤舉辦的研討會。除此之外，哈佛大學的國際歷史會議、耶魯大學的國際安全研究所大戰略研討會（ISS Grand Strategy Workshop）所舉辦的研討會與說明會，皆大幅改善了我的研究。

我要感謝耶魯大學出版社的編輯賽斯．迪奇克（Seth Ditchik）、卡倫．奧爾森（Karen Olson）、克里斯提．雷奧納（Kristy Leonard）、包賈納．黎斯提（Bojana Ristich）以及兩位匿名讀者，感謝他們的興趣、耐心、協助與建議，以及他們在發行本書的過程中展現的高度效率。

最後，我要向我在荷蘭、比利時、紐約、綺色佳與世界各地的至親好友致上最誠摯的感謝。多虧有了蘇菲．平克漢（Sophie Pinkham）的明智判斷、聰慧好奇與愛，我才能堅持不懈地完成這項計畫。謹將這本書獻給我的父母丹妮絲．范德魯爾（Denise van de Leur）與塔可．穆德（Taco Mulder），無論他們身在何方，在我身邊或在離我很遠的地方，他們始終支持我，幫我找出最重要問題的解方。當然，這本書如有任何錯誤，責任都要由我個人承擔。

縮寫表與註釋

本書的縮寫表與註釋皆已全部數位化，

歡迎讀者掃描下方 QR Code 瀏覽參考：

世界的啟迪

經濟武器

金融制裁與貿易戰的誕生

The Economic Weapon: The Rise of Sanctions as a Tool of Modern War

作者	尼可拉斯・穆德（Nicholas Mulder）
譯者	譚天
執行長	陳蕙慧
副總編輯	洪仕翰
責任編輯	洪仕翰、王晨宇
譯校	洪仕翰、王晨宇
行銷總監	陳雅雯
行銷企劃	趙鴻祐、張偉豪、張詠晶
封面設計	莊謹銘
排版	宸遠彩藝

出版	衛城出版 / 左岸文化事業有限公司
發行	遠足文化事業股份有限公司（讀書共和國出版集團）
地址	231 新北市新店區民權路 108-3 號 8 樓
電話	02-22181417
傳真	02-22180727
法律顧問	華洋法律事務所　蘇文生律師
印刷	呈靖彩藝有限公司
初版	2023 年 10 月
初版二刷	2024 年 4 月
定價	550 元

ISBN	9786267052952（紙本）
	9786267052990（EPUB）
	9786267376003（PDF）

國家圖書館出版品預行編目(CIP)資料

經濟武器：金融制裁與貿易戰的誕生/尼可拉斯.穆德(Nicholas Mulder)作；譚天譯. -- 初版. -- 新北市：衛城出版, 遠足文化事業股份有限公司, 2023.10
　面；　公分. --(Beyond ; 53)(世界的啟迪)
譯自：The Economic Weapon : The Rise of Sanctions as a Tool of Modern War
ISBN 978-626-7052-95-2(平裝)

1. 經濟制裁　2. 國際經濟關係　3. 歷史

552.1　　112013184

Email　acropolismde@gmail.com
Facebook　www.facebook.com/acrolispublish